크라임 퍼즐

3

문장 속에 숨겨진 범인을 찾는 두뇌 게임 100

크라임퍼즐

Season
3

G. T. Karber 지음 | 박나림 옮김

중앙books

《크라임 퍼즐 3》은 세계 최고의 명탐정, 논리탐정 로지코의 사건 파일을 펴낸 공식 기록입니다. 다른 범죄 해결 기록들과 달리, 크라임 퍼즐은 읽어야 할 이야기가 아니라 풀어야 할 퍼즐입니다. 이 사건들은 날카로운 연필과 날카로운 정신으로 풀 수 있습니다.

논리탐정 로지코가 추리대학 3학년 때 해결한 첫 사건을 복기하면서 직접 확인해 보세요. 당시 학생회장이 살해된 채 발견되었고, 조사를 통해 로지코는 세 사람 중 하나가 범인이라는 확신이 들었습니다.

용의자

허니 시장

깊이 묻힌 비밀들을 알고,
언제나 표를 얻어내는 사람.

183cm / 왼손잡이 / 녹갈색 눈 / 밝은 갈색 머리

글라우 학장

추리대학 무슨 학부의 학장.
하는 일이라면, 일단 돈을 다루고….

168cm / 오른손잡이 / 밝은 갈색 눈 / 밝은 갈색 머리

루스카니 총장

추리대학 총장으로서, 부유층 부모들이 자식들의
논리학 학위에 기꺼이 들일 돈의 액수를 정확하게 추리해 냈다.

165cm / 왼손잡이 / 녹색 눈 / 금발

그리고 학생탐정 로지코는 세 용의자가 각각 다음 장소 중 하나에 있었고 무기를 하나씩만 가졌던 것도 알아냈습니다.

장소

경기장
실외
돈으로 살 수 있는 최고급 가짜 잔디가 바닥에 깔린 곳.

서점
실내
교내에서 돈을 제일 잘 버는 곳. 교재 두 권에 500달러라는 문구가 걸려 있다.

구본관
실내
교내 최초의 건물이자 관리 상태가 최악인 곳. 벽에서 페인트가 벗겨질 정도다!

무기

날카로운 연필
가벼움
당시에는 진짜 납이 들어 있었다. 찔리면 납 중독으로 죽을 수 있다.

무거운 백팩
무거움
드디어 그 많은 논리학 교재들의 실용성을 찾았다 (그것은 바로 둔기).

학위복 술끈
가벼움
이 끈에 목이 졸려 죽는 것도 학계의 큰 영광이 아닐까?

로지코는 장소와 무기의 설명만으로 누군가를 추측할 수 없다는 것을 압니다! 시장이 무거운 백팩을 메기도 하고, 교수들이 경기장에 가기도 합니다. 누가 어디에서 무엇을 가지고 있었는지 알아내려면 단서와 증거를 살펴야 합니다.

아래 사실들은 로지코가 조사한 단서들입니다.

▶ 경기장에는 오른손잡이가 있었다.
▶ 날카로운 연필을 가진 용의자는 구본관에 있는 사람을 싫어한다.

▶학위복 술끈을 가진 용의자는 눈이 아름다운 녹갈색이다.

▶글라우 학장은 논리학 교재를 여러 권 가지고 다닌다.

▶시체 옆에서 벗겨진 페인트가 발견되었다.

마지막으로, 로지코는 탐정 노트를 꺼내 표를 그리고 각 열과 행에 용의자, 무기, 장소를 나타내는 그림을 붙였습니다. 장소는 옆과 아래에 한 번씩 해서 도합 두 번 나왔기 때문에 모든 칸이 고유한 쌍에 대응됩니다.

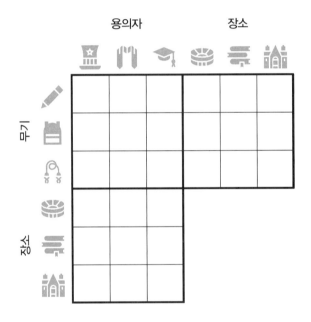

이 방법은 추리대학에서 가르치는 강력한 기법입니다. 생각을 정리하고 결론을 알아내는 데 유용하죠. 사실 전까지는 이 표가 살인 사건을 해결하는 데 쓰인 적이 없었습니다. 추리대학에서는 순수하게 추상적인 영역에만 논리를 적용합니다. 모든 X가 Y이고 모든 Y가 Z이면… 같은 식으로요. 로지코는 이 지루한 표를 새롭고, 흥미진진하고, 위험한 크라임 퍼즐로 바꿨습니다!

크라임 퍼즐을 다 그리고 나면, 로지코가 가장 좋아하는 추리의 시간입니다. 로지코는 단서를 읽고 알아낸 사실을 표시하기 시작했습니다.

▶ 경기장에는 오른손잡이가 있었다.

로지코의 용의자 메모에서 오른손잡이는 글라우 학장뿐입니다. 따라서 경기장에는 글라우 학장이 있었습니다. 로지코는 표에 다음과 같이 표시했습니다. 하지만 그 단서로 알 수 있는 사실은 더 있습니다.

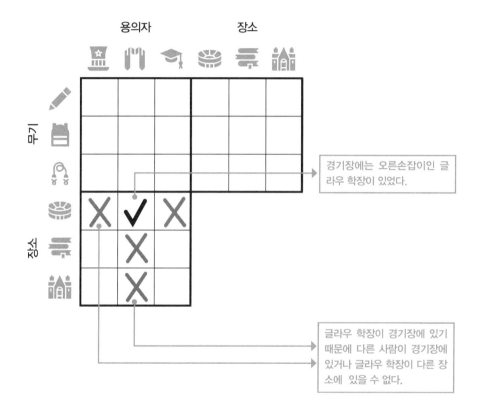

경기장에는 오른손잡이인 글라우 학장이 있었다.

글라우 학장이 경기장에 있기 때문에 다른 사람이 경기장에 있거나 글라우 학장이 다른 장소에 있을 수 없다.

글라우 학장이 경기장에 있었다면, 서점이나 구본관에는 그가 없습니다. 사람은 한 장소에만 있을 수 있거든요. 또 한 장소에는 용의자가 한 명만 있을 수 있기 때문에 루스카니 총장이나 허니 시장은 경기장에 없었습니다. 로지코는 표에 ×를 적어서 그 사실을 표시했습니다. 원칙이 하나 나왔습니다. 어떤 사람의 장소나 무기를 알아내면 그 행과 열에서 다른 칸은 ×로 지워집니다. 로지코는 다음 단서를 확인했습니다.

▶날카로운 연필을 가진 용의자는 구본관에 있는 사람을 싫어한다.

이 단서는 사람 사이의 관계를 말하는 것처럼 보입니다. 하지만 탐정은 오직 사실에만 관심이 있습니다. 이 단서가 말하는 사실은, 날카로운 연필을 가진 사람과 구본관에 있는 사람은 동일인이 아니라는 점입니다.

따라서, 날카로운 연필은 구본관에 없었습니다. 로지코는 그 사실도 크라임 퍼즐에 기록했습니다.

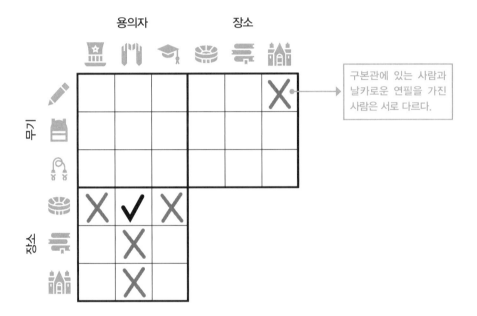

구본관에 있는 사람과 날카로운 연필을 가진 사람은 서로 다르다.

▶학위복 술끈을 가진 용의자는 눈이 아름다운 녹갈색이다.

눈이 아름답다는 말은 무시하고 중요한 사실에 집중하면, 녹갈색 눈을 가진 사람은 허니 시장뿐입니다. 따라서 학위복 술끈은 허니 시장에게 있었습니다.

이번에도 행과 열의 나머지 칸을 전부 지웠습니다!

학위복 술끈이 허니 시장에게 있었다면, 루스카니 총장이나 글라우 학장에게는 없었을 것이기 때문입니다. 또한 각 용의자가 무기를 하나씩만 가지고 있었기 때문에, 허니 시장에게는 무거운 백팩이나 날카로운 연필이 없습니다.

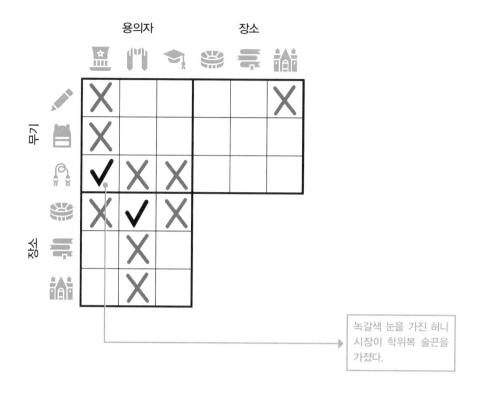

녹갈색 눈을 가진 허니 시장이 학위복 술끈을 가졌다.

▶글라우 학장은 논리학 교재를 여러 권 가지고 다닌다.

이게 무슨 뜻일까요? 논리학 교재는 무기 목록에 없습니다. 하지만 무기 설명을 읽다 보면 무거운 백팩의 내용에 눈이 갑니다. "드디어 그 많은 논리학 교재들의 실용성을 찾았다(그것은 바로 둔기)." 글라우 학장이 논리학 교재 여러 권을 가지고 다녔다면, 당연히 무거운 백팩을 들었겠지요!

크라임 퍼즐에서는 논리를 몇 번씩 건너뛸 필요가 없습니다. 알아야 할 단서는 모두 주어졌습니다. 글라우 학장이 무거운 백팩을 안 쓰고 논리학 책을 들었을 수도 있다고요? 여기서 그런 일은 없습니다!

로지코는 글라우 학장이 무거운 백팩을 가지고 있었다고 표시한 후 그 행과 열의 나머지 칸을 ×표로 지웠습니다. 그러고 나니 웃음이 나왔습니다. 허니 시장이 학위복 술끈을, 글라우 학장이 무거운 백팩을 가지고 있었다면 날카로운 연필은 루스카니 총장에게 있을 수밖에 없습니다.

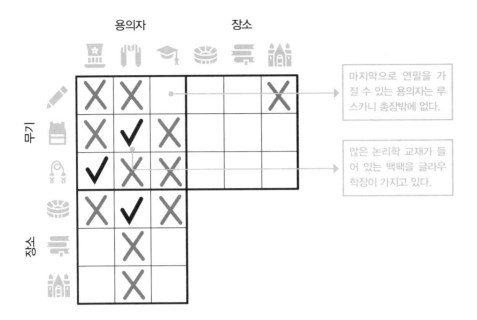

마지막으로 연필을 가질 수 있는 용의자는 루스카니 총장밖에 없다.

많은 논리학 교재가 들어 있는 백팩을 글라우 학장이 가지고 있다.

다음 단계가 이 책의 모든 살인 사건을 해결하는 과정에서 특히 중요합니다. 루스카니 총장이 날카로운 연필을 가졌고, 날카로운 연필은 구본관에 없었으니 루스카니 총장도 구본관에 없었습니다.

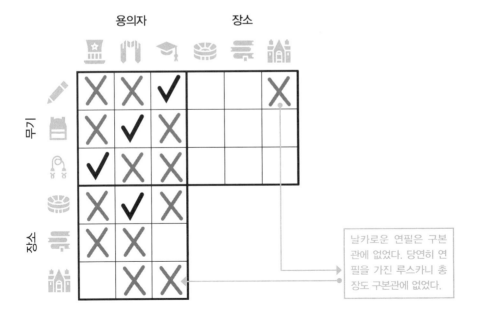

날카로운 연필은 구본관에 없었다. 당연히 연필을 가진 루스카니 총장도 구본관에 없었다.

따라서, 루스카니 총장은 유일하게 가능한 장소인 서점에 있었고 날카로운 연필 역시 서점에 있었습니다. 로지코는 크라임 퍼즐에 그 사실을 표시하고 그 행과 열의 나머지 칸을 또 지웠습니다. 그러자 허니 시장이 구본관에 있었다는 추론이 나왔고, 그 사실 역시 표시했습니다.

허니 시장이 학위복 술끈을 가지고 구본관에 있었으니 학위복 술끈도 구본관에 있었습니다. 글라우 학장이 무거운 백팩을 들고 경기장에 있었으니 무거운 백팩도 경기장에 있었습니다.

▶시체 옆에서 벗겨진 페인트가 발견되었다.

로지코는 완성된 크라임 퍼즐을 보며 충실감을 느꼈습니다! 이제 마지막 단서만 남았군요. 마지막 단서는 특별합니다. 누가 어떤 무기를 가지고 어디에 있었는지를 알리는 내용이 아니라, 살인 사건 자체에 관한 내용입니다!

구본관 설명에 벗겨진 페인트에 관한 내용이 있으니, 이 단서는 살인 현장이 구본관임을 의미합니다. 따라서, 구본관에 있었던 허니 시장이 범인입니다.

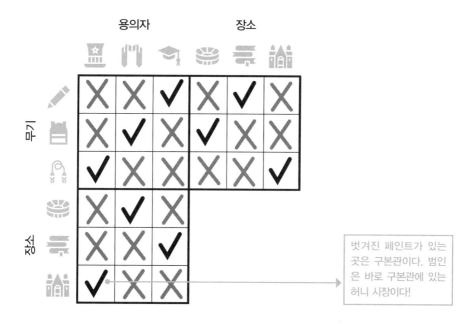

벗겨진 페인트가 있는 곳은 구본관이다. 범인은 바로 구본관에 있는 허니 시장이다!

추리에 확신을 가진 로지코는 총장실로 당당하게 들어가 말했습니다. "허니 시장이 구본관에서 학위복 술끈으로 죽였어요!"

루스카니 총장은 로지코의 정성에 감동해서 A⁺를 주었습니다. 허니 시장은 논리의 압제에 반대하는 긴 연설로 포퓰리즘 전략을 펼쳐 재선거에서 압승했습니다. 그래도 로지코는 괜찮았습니다. 중요한 것은 추리로 얻은 성과가 아니라 추리 자체였기 때문입니다.

학생탐정 로지코는 그렇게 대학에서 배운 이론을 현실의 문제에 처음 적용해 냈습니다. 졸업 후에는 도시로 이사한 후 유일한 논리탐정으로 영업을 시작했습니다.

이 책에는 논리탐정 로지코가 크라임 퍼즐을 이용해서 해결해야 할 100가지 사건이 들어 있습니다. 암호 해독도 하고, 목격자 진술도 점검하고, 수많은 비밀을 알아내야 합니다. 앞으로 나아갈수록 수수께끼는 더욱 깊어지고, 추리도 힘들어집니다. 추리에도 다양한 면이 있기 때문에 새로운 기법을 배우고 개척할 여지도 항상 있습니다.

사건을 해결했다면 사건 해결에 걸린 시간을 기록하거나 성공했는지를 표시해 보세요. 진행이 막혀도 좌절하지 마세요! 책의 뒤쪽에 '힌트'가 준비되어 있습니다. 범인을 지목할 준비가 되면 좀 더 뒤에 있는 '사건 해결'을 확인하세요. 사건을 해결할 때마다 더 큰 이야기가 펼쳐집니다. 조심스럽게 읽어가며 전진하세요. 그리고 논리탐정은 논리만으로 모든 사건을 해결할 수 있다는 점을 기억하세요.

탐정 여러분의 행운을 빕니다!

차례

어서 오세요, 탐정님. 평생 잊지 못할 경험이 기다립니다! 모험도, 자극도, 살인도 잔뜩 있습니다! 이어질 첫 장에는 논리탐정 로지코가 여태껏 해결한 사건들 중에서 특히 재미있는 것들을 모아 두었습니다. 다섯 개의 퍼즐을 풀 때마다 주요 사건을 하나씩 해결해 나갈 수 있습니다. 어떤 사건이 기다리고 있을지 정말 기대되지 않나요?

소개 문구가 꼭 키 크는 약 광고 카피 같다고요? 어쩌면 그것도 단서가 될 수 있겠지요!

스키 리조트에서 슬로프 밑에 숨어 있는 비밀을 발견하세요. 서부 개척 시대로 떠나 유령 마을을 죽인 범인을 알아내세요. 뉴 이지스로 휴가를 떠나 오컬트 교단에 침투하세요. 마지막으로, 농부 브라운의 옥수수밭에 미스터리 서클을 만든 게 누구인지 알아내세요. 오른쪽의 자료 A에 상세한 소개가 있습니다.

탐정님은 논리탐정 로지코보다 먼저 사건의 진상을 알아낼 수 있을까요? 그게 너무 쉽다면 탐정 클럽의 도전을 받아주세요. 이 모든 사건이 무엇을 중심으로 연결되는지 알아내서 마지막 다섯 사건의 무대가 어디일지 추리해 보세요.

탐정님의 여정에 행운이 깃들기를 빕니다! 그리고 한 가지 더! 도움이 필요할 때는 친구에게 부탁하세요. 친구의 도움으로도 안 되면 다른 탐정들의 도움을 받아도 좋습니다.

추 리 의 🔍 기 본

리조트에 묻힌 비밀

이 리조트의 숲속에는 눈밭 아래 깊이 묻힌
비밀이 있습니다. 논리탐정 로지코는 얼음처럼
냉혹한 살인 사건을 해결할 수 있을까요?
그때까지 무사히 살아남을 수 있을까요?

오래된 광산의 살인 미스터리

탐정 여러분, 고삐를 단단히 쥐세요!
이번 확장판에서는 서부 개척 시대의 레인저였던
로지코의 고조할아버지가 폐광을 탐험합니다.

뉴 이지스 사막의 수상한 교단

사막의 교단! 정치적 살인! 뉴 이지스로의 귀환!
〈크라임 퍼즐〉 시리즈의 신작이 이번 가을 수상작의
자리를 노립니다. 놓쳐서는 안 될
새로운 기회를 꼭 잡으세요!

미스터리 서클 음모의 살인

〈크라임 퍼즐〉의 스케일이 더 커질 수는 없다고
생각할 즈음, 로지코는 우주로 나갑니다.
우리의 명탐정은 과연 거대한 우주의 미스터리를 풀고
외계인의 침략으로부터 지구를 구할 수 있을까요?
마지막 순간에 펼쳐지는 의외의 반전은?

우 리 가   해 결 해 야   할   주 요   사 건   네   가 지

1 | 스키 리조트의 살인

논리탐정 로지코는 골치아픈 사건을 해결하고 나서 머리를 식히러 스키 리조트로 휴가를 떠났습니다. 하지만 겨울이 매번 돌아오는 것처럼 일거리도 돌아오는 법. 리조트 창립자가 살해되었습니다. 로지코는 놀기 전에 사건부터 해결해야 합니다.

미드나이트 삼촌

아버지가 사망하자 사막에 수영장 딸린 저택을 사서 은퇴했다. 당시 나이가 17세였다.

173cm / 왼손잡이 / 파란 눈 / 갈색 머리

고고학자 에크루

고고학과 도굴 분야에서 세계적 명성이 있는 고고학자 겸 도굴꾼. 그는 왜 스키 리조트에 와 있을까?

173cm / 왼손잡이 / 녹갈색 눈 / 반백 머리

스키 프로 선플라워

천사처럼 아름답다. 고산 지대라 아찔해서 그렇게 보이는 걸까?

175cm / 왼손잡이 / 갈색 눈 / 금발

근처 식당

실내

이름은 소박하고 목가적이지만 계산서 금액은 한 달 월세와 맞먹는다. 추천 메뉴는 수프!

관광 회사

실내

원하는 모든 것을 보여주고, 원치 않는 것도 보여준다.

스키 리조트

실외

이 산에서 최고로 좋은 스키 리조트. 시체를 숨길 곳이 정말 많다.

독이 든 핫초코	**목 조르는 스카프**	**거대한 뼈**
가벼움	가벼움	무거움
인생 최후의 따뜻한 음료를 마음껏 즐기자.	할머니가 눈에서 악의를 번뜩이며 짠 정말 좋은 스카프.	얼마나 큰 동물이어야 이런 뼈가 나올까? 그리고 개가 이 뼈를 먹으려면 덩치가 얼마나 커야 할까?

단서

▶미드나이트 삼촌은 스키 리조트에 없었다. 스키는 고생스러운 중노동이기 때문이다.

▶논쟁을 벌이던 고고학자 에크루는 비싼 수프를 잔뜩 먹었다.

▶미드나이트 삼촌은 독이 든 핫초코를 가져온 사람에게 반했다.

▶스키 프로 선플라워가 목 조르는 스카프를 두른 모습이 사랑스러웠다.

▶**리조트 창립자의 시신 옆에서 거대한 뼈가 발견되었다.**

용의자   장소

					사건 해결	

무기

장소

누가?

무엇으로?

어디에서?

살인하기에는 너무 미끄러운 슬로프

사건 하나를 해결한 논리탐정 로지코는 슬로프에 나가기로 마음먹었습니다. 하지만 스키 부츠를 막 조이다 말고 다시 업무로 돌아가야 했습니다. 이번에는 스키장 고객이 살해되었기 때문입니다.

용의자

핵 블랙스턴

할리우드 작가 중에서 최고 수준의 돈을 받지만 실력은 최저 수준이다. 취재 여행을 왔다고 하는데, 아무래도 그냥 비용 처리 때문에 대는 핑계인 것 같다.

183cm / 오른손잡이 / 갈색 눈 / 대머리

스키광 시나몬

스키를 뒤로 타고, 술도 마시고, 점프도 한다. 하지만 살인이라면? 음… 그건 좀 너무한 것 같은데.

178cm / 왼손잡이 / 녹갈색 눈 / 갈색 머리

조그만 토프

사실은 몸집이 아주 거대하다. 그래서 사람들이 농담 삼아 조그만 토프라고 부른다. 먼 길을 거쳐 마침내 이 리조트에 왔다. 왜 그랬을까?

190cm / 왼손잡이 / 파란 눈 / 금발

장소

슬로프
실외

가이드북을 보면 고대 유적 위에 건설되었다고 쓰여 있다. 역시 고급 스키장은 다르다!

스키 리프트
실외

산 전체가 보이는 곳까지 올라간다…. 어, 저기 이상하게 생긴 동굴이 보인다!

산장
실내

슬로프 위에는 통나무 오두막처럼 생긴 스키용 산장이 있다. 핫초코를 마시기에도, 살인 혐의를 피하기에도 완벽한 곳이다.

무기

스키 장갑
가벼움

누군가의 목을 조르기에
다른 장갑만큼 좋다.

스키 폴
가벼움

이걸로 살인할 때
가장 어려운 점은 현장에서
달아날 때 폴 하나만 써서
스키를 타야 한다는 것이다.

평범한 눈덩이
보통 무게

평범한 눈덩이처럼
보이지만 사실은 안에
수류탄이 들어 있다.

단서

▶스키 장갑을 가진 사람은 눈이 파란색이었다.

▶스키광 시나몬은 리프트 이용권을 사는 법이 없으니 리프트에 가지 않았을 것이다.

▶평범한 눈덩이는 산장에 가면 녹아 버리니까 거기에 없었을 것이다.

▶두 번째로 키가 큰 용의자는 스키 리프트를 탄 적이 없다.

▶슬로프에 있던 사람은 왼손잡이였다.

▶**죽은 사람은 가슴에 스키 폴과 딱 맞는 크기의 구멍이 나 있었다.**

	용의자			장소	
무기					
장소					
			사건 해결		

누가?

무엇으로?

어디에서?

3 | 살인이 몰아치는 어두운 밤

번쩍! 콰르릉! 눈보라가 휘날리고 폭풍이 쳤습니다. 로지코는 다른 손님 세 명, 그리고 체포된 핵 블랙스턴과 함께 산장에 갇혔습니다. 하지만 블랙스턴은 곧 갇힌 신세를 벗어났습니다. 누군가가 그를 죽였기 때문입니다.

용의자

그레이 백작

홍차로 유명한, 유서 깊은 그레이 백작가의 후손.
사인은 해주지 않지만, 항상 티백 몇 개를 가지고 다닌다.

175cm / 오른손잡이 / 갈색 눈 / 백발

커피 장군

부하들을 죽음의 격전장으로 보내기 전에 항상 모닝커피를
마시는 에스프레소 애호가. 중요한 것은 명예인가, 영광인가,
부인가, 아니면 커피콩에 대한 사랑인가?

183cm / 오른손잡이 / 갈색 눈 / 대머리

오버진 주방장

남편을 죽이고 요리해서 레스토랑 손님들에게 서빙했다는
소문이 있다. 헛소문이지만, 그런 헛소문에도 의미가 있다.

157cm / 오른손잡이 / 파란 눈 / 금발

장소

커다란 탁자	**이글거리는 장작불**	**현관**
실내	실내	실내
나무에 얼룩이 보인다. 체리색 마감일까… 아니면 피일까?	불꽃 속에서 불타는 종이가 보인다. 저 종이는 설마, 고고학 조사 보고서인가?	거대한 문이 꼭 닫혀 있어서 찬바람이 들어올 수도, 살인범이 나갈 수도 없다!

고드름 단검
가벼움

완벽한 무기.
누군가를 찔러 죽여도
웅덩이만 남는다.

곰 가죽 깔개
무거움

거의 확실히
곰의 유령이
깃들었을 것이다.

촛대
무거움

누군가의 머리를
세게 칠 수 있다. 그냥 양초를
밝히는 용도로도 쓴다.

단서

▶ 거대한 문 옆에서 촛불이 흔들리고 있었다.

▶ 커피 장군이 촛대 바로 아래에 서 있었다.

▶ 곰 가죽 깔개 위에 있던 용의자는 아름다운 파란 눈을 가지고 있었다.

▶ 그레이 백작은 이글거리는 장작불 근처에 간 적이 없다.

▶ **불쌍한 블랙스턴 옆에서 작은 웅덩이가 발견되었다.**

	용의자	장소

무기 / 장소

누가?

무엇으로?

사건 해결

어디에서?

4 | 달빛이 비치는 눈밭의 살인

논리탐정 로지코는 손전등 불빛에 의지해서 슬로프를 조심조심 내려갔습니다. 그런데 갑자기 익숙한 사람의 시체가 보였습니다. 다름 아닌 그레이 백작이었습니다! 이 스키 리조트에 무슨 일이 일어났을까요? 그레이 백작을 죽인 사람은 누구일까요?

용의자

설인

사람들은 인간과 유인원 사이의 잃어버린 고리라고 말하지만, 사실은 그냥 산에 사는 털이 많은 노인이다. 그냥 살게 두자.

190cm / 오른손잡이 / 회색 눈 / 백발

스키광 시나몬

이 사람이 한밤에 슬로프에서 스키를 타는 것은 하나도 수상하지 않다. 원래 그렇다. 그걸 꼬치꼬치 따지는 쪽이 더 수상하다.

178cm / 왼손잡이 / 녹갈색 눈 / 갈색 머리

커피 장군

에스프레소 애호가로 산장에서 도망쳐 나왔다. 범인일까, 아니면 그냥 어쩌다 안 좋은 자리에 끼었을 뿐일까?

183cm / 오른손잡이 / 갈색 눈 / 대머리

장소

블랙 다이아몬드 슬로프
실외

거의 깎아지른 절벽이다. 여기에서 어떻게 스키를 타는 거지?

깊고 어두운 숲
실외

눈 위에 대량의 짐승 발자국이 보인다. 아주 큰 발자국들이다.

신비한 동굴
실내

어두운 동굴이 로지코에게 들어오라고 손짓하는 것 같다. 노련한 탐정에게는 익숙할 듯한 장소다.

무기

도끼
보통 무게

나무를 찍는 물건.
물론 사람도 찍을 수 있다!

곰덫
무거움

사람에게 쓰기 너무
잔인한 것 같으면
곰의 기분도 생각해 보자!

독이 든 보온병
보통 무게

무엇이든 따뜻하게 보관한다.
역설적이지만, 방금 사람을
차갑게 식힌 물건조차도!

단서

▶신비한 동굴에 있었던 용의자는 눈이 회색이었다.

▶독이 든 보온병을 가진 사람은 오른손잡이였다.

▶곰덫은 로지코가 발견한 짐승 발자국들과 아주 먼 곳에 있었다.

▶도끼는 노련한 탐정에게 익숙할 듯한 장소에서 발견되었다.

▶**로지코는 블랙 다이아몬드 슬로프를 내려가다가 그레이 백작을 발견했다.**

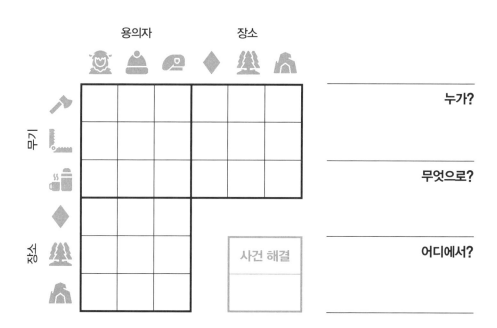

누가?

무엇으로?

어디에서?

23

5 | 눈 덮인 동굴의 비밀

로지코는 현장을 살피던 중에 발견한 신비한 동굴에 기어 들어가다가 죽은 설인… 시체에 걸려 넘어지면서 강한 기시감을 느꼈습니다! 그레이 백작의 말이 맞았습니다. 무슨 일인가 벌어지고 있었습니다. 로지코는 그 전모를 파헤치기로 결심했습니다.

용의자

미드나이트 삼촌

슬로프의 추운 날씨가 익숙하지 않다.
수영장 딸린 사막 저택은 너무나 멀리 떨어져 있고,
추위에 몸이 덜덜 떨린다.

173cm / 왼손잡이 / 파란 눈 / 갈색 머리

고고학자 에크루

고고학과 도굴 분야에서 세계적인 명성이 있는
고고학자 겸 도굴꾼.

173cm / 왼손잡이 / 녹갈색 눈 / 반백 머리

커피 장군

어디를 가도 마주치는 에스프레소 애호가.
분명 이 일과 관련이 있을 것이다.
아니면, 그저 완벽한 커피를 찾으러 다닐 뿐인 걸까?

183cm / 오른손잡이 / 갈색 눈 / 대머리

장소

고대 유적

실내

동굴 깊은 곳에는
오래전에 사라진 문명의
고대 유적과 무서운 비밀이
도사리고 있다.

지하 호수

실내

은은하게 빛나는 물속에서
눈 없는 물고기가
으스스하게 헤엄친다.
그런데 좀 귀엽다.

동굴 입구

실외

종유석과 석순이
마치 사람을 찢어 먹으려는
이빨처럼 보인다.

돌
보통 무게

다른 무기를 찾을 수 없을
때에도 돌은 항상 근처에 있다.
이 돌은 조금 깨졌다.

성유물
보통 무게

얼굴이 끔찍하게 생긴
옛 신의 토템이다.

참고 서적
보통 무게

거대한 책에 고대 문명에
관한 통계 자료가 가득하다.
흥미진진하다!

단서

▶미드나이트 삼촌과 키가 같은 용의자는 성유물을 가져온 사람에게 반했다.

▶참고 서적은 죽음처럼 <u>으스스</u>한 물고기 근처에서 발견되지 않았다.

▶돌을 가진 사람은 파란 눈의 용의자였다고 한다.

▶동굴 벽에는 로지코가 알 듯 말 듯한 메시지가 뒤죽박죽 남아 있었다.

유은성물 순석 서에옆 견됨발.

▶**시신은 고대 유적 옆에서 발견되었다.**

용의자   장소

무기

장소

사건 해결

누가?

무엇으로?

어디에서?

6 | 서부 개척 시대에 일어난 살인 사건

다음 5부작 미스터리는 로지코의 고조할아버지가 레인저로 활약했던 서부 개척 시대에 해결한 사건들입니다. 발단은 신문에 실린 살인 사건 기사를 읽은 것이었습니다. 그 사건이 특별히 관심을 끈 이유는, 살해된 사람이 살인자였기 때문이었습니다.

용의자

파인 판사

교수형 판사라는 별명에 불만이 많다. 주로 총살대를 쓰기 때문이다. 언제나 비용을 절약할 새로운 방법을 모색한다.

168cm / 오른손잡이 / 갈색 눈 / 검은 머리

샌디 보안관

법을 수호한다. 주업무는 사람들을 술집에서 집까지 안전하게 보내는 것이다.

168cm / 왼손잡이 / 갈색 눈 / 금발

무법자 스카이

누군가의 부하로 일하기보다는 자유롭게 떠돌아다니기를 택했다.

170cm / 오른손잡이 / 갈색 눈 / 검은 머리

장소

열차
실내

느린 말과 비슷한 속도로 사막을 달린다.

유령 마을
실외

광산의 은맥이 마른 후로 버려진 낡은 마을. 사람은 없고 회전초만 굴러다닌다.

신흥 광산촌
실외

새 광산이 열린 후로 모든 것이 많아졌다. 거래도, 농부도, 살인도!

무기

선인장
보통 무게

가시 조심.
이걸로 때리는
사람도 조심.

오염된 밀주
보통 무게

마시면 확실히 죽는다.
냄새조차 위험하다.

찌르는 나이프
보통 무게

찌르는 용도로
완벽한 나이프.

단서

▶ 기록에 따르면, 위험한 냄새가 나는 곳을 회전초가 쓸쓸히 지나갔다고 한다.

▶ 가장 키가 큰 용의자는 찌르는 나이프를 가져온 사람을 싫어했다. 얽힌 원한이 너무 많기 때문이었다.

▶ 새로 열린 광산 부근에서 가시가 잔뜩 발견되었다.

▶ 오염된 밀주 병에서 왼손잡이의 지문이 발견되었다.

▶ **시체는 열차 선로에서 발견되었다.**

	용의자			장소		
무기						
장소						

누가?

무엇으로?

사건 해결

어디에서?

27

7 | 열차를 타고 살인을 향해

논리탐정 로지코의 고조할아버지는 유력자 아이보리의 광고를 보고 열차에 올라 서쪽으로 갔지만, 가는 길에 살인 사건을 해결해야 했습니다. 기관사가 살해되었기 때문입니다. 이제 열차를 조종할 사람이 없어졌습니다!

망자의 손패
가벼움

에이스 둘에 8 둘,
포커에서 가장 불길한 패다.
게다가 카드가 폭발한다.

극독이 든 병
가벼움

안심해도 좋다.
잘 밀봉되어 있으…
잠깐. 코르크 마개가
어디 갔지?!

인간 두개골
보통 무게

당시의 서부는 거친 곳이었다.
특히 이 두개골의
주인에게는 더더욱.

단서

▶유명한 무법자는 승무원실에 결코 발을 들이지 않았다.

▶극독이 든 병이 승무원실에 있었거나, 그게 아니라면 인간 두개골이 기관차에 있었다.

▶누군가가 로지코의 고조할아버지에게 쪽지를 몰래 주었지만, 글씨가 너무 뒤죽박죽이었다.
자력유 이리아가보 인간 골두개을 고지가 왔다.

▶에이스 두 장과 8 두 장이 승무원실에서 발견되었다.

▶**시체는 침대차에 있었다.**

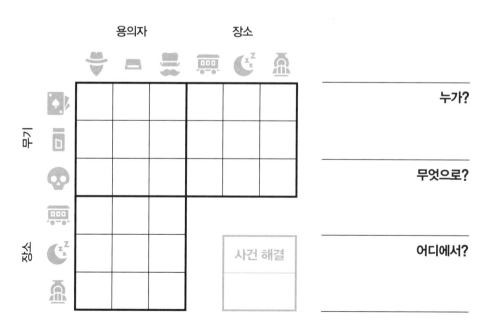

누가?

무엇으로?

어디에서?

8 | 유령 마을의 신입 유령

논리탐정 로지코의 고조할아버지는 유령 마을에서 기차를 내렸습니다. 은 광산이 고갈되자 몰락한 마을이었습니다. 얼마 후, 유력자 아이보리가 그곳을 지켜보기 위해 고용했던 보안관이 살해되었습니다. 유령이 되기 전에, 빠르게 사건을 해결해야 합니다!

용의자

총잡이 그래파이트

가장 큰 값을 부르는 사람의 말을 듣고
누군가가 더 큰 값을 부르기를 기다린다.

173cm / 오른손잡이 / 녹갈색 눈 / 붉은 머리

광부 러스트

백만장자가 되어야 마땅할 만큼의 광물을 캐냈지만,
백만장자가 되지 못했다.

173cm / 오른손잡이 / 갈색 눈 / 갈색 머리

세피아 어르신

어르신 소리를 듣는 노인.
어지간한 사람이 태어나기 전부터 서부에서 살았다.

152cm / 오른손잡이 / 녹색 눈 / 반백 머리

장소

마른 우물
실외

우물 바닥에는 먼지와
노조 전단지만 있다.
물은 전혀 없다!

무너진 교회
실내

지붕은 무너지고 종은
반으로 갈라졌다.
신조차도 버린 곳이다.

마을 광장
실외

이제는 오직 회전초만
남아 있다. 아니, 사실은
다른 잡초들도 있다.

무기

다이너마이트
보통 무게

이걸로 마을 절반을
날려버릴 수 있다. 늦기 전에
뛰는 것을 잊지 말자!

고스트페퍼
가벼움

먹으면 죽을 만큼
맵기 때문에
붙여진 이름이다.

팔뼈
보통 무게

시체의 일부로
시체를 만든다.

단서

▶세피아 어르신은 다이너마이트를 아무렇게나 저글링하고 있었다.

▶무너진 교회에 있었던 사람은 눈이 갈색이었다.

▶무너진 교회는 그냥도 음산하지만 팔뼈가 있었다면 더 음산했을 텐데, 없어서 다행이다.

▶총잡이 그래파이트는 노조 전단지 가까이에 없었다.

▶**보안관의 시신은 마을 광장에서 발견되었다.**

	용의자			장소			
다이너마이트							**누가?**
고스트페퍼							
팔뼈							**무엇으로?**
장소 등불							
장소 건물				사건 해결			**어디에서?**
장소 덤불							

9 | 광산에서 일어난 살인

논리탐정 로지코의 고조할아버지는 총잡이 그래파이트를 뒤따라 버려진 은 광산으로 들어갔습니다. 하지만 그곳은 버려진 곳이 전혀 아니었습니다. 안에 사람 세 명, 시체까지 치면 네 명이 있었습니다.

용의자

노조원 민트

상사와 싸웠고, 상사가 이겼다.
이제 직업을 잃고 도망치는 신세가 되었다.

183cm / 왼손잡이 / 갈색 눈 / 갈색 머리

샌디 보안관

법을 수호한다. 주업무는 사람들을
술집에서 집까지 안전하게 보내는 것이다.

168cm / 왼손잡이 / 갈색 눈 / 금발

탐광자 골드

골드라는 이름값을 하려는 건지,
내내 금 이야기만 한다.

150cm / 오른손잡이 / 파란 눈 / 백발

장소

잠긴 문
실외

녹슨 철문들. 예전에는
침입자를 막는 역할을 했지만
지금은 부서졌다.

방치된 갱도
실외

암흑 속으로 내려가는
어두운 구멍. 저 아래에
시체가 몇 구나 있을까?

녹슨 철로
실내

윤활제를 조금 뿌리고
대대적인 재시공만 하면
쓸 만할 것 같다.

무기

육중한 책
무거움

썩어가는 무거운 장부에
광산의 수익 증가 기록이
적혀 있다.

총검
보통 무게

안 그래도 치명적인 총을
더욱 위험하게
만든 무기다.

은괴
무거움

거대하다.
똑같은 무게의 은과
같은 가치가 있다.

단서

▶육중한 책을 가진 용의자는 계속 금 이야기만 했다!

▶키가 가장 큰 용의자는 방치된 갱도에 가지 않았다. 적어도 오늘은 그랬다.

▶두 번째로 키가 큰 용의자는 은괴를 가져온 사람과 어린 시절 친구였다.

▶부서진 침입자 방지 시설 옆에서 총검이 발견되었다.

▶**시신은 녹슨 철로 위에서 발견되었다. 너무나 전형적인 서부 개척 시대의 모습이다.**

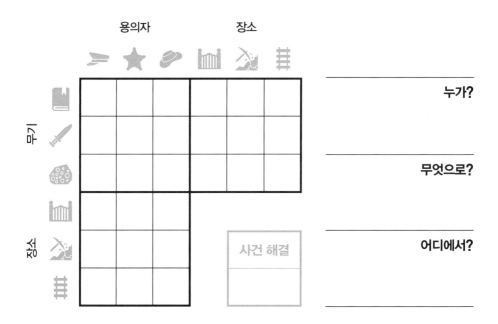

누가?

무엇으로?

어디에서?

33

10 | 칼잡이 판사 앞에서 일어난 사건

논리탐정 로지코의 고조할아버지는 칼잡이 판사(새로운 별명) 앞에 두 사람을 세웠습니다. 그리고 이 모든 소동의 배후에 있는 인물을 막 설명하려는데, 피고 쪽에 있던 누군가가 배심원 대표를 죽였습니다.

용의자

상사와 싸웠고, 상사가 이겼다.
이제 직업을 잃고 도망치는 신세가 되었다.

노조원 민트 183cm / 왼손잡이 / 갈색 눈 / 갈색 머리

법정의 주재자이며
정의에 관한 신념을 스스로 정해 굳게 지킨다.

파인 판사 168cm / 오른손잡이 / 갈색 눈 / 검은 머리

광산, 철도 그리고 또… 공장을 운영한다.

유력자 아이보리 147cm / 오른손잡이 / 파란 눈 / 검은 머리

장소

배심원석
실내

서부 개척 시대에
배심원석에 앉는 사람들이
어떤 인간 말종일지는
알고 싶지도 않다.

판사석
실내

판사가 가장 높은 좌석에
앉은 것을 보면 이곳의
책임자임을 알 수 있다.

증인석
실내

증인이 앉는 자리.
역설적이게도 사람들은
증인이 증인석에
선다고 말한다.

무기

깃발	**돌진하는 소**	**의사봉**
가벼움	무거움	보통 무게
이 지역을 나타내는 깃발. 벽돌을 맞아 죽는 뱀이 그려져 있다.	서부에서 가장 위험한 무기.	솔직하게 인정해야 한다. 판사에게 커다란 망치를 주는 것은 위협하라는 뜻이다.

단서

▶증거로 제출된, 갈갈이 찢어져 뒤죽박죽 섞인 쪽지: 원조노 트민가 을깃발 고지가 다왔.

▶돌진하는 소는 판사석에 없었다.

▶가장 키가 작은 용의자는 증인석에 없었다.

▶의사봉은 판사석에서 찾을 수 없었다.

▶파인 판사는 돌진하는 소에게서 아주 멀리 떨어져 있었다.

▶**죽은 배심원 대표는 아직도 배심원석에 누워 있었다.**

용의자   장소

누가?

무엇으로?

사건 해결

어디에서?

35

11 | 뉴 이지스 마을의 익숙한 범죄

드디어 논리탐정 로지코에게 휴가를 즐길 여유가 생기자, 신비탐정 이라티노는 사막의 뉴 이지스 마을을 방문하자고 제안했습니다. 지난번에 뉴에이지 히피 마을에 갔을 땐 결과가 안 좋았지만, 이번에는 다를 것이라고요. 하지만 그럴 리가 없었습니다! 마을 의원이 살해되었습니다.

용의자

허니 시장

현재 뉴 이지스의 시장이지만, 오래가지 못할 것 같다.
힘든 선거를 앞두고 있기 때문에 이기기 위해서라면
무슨 짓이든 할 것이다.

183cm / 왼손잡이 / 녹갈색 눈 / 갈색 머리

영화광 스모키

〈크라임 퍼즐: 더 무비〉 관람 횟수가
평생 엄마를 부른 횟수보다 많다.

178cm / 왼손잡이 / 검은 눈 / 갈색 머리

오버진 주방장

남편을 죽이고 요리해서 레스토랑 손님들에게 서빙했다는
소문이 있다. 헛소문이지만, 그런 헛소문에도 의미가 있다.

157cm / 오른손잡이 / 파란 눈 / 금발

장소

 신비한 동굴 박물관
실내

이 동굴에서 일어난
유명 살인 사건을
기념하는 박물관.

 UFO 추락 지점
실외

광고 전단 문구에 따르면
에펠 탑에 맞먹는 관광지.

 음파발진기
실내

블랙손 에너지를
집중시키기 위해
사막에 만든 거대한 돔.

위자 보드
가벼움

장난감 가게에서 살 수 있는
가장 강력한 마법 도구
(서양판 분신사바).

마법 모래 한 자루
무거움

모래로 주문을 걸 수도 있고,
무게를 이용해 머리를
때릴 수도 있다.

살인 타로 덱
가벼움

점술가들은 이 살인 테마의
타로 카드로 미래를 점친다.
누구나 이것으로
점을 칠 수 있다!

단서

▶ 점술용 카드가 에펠 탑과 맞먹는다고 자부하는 관광지 옆에서 발견되었다.

▶ 살인 테마의 타로 카드에서 왼손잡이의 지문이 발견되었다.

▶ 영화광 스모키는 음파발진기에 가지 않았다.

▶ 두 번째로 키가 큰 용의자는 장난감 가게에서 무기를 구입했다.

▶ **시신은 신비한 동굴 박물관에서 발견되었다.**

용의자   장소

무기

장소

사건 해결

누가?

무엇으로?

어디에서?

| 피해자의 유언은 "으아아아아아!"

음파발진기는 사막 한가운데에 있는 거대한 흰색 돔이었습니다. 발진기를 건설한 고대 사막의 지혜단에 따르면, 우주의 모든 에너지를 연결해서 이용할 수 있는 형태로 전송하는 장치라고 합니다. 하지만 발진기 기사는 그 장치를 가동할 수가 없었습니다. 살해되었기 때문입니다!

용의자

차콜 두목

옛 시절의 갱 보스. 당시 갱 보스는
그래도 지금보다 의미가 있는 자리였다.

180cm / 오른손잡이 / 갈색 눈 / 검은 머리

전설의 대스타 실버튼

할리우드 영화의 황금기를 살았고,
지금은 황혼기를 살아가는 대배우.

193cm / 오른손잡이 / 파란 눈 / 은발

치과의사 시셀 선생

우주에 관한 새 이론을 연구하는
아마추어 물리학자이자 현직 치과의사.

170cm / 오른손잡이 / 녹색 눈 / 반백 머리

장소

코트 보관소
실내

코트는 진동을 방해하므로
꼭 보관소에 맡겨야 한다.
보관소 이용료는 50달러다.

거대한 돔
실내

영혼을 다른 차원으로
실어다가 스트레스를
풀어주는 음파의 진동에
한껏 빠져보자.

주차장
실외

그냥 넓고 평평한
모래밭이다. 여기에
시신 수십 구가 묻혀 있다.

무기

묵주
가벼움

상아 구슬에
우는 코끼리 아이콘이
조그맣게 새겨져 있다.

슈퍼 알레르기 오일
가벼움

이름 그대로다.
모든 사람이 이 오일에
치명적인 알레르기를
가지고 있다.

무거운 양초
무거움

양초는 무겁지만,
방의 분위기를
가볍게 만들어준다.

단서

▶키가 가장 큰 용의자는 음파의 진동에 한껏 빠져 있었다.

▶두 번째로 키가 큰 용의자는 코트 보관소에 가지 않았다.

▶전설의 대스타 실버튼이 무거운 양초를 가져왔다.

▶묵주는 주차장에서 발견되지 않았다.

▶**음파발진기 기사의 팔에서 오일 한 방울이 발견되었다.**

누가?

_____

무엇으로?

_____

어디에서?

사건 해결

_____

13 | 사막의 수상한 공동체

논리탐정 로지코는 고대 사막의 지혜단이 받는 혐의에 관심이 가서 사막 깊은 곳, 이지스 산의 그림자 속에 자리를 잡은 폐쇄적인 공동체로 갔습니다. 그런데 그 공동체는 방문객을 꺼리는 것 같습니다. 거대한 울타리와 튼튼한 나무 문, 심지어는 시체까지 있었습니다.

용의자

스키광 시나몬

스키를 뒤로 타고, 술도 마시고, 점프도 한다.
게다가 사람을 죽인 적도 있다….

178cm / 왼손잡이 / 녹갈색 눈 / 갈색 머리

총교주 코발트

길고 흰 로브를 입고 길고 흰 수염을 길렀다.
그런데 도대체 정체가 뭘까?

175cm / 오른손잡이 / 파란 눈 / 은발

카퍼 경관

범죄자가 경찰일 때 좋은 점은, 중간책을 제거해서
자기가 맡은 범죄 수사를 망칠 수 있다는 것이다.

165cm / 오른손잡이 / 파란 눈 / 금발

장소

나무로 만든 문
실외

바다에서 건진 유목으로
만들어서 여기까지
사람들이 들고 왔다.

함정
실외

6m 깊이의 함정.
바닥에 뼈가 잔뜩 보인다.
어째서 인간 뼈인 거지?

비밀 기지
실내

선택받은 사람만
비밀 기지에
들어갈 수 있다.

독이 든 팅크
가벼움

라벨을 보니 한 방울을 쓰면
모든 병이 낫고, 두 방울을
쓰면 죽는다고 한다.

셀레나이트 마법봉
보통 무게

주문을 걸거나
해골을 깰 때 쓴다.

살인 타로 덱
가벼움

점술가들은 이 살인 테마의
타로 카드로 미래를 점친다.
누구나 이것으로
점을 칠 수 있다!

단서

▶ 키가 가장 큰 용의자는 주문을 걸 때 쓰는 무기를 가지고 있었다.

▶ 키가 가장 작은 용의자와 살인 타로 덱을 가지고 온 사람 사이에는 복잡한 과거사가 있다.

▶ 함정에 있었던 사람은 왼손잡이였다.

▶ 총교주 코발트는 나무로 만든 문 근처에도 가지 않았다.

▶ **피해자 옆에서 팅크 한 방울이 발견되었다.**

용의자   장소

	누가?

무기

	무엇으로?

장소

사건 해결

	어디에서?

14 | 비밀 기지의 비밀

공동체 한가운데에는 비밀 기지가 있었습니다. 논리탐정 로지코가 겨우 숨어 들어갔더니 역시나 사건이 기다리고 있었습니다. 이 지역의 정치가가 살해되었고, 그 방에 있는 사람 중 하나가 범인이었습니다.

용의자

조그만 토프

사람들이 자기 덩치 말고도 다른 좋은 점을 봐주면 좋겠다고 생각한다. 뜨개질을 얼마나 좋아하는지 같은.

190cm / 왼손잡이 / 파란 눈 / 금발

총교주 코발트

이 교단의 총교주인 동시에 자칭 우주 전체의 지배자다.

175cm / 오른손잡이 / 파란 눈 / 은발

점성학자 아주어

별을 보고 점을 친다. 사람들이 태어난 정확한 시간과 장소를 무척이나 궁금해한다.

168cm / 오른손잡이 / 녹갈색 눈 / 갈색 머리

장소

알현실
실내

방 한가운데에 쿠션과 담요가 잔뜩 덮인 거대한 왕좌가 있다.

비밀의 방
실내

벽이 지도와 사진이 가득한 코르크 판으로 덮여 있다. 뭔가 계획을 짜는 것 같다.

대기실
실내

알현실에 들어가기 전에 기다리는 곳. 몇 년씩 기다리는 사람도 있다.

유사과학 장치
무거움

발명가는 이 장치가
자기를 부자로 만들어줄
것이라고 했다.

기도용 양초
보통 무게

누군가가 죽기를
기도했다면,
그 기도는 응답을 받았다.

준영구기관
무거움

영구적으로 움직이지는
않는다. 한 번에 2분에서
3분 정도만 움직인다.

단서

▶별을 보고 점을 치는 사람이 유사과학 장치 옆에서 목격되었다.

▶발명가를 부자로 만들어 줄 장치는 지도 옆에서 발견되었다.

▶키가 가장 큰 용의자는 담요 위에 늘어져 쉬고 있었다.

▶안내지 위에 뒤죽박죽 적혀 있던 메모: 만조그 가프토 기용도 초를양 지가고 지있었.

▶**살인은 사람들이 기다리는 장소에서 일어났다.**

	용의자			장소		
유사과학 장치						
기도용 양초						
준영구기관						
장소						
				사건 해결		

무기 / 장소

누가? _____

무엇으로? _____

어디에서? _____

15 | 시장 집무실에서 죽은 비서

이 정도면 수상한 교단치고도 충격적인 죽음이 너무 많았습니다! 논리탐정 로지코는 단숨에 마을로 돌아가 시장 면담을 요청했습니다. 면담에 앞서, 시장의 비서에게 지금까지 발견한 모든 것을 말했습니다. 그런데 시장과 만나는 사이에 비서가 살해되었습니다.

용의자

허니 시장

뉴 이지스의 시장. 일이 잘 돌아간다고는 할 수 없다.
살인 사건이 너무 많다!

183cm / 왼손잡이 / 녹갈색 눈 / 갈색 머리

카퍼 경관

범죄자가 경찰일 때 좋은 점은, 중간책을 제거해서
자기가 맡은 범죄 수사를 망칠 수 있다는 것이다.

165cm / 오른손잡이 / 파란 눈 / 금발

아주어 주교

점성학자 아주어의 어머니이자 근처 교회의 주교.
신변 정보 두 개만 밝혔을 뿐인데도 경악할 구석이 너무나 많다.

163cm / 오른손잡이 / 갈색 눈 / 갈색 머리

장소

호화로운 소파

실내

어, 쿠션 사이에
뭔가 있는데 이게 뭐지?
열쇠인가?

책상

실내

구역별로 표시된
도시 지도가 덮여 있다.

잠긴 장식장

실내

열쇠는 시장만 가지고 있다.
시장은 남이 안 볼 때만
이 장식장을 연다.

샴페인 한 병
보통 무게

선거에서 이기면
축하주로 마시고,
지면 위로주로 마시고.

무술가의 손
보통 무게

무예를 충분히 익힌
사람의 손은
치명적인 무기가 된다.

투표함
무거움

투표는 중요하다.
특히 이 상자의 무게를
더하는 일에.

단서

▶주교는 더 이상 기도로만 문제를 해결하지 않는다. 무예를 충분히 익힌 그의 손은 치명적인 무기였다.

▶책상은 무거운 무기를 버틸 정도로 튼튼하지 못하다.

▶탐정 클럽에서 다음 글자 암호로 적어 보낸 메시지: 벼티, 곡, 결힌.

▶선거의 승리를 축하하고 싶으면 장식장을 열어야 한다.

▶**피해자 옆에서 투표함이 발견되었다.**

용의자   장소

무기 / 장소

사건 해결

누가?

무엇으로?

어디에서?

45

| # 반짝이는 별빛 아래에서도 살인이

논리탐정 로지코는 집에 도착해서 시계를 조정하기도 전에 기이한 현상을 조사하기 위해 외딴 농가로 떠나야 했습니다. 밤 사이 히치하이커의 시체에서 불과 몇십 미터 떨어진 곳에 미스터리 서클이 생겼기 때문이었습니다.

용의자

농부 브라운

빈곤에 허덕이는 여성 농업인.
비트, 순무, 폭력 성향을 키워 왔다.

163cm / 오른손잡이 / 갈색 눈 / 갈색 머리

치과의사 시셀 선생

우주에 관한 새 이론을 연구하는
아마추어 물리학자이자 현직 치과의사.

170cm / 오른손잡이 / 녹색 눈 / 반백 머리

그레이먼 씨

완전 절대 진짜 인간이다.
지구에서 나고 자란 것이 100% 확실하다.

152cm / 왼손잡이 / 녹색 눈 / 대머리

장소

미스터리 서클
실외

신비하게 밀을 굽혀서
완벽한 원을 만들었다.
ㅌ과 ㅍ을 합쳐서
뭉갠 것처럼 생겼다.

농가
실내

허물어져 가는 농가.
지붕은 물이 새고
바닥은 불안정하다.

외진 길
실외

농가를 오가는
유일한 길.

찌르는 나이프
보통 무게

서부 개척 시대에도
우주 시대에도, 나이프는
언제나 찌르기 좋은 무기다.

커다란 돈가방
보통 무게

가방 하나에 이렇게
많은 돈이 든 것은
지금껏 본 적이 없었다.

광선총
가벼움

SF 영화에 나오는
초강력 무기일까,
그냥 빛만 뿜어내는 총일까.

단서

▶농부 브라운은 광선총을 가져온 용의자에게서 눈을 떼지 못했다.

▶찌르는 나이프는 농가로 가는 길에 없었다.

▶찌르는 나이프를 가지고 있던 용의자는 대머리였다.

▶비가 새는 지붕 밑에서 커다란 돈가방이 발견되었다.

▶**살인은 밀밭에서 일어났다.**

	용의자			장소		
무기						
장소						

누가?

무엇으로?

사건 해결

어디에서?

47

17 | 우주로 가는 살인 사건

우주국은 그레이먼 씨가 논리탐정 로지코에게 남긴 메시지를 조사하기 위해 스페이스 셔틀 발사를 준비했습니다. 그런데 발사 직전에 우주비행사 한 명이 살해되었기 때문에, 로지코가 사건 해결을 위해 우주선에 올라야 했습니다.

용의자

미드나이트 3세

영화사 대표의 손자이자 자칭 자수성가한 사업가.
지금 제작 중인 영화의 흥행을 위해서라면
무슨 짓이든 할 기세다.

173cm / 왼손잡이 / 갈색 눈 / 갈색 머리

모브 부사장

텍코 퓨처스의 부사장. 메타버스 텍토피아를 추진하는 몽상가.
CEO 인디고의 이번 주 관심사(예를 들면 카메오 출연)에도 열심이다.

173cm / 오른손잡이 / 갈색 눈 / 검은 머리

슬레이트 대위

우주비행사. 달의 뒷면을 탐험한 최초의 여성이자,
현재 가장 유력한 일급살인 용의자.

165cm / 왼손잡이 / 갈색 눈 / 갈색 머리

장소

발사 패드
실외

엘리베이터가 없기 때문에
비행사들이 여기부터 셔틀까지
수십 층 높이를 계단으로
걸어 올라가야 한다.

관제실
실내

공부벌레들이 무리 지어
TV로 발사 장면을 보면서
멋진 비행사들을 동경하는 곳.

스페이스 셔틀
실내

크고, 비싸고, 폭발하기 쉽고,
달을 향해 곧장 날아간다.

무기

| | | |

와인 한 병
보통 무게

핏자국과 어울리는
포도주 얼룩을 원하는
사람에게 최적의 무기.

제트팩
무거움

다리 뒤쪽에 심한 화상을
입어도 괜찮다면
최고의 비행 수단이다.

소화기
무거움

불이나 누군가의
생명을 끌 수 있다.

단서

▶ 다리에 화상을 입히는 교통수단이 아주아주 긴 계단 위에서 발견되었다.

▶ 모브 부사장이 소화기를 가져왔다.

▶ 슬레이트 대위는 이 스페이스 셔틀에 탄 적이 없다. 이번 임무에는 선정되지 않았기 때문이다.

▶ 미드나이트 3세가 제트팩을 가져왔거나, 그게 아니면 모브 부사장이 발사 패드에 있었다.

▶ **시체는 관제실에서 발견되었다.**

용의자   장소

			사건 해결		

무기 / 장소

누가?

무엇으로?

어디에서?

49

18 | 우주에서는 비명 소리가 들리지 않는다 🔍

논리탐정 로지코는 자백한 살인범과 우주비행사 두 명과 함께 우주선 안에 갇힌 채 상황이 더 나빠질 수는 없겠다고 생각했습니다. 하지만 그때 셔틀 청소원이 살해되었습니다. 이번에도 슬레이트 대위가 한 짓일까요? 아니면, 이 안에 살인범이 두 명이나 있는 걸까요?

용의자

우주인 블루스키

전직 소련 우주비행사. 빨간 피가 흐른다.
물론 그게 보통이지만, 그래도 이건 애국의 상징이다.

188cm / 왼손잡이 / 갈색 눈 / 검은 머리

슬레이트 대위

우주비행사. 달의 뒷면을 탐험한 최초의 여성이자,
살인으로 임무 참가에 성공한 최초의 인물.

165cm / 왼손잡이 / 갈색 눈 / 갈색 머리

네이비 제독

네이비 제독의 맏아들인 네이비 제독의 맏아들.

175cm / 오른손잡이 / 파란 눈 / 갈색 머리

장소

우주의 진공

실외

아무도 비명 소리를
들을 수 없다. 하지만 우주에서
비명을 질러야 한다면
이미 큰일이다.

우주 화장실

실내

온갖 종류의 끔찍한
호스들로 되어 있다.
전혀 쾌적하지 않다.

조종실

실내

선장은 자기가 아주 중요한
사람이라는 느낌을 갖게
해 주는 커다란 의자에 앉는다.

묵주
가벼움

상아 구슬에
우는 코끼리 아이콘이
조그맣게 새겨져 있다.

행운의 운석
보통 무게

로또를 사자.
이 운석은 행운이 깃들어
있으니까!

리튬 배터리
보통 무게

리튬을 캐다가
이미 많은 사람이 죽었다.
한 명쯤 더 죽는다고
큰 차이가 있을까?

단서

▶ 키가 가장 큰 용의자는 우주의 진공에 없었다.

▶ 네이비 제독이 조종실에 있었거나, 그게 아니면 우주인 블루스키가 리튬 배터리를 가져왔다.

▶ 네이비 제독은 리튬 배터리를 가지고 온 사람을 사랑했다.

▶ 행운의 운석을 가지고 있던 용의자는 검은 머리였다.

▶ **살인 무기는 묵주였다.**

	용의자			장소		
무기						
⚱						
☄						
🔋						
장소						
✨						
🚽						
🤖						

누가?

_____

무엇으로?

_____

사건 해결

어디에서?

_____

19 | 외계 비행체에서 발견된 인간의 시체

셔틀이 대기권을 벗어나 우주로 나간 후, 우주선에 탄 (그리고 살아 있는) 사람 모두는 눈앞에 거대한 외계 비행체가 있는 것을 보고 경이로움과 약간의 두려움을 느꼈습니다. 그들은 우주선에서 내려 외계 비행체를 탐색하기 시작했는데 얼마 안 가 인간 시체를 발견했습니다.

용의자

그레이먼 씨

우주에서 마주치니 인간이라고 믿기가 좀 어렵다.

152cm / 왼손잡이 / 녹색 눈 / 대머리

우주인 블루스키

전직 소련 우주비행사. 빨간 피가 흐른다.
물론 그게 보통이지만, 그래도 이건 애국의 상징이다.

188cm / 왼손잡이 / 갈색 눈 / 검은 머리

아마추어 우주인 마블

수학 지식과 새로운 일에 도전하겠다는 의지로
(아마추어 수제 우주선!) 여기까지 왔다.

170cm / 왼손잡이 / 파란 눈 / 금발

장소

우주 공간
실외

거대한 외계 비행체와
빛나는 문이 보인다.

외실
실내

거대한 기둥 사이를
떠 가고 있으면 천국의
합창 같은 소리가 들린다.

내실
실내

우주의 무한한 지식이
별의 홀로그램으로
압축되어 있다.

우주금
무거움

평범한 황금과 비슷하지만
우주에서 나왔다.

외계 유물
무거움

외계에서 온 것처럼
보이는 괴이한 장치.
무엇으로 만들었을까?

월석
보통 무게

그냥 돌처럼 생겼지만,
값을 따질 수 없을 만큼
귀한 돌이다.

단서

▶ 파란 눈의 용의자는 손안에 있는 월석을 하염없이 바라보았다.

▶ 우주인 블루스키는 우주 공간에 있지 않았다.

▶ 평범한 황금과 비슷한 물건이 외실에서 발견되었다.

▶ 키가 가장 작은 용의자는 외계 유물을 가져온 사람을 싫어했다.

▶ **인간 시체는 내실에서 발견되었다.**

	용의자			장소		
우주금						
외계 유물						
월석						
장소						

누가?

무엇으로?

어디에서?

사건 해결

20 | 기자회견장의 살인 사건

지구로 돌아온 논리탐정 로지코는 기자회견을 소집하고 모든 언론사를 한자리에 모았습니다. 그리고 우주에서 벌어진 범죄들의 배후에 있는 진실을 막 밝히려던 순간, 우주국 국장이 살해 되었습니다.

용의자

농부 브라운

빈곤에 허덕이는 여성 농업인. 비트, 순무, 폭력 성향을 키워 왔다.

163cm / 오른손잡이 / 갈색 눈 / 갈색 머리

그레이먼 씨

완전 절대 진짜 인간이다. 지구에서 나고 자란 것이 100% 확실하다.

152cm / 왼손잡이 / 녹색 눈 / 대머리

미드나이트 3세

영화사 대표의 손자이자 자칭 자수성가한 사업가. 왜 여기에 와 있는 걸까?

173cm / 왼손잡이 / 갈색 눈 / 갈색 머리

장소

뉴스 카메라

실내

모든 기자들이 거대한 로고가 붙은 카메라 뒤에서 지켜보고 있다. 특종이다!

옥상 위성 송수신기

실외

더는 쓸모가 없지만 그래도 우주국 건물마다 있다.

커다란 탁자

실내

기자회견에서 발표자가 질문을 받기 전에 혼자서 오래 독백하는 곳.

무기

외계 유물
무거움

성분 분석 결과
100% 플라스틱으로
확인되었다.

깃발
가벼움

깃발은 다방면으로
위험할 수 있다. 이를테면
사람의 목을 조를 수 있다.

조명 스탠드
무거움

조명을 고정하는 용도로 쓴다.
머리통을 향해
휘두를 수도 있다.

단서

▶ 키가 가장 작은 용의자는 뉴스 카메라 근처에 가지 않았다.

▶ 커다란 탁자 앞에 갈색 눈의 용의자가 있었다.

▶ 로지코는 커다란 탁자 위에 놓인 무기가 플라스틱으로 된 것을 쉽게 알 수 있었다.

▶ 뒤죽박죽 섞인 채로 제출된 방송 자료: 깃을발 진가 은사람 다이른였오잡손.

▶ **죽은 국장은 외계 유물 옆에서 발견되었다.**

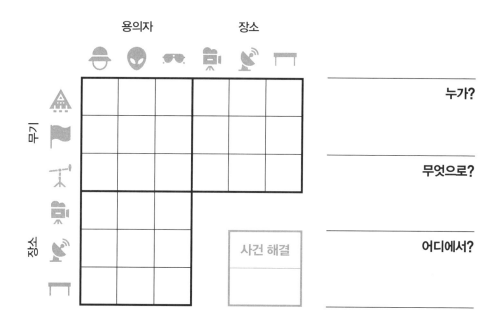

누가?

무엇으로?

어디에서?

55

21 | 홀로그램 무대에서 살해당한 직원

모브 부사장이 말했습니다. "홀로그램은 인간 기술의 혁명입니다. 사람들은 꿈같은 환상 속에서도, (수익성이 더 좋은) IP 속에서도 살아볼 수 있어요. 하지만 안타깝게도 우리 기술 담당 직원 한 명이 살해되었습니다. 투자자 만찬 전에 사건을 해결할 수 있나요?"

모브 부사장

텍코 퓨처스의 부사장. 메타버스 텍토피아를 추진하는 몽상가. CEO 인디고의 이번 주 관심사(예를 들면 홀로그램 극장)에도 열심이다.

173cm / 오른손잡이 / 갈색 눈 / 검은 머리

첨단기술 전문가 터쿼이즈

기술의 미래에 관해서라면 무엇이든 알지만 현재에 관해서는 아무것도 모른다.

173cm / 오른손잡이 / 파란 눈 / 반백 머리

에그플랜트 이사

세대를 대표하는 최고의 기업가 중 하나. 명령받은 일은 무엇이든 한다. 살인까지도.

165cm / 왼손잡이 / 녹색 눈 / 검은 머리

주무대
실내

(가상 시뮬레이션)
액션이 이루어지는 곳이다.

벽장
실내

상상하는 것은 무엇이든
만들어낼 수 있는
홀로그램 무대에도
옷을 걸어둘 벽장은 필요하다.

조정실
실내

홀로그램 무대에서
라이브 쇼가 진행될 때
조작하는 손잡이와
다이얼이 잔뜩 있다.

56

무기

홀로블록
보통 무게

홀로그램 무대에서 물체와
상호작용이 가능하도록
대체물로 사용한다.

기판
가벼움

때려야 할 정확한
각도를 계산한다.

《부자가 되는 법》
보통 무게

텍코 CEO 인디고의 저서.
"《부자가 되는 법》이라는
책을 쓴다"로 시작한다.

단서

▶모브 부사장은 CEO 인디고가 쓴 책을 가지고 있었다.

▶주무대에 있던 용의자는 눈이 녹색이 아니었다.

▶기판은 벽장 안에 없었다.

▶모브 부사장과 키가 같은 용의자는 조정실 부근에서 어슬렁거리고 있었다.

▶**홀로블록이 홀로그램 무대를 조작하는 직원 옆에서 발견되었다.**

	용의자			장소		
홀로블록 (무기)						
기판 (무기)						
책 (무기)						
점 (장소)						
코트 (장소)				사건 해결		
조정 (장소)						

누가?

_____

무엇으로?

_____

어디에서?

_____

22 | 만찬 메뉴는 살인입니다

논리탐정 로지코가 모브 부사장을 따라간 곳은 어쩌면 세계 최고, 그게 아니더라도 국내 최고로 세련된 (즉 비싼) 만찬용 돔이었습니다. 로지코는 어떤 포크를 써야 할지 몰라 당황했지만, 창피를 당하기 전에 접객원이 살해되었습니다. 이제 로지코는 무엇을 해야 할지 잘 알았습니다.

용의자

보좌역 올리브
168cm / 오른손잡이 / 녹색 눈 / 갈색 머리

이사 자리를 눈앞에 둔 올리브는
승진을 위해 무슨 짓이든 할 작정이다.

모브 부사장
173cm / 오른손잡이 / 갈색 눈 / 검은 머리

텍코 퓨처스의 부사장. 메타버스 텍토피아를
추진하는 몽상가. CEO 인디고의 이번 주
관심사(예를 들면 만찬용 돔 건설)에도 열심이다.

화이트 대표
178cm / 오른손잡이 / 회색 눈 / 백발

현재 2차 드라코니아 내전이 발발한 드라코니아를 재건하고
이용하기 위해 힘쓰는 조직,
신 드라코니아 재건위원회의 대표다.

장소

주방
실내

주방에는 항상 주방장이
두 명 있다. 금요일마다
한 명이 해고된다.

정원
실외

거의 미로와
같은 형태로 돔을
둘러싸고 있다.

공중 식탁
실내

대리석 식탁과 의자 13개가
거대한 사슬에
매달려서 떠 있다.

돈가방
무거움

암호화폐를 가득 채운
하드 드라이브가 들어 있다.

스노볼
보통 무게

(아마도 핵겨울이 지난 후)
눈에 파묻힌 텍토피아의
모형이 들어 있다.

황금 트로피
무거움

선망의 대상인 이달의
직원상 트로피. CEO가 매달
자신에게 수여한다.

단서

▶화이트 대표가 주방에 있었거나, 그게 아니면 황금 트로피가 공중 식탁 위에 놓여 있었다.

▶스노볼은 정원에 없었다.

▶모브 부사장은 주방장 옆에 있었다.

▶신뢰하는 익명의 정보원이 로지코에게 전달한 뒤죽박죽 메시지: 기카 장가 큰 게자의용에 황금 피트로.

▶**살인 무기는 돈가방이었다.**

	용의자			장소		
돈가방						
스노볼						
황금 트로피						
사과						
표적						
태양						

누가?

무엇으로?

어디에서?

사건 해결

23 | 텍코 타워에서 느낀 공포

논리탐정 로지코는 텍코 부지를 탈출하려고 했지만, 결국은 길을 잃고 본부 본관인 텍코 타워에 갇혔습니다! 출구를 찾으려고 계단을 뛰어서 오르내렸지만 출구는 보이지 않고 시체가 나타났습니다.

컴퓨터 윤리학자 레몬

텍코 퓨처스에서 윤리학자를 고위직에 둔다는
명목만을 위해 고용했지만,
할 일을 주지 않아 임원 미니골프 성적만 좋다.

178cm / 왼손잡이 / 갈색 눈 / 백발

보좌역 올리브

이사 자리를 눈앞에 둔 올리브는
승진을 위해 무슨 짓이든 할 작정이다.

168cm / 오른손잡이 / 녹색 눈 / 갈색 머리

그레이스케일 회계사

세계에서 제일 지루한 사람.

168cm / 오른손잡이 / 파란 눈 / 금발

장소

옥상 정원
실외

지금껏 본 적이 없는
색을 내도록 유전자 조작된
식물이 가득하다.

불길한 오벨리스크
실내

마케팅 자료에는 안테나로
소개되어 있지만, 무시무시한
고대 유물처럼 생겼다.

펜트하우스 사무실
실내

벽에 텍코 CEO 인디고의
사진이 뒤덮여 있다.

돈봉투
가벼움

누구든 죽이기에 충분한
금액이다. 상대가 봉투
두 개를 내밀지만 않는다면!

독이 든 머핀
가벼움

독이 들었을 뿐만 아니라
돌처럼 딱딱하다. 그래서
두 가지 방법으로 쓸 수 있다.

황금 펜
가벼움

계약서에 서명할 때와
경쟁자를 찌를 때 유용하다.
잉크도 금이다.

단서

▶ 컴퓨터 윤리학자 레몬이 독이 든 머핀을 가져왔다.

▶ 그레이스케일 회계사는 황금 펜을 가지고 있었다.

▶ 생각할 수 있는 것 중에서 가장 약한 암호화 방법을 이용해 적은 후 로지코에게 전달된
메시지: 투돈가봉 상옥 에원서정 견발됨.

▶ 돌처럼 단단한 건포도가 펜트하우스 사무실에서 발견되었다.

▶ **시체는 불길한 오벨리스크에서 발견되었다.**

	용의자			장소		
무기						
장소						

누가?

무엇으로?

사건 해결

어디에서?

24 | 메타버스에서 죽으면 어떻게 될까?

논리탐정 로지코는 나갈 길을 직접 찾을 수가 없었기 때문에 메타버스를 해킹해서 길을 찾기로 했습니다. 다른 해커들이 텍코 퓨처스의 홀로그램 쇼에 나오는 살인자들의 아바타를 쓰고 있었는데, 한 명이 또 살인을 했습니다. 메타버스에서 죽은 사람은 실제로도 죽을까요?

용의자

유력자 아이보리

광산, 철도 그리고 또… 공장을 운영한다.

147cm / 오른손잡이 / 파란 눈 / 검은 머리

허니 시장

깊이 묻힌 비밀들을 알고, 언제나 표를 얻어내는 사람.

183cm / 왼손잡이 / 녹갈색 눈 / 갈색 머리

미드나이트 3세

영화사 대표의 손자이자 자칭 자수성가한 사업가.

173cm / 왼손잡이 / 갈색 눈 / 갈색 머리

장소

디지털 요새

실내

돈, 개인 정보, 유골까지 보관해도 좋을 만큼 보안이 튼튼하다.

정보 고속도로

실내

감당할 수 있는 것보다 큰 대역폭으로 메타버스를 유람하자.

다크 웹

실내

'아무것도 묻거나 따지지 않고' 몰입형 연극에 출연할 배우를 구인하는 게시물이 널려 있다.

무기

봇넷	**방화벽**	**컴퓨터 바이러스**
가벼움	가벼움	가벼움
자율형 봇 수백만 개가 돌아다니는 것이 짜증스럽다.	메타버스에서는 정말로 불타는 벽이라서 너무나 무섭고 위험하다.	친구에게 말하기 부끄러운 종류의 바이러스.

단서

▶ 키가 가장 큰 용의자는 메타버스를 유람하고 있었다.

▶ 방화벽은 '아무것도 묻거나 따지지 않고' 연극에 출연할 배우를 모집하는 광고와 같은 장소에 있지 않았다.

▶ 미드나이트 3세는 자기가 가져온 무기를 부끄럽게 여겼다.

▶ 유력자 아이보리는 디지털 요새에 간 적이 없다.

▶ **살인에는 봇넷이 사용되었다.**

	용의자			장소		
무기 봇넷						
방화벽						
바이러스						
장소 요새						
도로						
웹						

누가?

무엇으로?

사건 해결

어디에서?

63

25 | 살인 사건이 방영되는 TV 프로그램

그날 밤, 논리탐정 로지코와 신비탐정 이라티노는 로지코의 집에서 함께 TV를 보면서, 로지코가 텍코 퓨처스에서 수사한 사건의 결과를 즐겁게 확인했습니다. "우리 명탐정님!" 이라티노가 말했습니다. 정말 좋은 밤이었습니다.

용의자

CEO 인디고

텍코 퓨처스의 창립자.
이 호칭은 암호화폐를 주고 샀다.

180cm / 오른손잡이 / 녹색 눈 / 갈색 머리

전설의 대스타 실버톤

할리우드 영화의 황금기를 살았고,
지금은 황혼기를 살아가는 대배우.

193cm / 오른손잡이 / 파란 눈 / 은발

모브 부사장

텍코 퓨처스의 부사장. 메타버스 텍토피아를 추진하는 몽상가.
CEO 인디고의 이번 주 관심사(예를 들면 TV 출연)에도 열심이다.

173cm / 오른손잡이 / 갈색 눈 / 검은 머리

장소

뉴스
실내

지금 세상에서 일어나는
무서운 일들을 그 즉시
생생하게 알려준다.

고전 채널
실내

흑백 화면이라 절반은
훌륭하고 절반은 곤란하다.

날씨
실내

폭풍 정보와 감미로운
재즈 피아노 선율을 듣는다.

훈련된 원숭이	보톡스 주사	에코백
보통 무게	가벼움	보통 무게
훈련을 받고 바나나 먹기와 살인술을 익혔다. 그런데 지금 바나나가 떨어졌다.	보톡스도 독이니까 무기로 사용할 수 있다.	책을 좋아하는 마피아 단원들이 암살에 쓰는 캔버스 백. 책을 운반할 수도 있다.

단서

▶ 한 용의자의 은발이 흑백 화면에서 회색처럼 보인다.

▶ 로지코가 채널에 신경을 안 쓰는 사이에 낡은 TV에서 뒤죽박죽 섞여 지나간 자막: OCE 고는인디 톡보스 사주가 있다었.

▶ 전설의 대스타 실버튼이 훈련된 원숭이와 함께 찍은 시리즈 한 편이 방영되고 있었다.

▶ 모브 부사장은 날씨 채널에 나오지 않는다.

▶ **살인을 다룬 곳은 뉴스 방송이었다.**

용의자   장소

무기

장소

누가?

무엇으로?

어디에서?

사건 해결

논리탐정 로지코와 신비탐정 이라티노는 탐구 협회를 방문하기로 했습니다. 그런데 도착해 보니 협회 전체가 폐쇄되어 있고, 정문에 쪽지가 붙어 있었습니다.

탐정 여러분, 이라티노의 탐구 협회를 이렇게 만들어서 미안해요. 하지만 텍토피아를 곧 세상에 내보여야 하니까 합류해 주었으면 좋겠어요. 모브 부사장이 기획한 텍토피아는 사람들이 살고 죽는 방식 자체를 획기적으로 바꿀 거예요. 나는 자신이 있어요. 약속할게요. 여기 텍토피아에서 일주일만 살아 보고, 그래도 떠나고 싶다면 협회를 돌려주겠어요. 하지만 두 분은 떠나지 않을 거라고 장담해요. 텍토피아를 떠날 사람은 아무도 없으니까요.

-진심을 담아, CEO 인더고

두 사람은 텍토피아에 갈 생각이 전혀 없었습니다. 하지만 두 사람을 끌고 가려고 나타난 텍코 보안요원들을 보니, 가만히 앉아서 텍토피아를 피할 순 없을 것 같았습니다. 결국 두 사람은 도망자가 되어 세계를 여행하게 되었습니다. 이번 25개의 사건에서는 단서와 함께 용의자 진술도 확인해야 합니다. 살인자는 거짓말을 하고, 다른 용의자들은 진실을 말합니다. 용의자 한 명을 골라서 그 사람이 거짓말을 하고 다른 용의자들이 진실을 말한다고 가정하세요. 그리고 그 상태로 표를 완성해 보세요. 표가 잘 완성된다면 그 사람이 범인입니다. 모순이 발견된다면 그 용의자는 결백합니다. 한 명씩 같은 과정을 반복해 범인을 찾을 수 있습니다. 탐정 클럽의 도전 과제는 로지코와 이라티노가 텍코 퓨처스를 피해 숨을 곳을 찾는 것입니다. 도움이 필요하면 살인 타로 카드로 알아보세요.

중 급 영 매

살인 타로를 소개합니다!

**소리를 내서 질문을 한 후에
살인 타로 카드 한 장을 선택하세요!**

실외		실내	
자유, 성장		방해, 현실주의	

가벼움	보통 무게	무거움
로맨스	재물	삶/죽음

**다이아몬드
목걸이**

사건 39의 예

이 무기는 가볍기 때문에 로맨스를 의미합니다
(살인 타로에 익숙한 점술가라면 탐욕과 도난에도 관
련이 있음을 알 수 있습니다).

점술가 애머시스트의 신비한 살인 타로 가이드

논리탐정 로지코와 신비탐정 이라티노가 폐쇄된 협회를 막 떠나려는데 안에서 비명 소리가 들렸습니다. 이라티노가 문을 훌쩍 뛰어넘어 현장으로 달려가는 동안, 로지코는 범죄자의 단서를 수집했습니다.

용의자

수비학자 나이트

X의 값도 알고 X의 의미도 안다.

175cm / 왼손잡이 / 파란 눈 / 갈색 머리 / 물고기자리

신비동물학자 클라우드

빅풋, 예티, 서스쿼치 등 설인에 대한
모든 목격담과 각각의 차이를 전부 안다.

170cm / 오른손잡이 / 회색 눈 / 백발 / 전갈자리

대연금술사 레이븐

연금술사는 전부 대연금술사라는 오래된 농담이 있다.
레이븐은 그 농담을 싫어한다.

173cm / 오른손잡이 / 갈색 눈 / 갈색 머리 / 물고기자리

장소

출구 없는 정원 미로

실외

M. C. 에셔가 설계했다.
출구가 입구이고
입구는 막다른 길이다.

거대한 탑

실내

실험 목적으로
과학 기구나 시체 같은
물건들을 낙하시키기
위해 세웠다.

웅장한 저택

실내

넓고도 화려한 저택.
한가운데에
나무가 자란다.

무기

인간 두개골
보통 무게

"아, 불쌍한 요릭,
내가 그 친구의 해골을
사람들에게 휘두를 줄이야."

육중한 책
무거움

무편집, 무삭제,
미출간 도서.

낡은 체스용 시계
무거움

체스 시합에 쓰는 도구.
지고 있을 때는
무기로 휘두르면 된다.

단서

▶거대한 탑에 갈색 눈의
  용의자가 있었다.
▶수비학자 나이트에게는
  인간 두개골이 없었다.

진술

※범인은 거짓말을 합니다.

▶**수비학자 나이트 :**
숫자를 따져 보니 신비동물학자 클라우드가 출구 없는 정원
미로에 있었군요.
▶**신비동물학자 클라우드 :**
처음에는 빅풋을 봤다고 생각했어요. 그런데 다시 보니 그
냥 거대한 탑에 있는 육중한 책이더군요.
▶**대연금술사 레이븐 :**
체스용 도구가 웅장한 저택에 있었지요.

용의자   장소

무기

장소

사건 해결

누가?
_____

무엇으로?
_____

어디에서?
_____

69

27 | 출구 없는 정원 미로의 출구 없는 살인 🔍🔍

논리탐정 로지코와 신비탐정 이라티노는 출구 없는 미로에서 나가려고 했지만 출구를 찾을 수가 없었습니다. 그러다 마침내 시체에 발이 걸렸습니다. 로지코는 드디어 이해할 수 있는 것이 나와서 마음이 놓였습니다. 불행히도 그 시체는 나가는 길을 아는 정원사였습니다.

용의자

약초학자 오닉스

온실에서 요리, 마법, 독에 필요한 온갖 식물을 기른다.

152cm / 오른손잡이 / 갈색 눈 / 검은 머리 / 처녀자리

수정의 여신

신도들은 이 사람이 신성한 존재라고 생각하고, 그래서 돈을 준다.

175cm / 왼손잡이 / 파란 눈 / 백발 / 사자자리

미스 사프론

그저 갑부로만 알려진 것이 싫어서 자선 사업에 기부하고,
무도회에 참석하고, 상을 받으며 '착한' 살인자로
인식을 전환하려고 한다. 좋은 일이다!

157cm / 왼손잡이 / 녹갈색 눈 / 금발 / 천칭자리

장소

당혹스러운 조각품	**끝없이 흐르는 샘**	**신비한 아치**
실외	실외	실외
보면 볼수록 점점 더 모르겠다.	물이 위쪽으로 흐르는 것 같다. 여기 물은 마시지 않는 게 좋겠다.	들어가는 방향에 따라 미로 안에서 제각기 다른 부분으로 이어진다.

무기

수정구
무거움

들여다보면 미래가 보인다.
미래에 그 수정구가
될 사람에게는.

기도용 양초
보통 무게

누군가가 죽기를
기도했다면,
그 기도는 응답을 받았다.

굽은 숟가락
가벼움

염력으로 굽은 것일까,
잠깐 안 보는 사이에
누가 구부린 것일까?

단서

▶ 사자자리인 사람이 수정
구를 가지고 있었다.
▶ 두 번째로 키가 큰 용의자
가 굽은 숟가락과 함께 목
격되었다.

진술

※범인은 거짓말을 합니다.

▶ **약초학자 오닉스 :**
말씀을 드리면 다시 일하러 갈 수 있나요? 미스 사프론이
신비한 아치 아래에 있었어요.

▶ **수정의 여신 :**
약초학자 오닉스는 끝없이 흐르는 샘에 있지 않았답니다.

▶ **미스 사프론 :**
기도용 양초가 당혹스러운 조각품 옆에 있던데요.

용의자   장소

무기 / **장소**

누가?

무엇으로?

사건 해결

어디에서?

28 | 책들 속에 파묻힌 살인

이라티노가 말했습니다. "비밀 통로나 구석진 곳들이 잔뜩 있는 장소를 짓는 게 미적으로는 아주 좋아 보이지만, 보안을 생각하면 아무래도 잘못된 결정이었다는 생각이 드네요." 발 밑에 사서의 시체가 보였기 때문입니다.

용의자

책벌레 러셋

코까지 책에 푹 파묻혀 있어서 처음에는 위협적으로 보이지 않는다. 하지만 잘 보면, 《살인의 방법》이라는 책을 읽고 있다.

173cm / 왼손잡이 / 갈색 눈 / 금발 / 처녀자리

편집자 아이보리

역대 최고의 로맨스 편집자. 적이 연인으로 바뀌는 장르를 만들어냈고, 최초로 책 표지에 벗은 남자를 넣었다.

168cm / 왼손잡이 / 갈색 눈 / 반백 머리 / 전갈자리

시녀리어스 추기경

가톨릭교회에서 놀라울 정도로 높은 지위를 누리는 지도자. 위에는 오직 교황 한 사람이 있을 뿐이다…. 일단 지금은.

178cm / 왼손잡이 / 갈색 눈 / 대머리 / 전갈자리

장소

금지 구역
실내

2038년 대란 후로 방문객의 출입이 금지되었다.

고서 보관실
실내

오래전에 멸종된 나무로 만든 종이에 인쇄한 책들이 보관되어 있다.

연구용 책상
실내

이곳에 사서가 있다면 반드시 주의할 것! 1976년에 죽은 사람이다.

무기

석상의 팔
무거움

손이 필요하거나
돌에 맞고 싶을 때
유용하다.

무거운 양초
무거움

책에는 분명 위험하지만,
분위기가 환상적이다.

만년필
가벼움

책에 잉크를 묻혔다가는
차라리 살해되는 편이
나았다고 생각하게 될 것이다.

단서

※범인은 거짓말을 합니다.

▶무거운 양초는 금지 구역
에 없었다.
▶처녀자리인 사람이 연구
용 책상에 앉아 있었다.

진술

▶책벌레 러셋 :
책을 더 읽기 전에는 시너리어스 추기경이 고서 보관실에
있었다는 말밖에 못 하겠어요.
▶편집자 아이보리 :
음, 석상의 팔이 고서 보관실에 있었죠.
▶시너리어스 추기경 :
분명 편집자 아이보리가 만년필을 가져왔을 겁니다.

	용의자				장소				
무기							누가?		
							무엇으로?		
장소									
						사건 해결	어디에서?		

73

29 | 미스터리 서점의 미스터리 사건

비밀 통로를 통해 도착한 곳은 미스터리 서점이었습니다. 이라티노는 계속 도망치기 전에 책을 더 사고 싶었습니다. 로지코는 물건 살 틈이 없다고 재촉했지만, 어차피 말씨름할 필요도 없는 일이었습니다. 혼자 일하던 서점 주인이 살해되어서 책을 살 수가 없었기 때문입니다.

용의자

성서와 셰익스피어를 합한 것보다 더 많은 책을 판매한 미스터리 작가. 가끔은 서점에 들러 책 몇 권에 사인을 남긴다…. 그 김에 살인도 했을까?

옵시디언 부인 163cm / 왼손잡이 / 녹색 눈 / 검은 머리 / 사자자리

누구를 만나도 자기가 미국을 대표하는 명작 소설을 쓴 작가라고 말한다. 흙에 관한 6000페이지짜리 책이다.

부커상 수상자 게인스 183cm / 왼손잡이 / 녹갈색 눈 / 갈색 머리 / 쌍둥이자리

따뜻한 마음과 뜨거운 탐욕을 가진 에이전트. 그의 심기를 잘 살펴야 한다. 아마존보다 책 판매 실적이 더 좋은 실력자이니까.

에이전트 잉크 165cm / 오른손잡이 / 갈색 눈 / 검은 머리 / 처녀자리

장소

다락
실내

낡은 책들이 무더기로 쌓여 있다. 저주받았다는 오컬트 서적들도 보인다.

할인 코너
실내

명작들이 많다. 누군가 반쯤 풀다 만 《크라임 퍼즐》 같은.

카운터
실내

책과 친구에게 줄 작은 장난감 수정구를 고객이 실제로 구입하는 곳.

무기

200도 알코올
보통 무게

뜨거운 시선으로
쳐다보면
불이 붙는다.

후드 티
보통 무게

편안한 옷을 둘러서
누군가의 목을
조를 수 있다.

횃불
보통 무게

싫어하는 책들을
없애기 위해
이 무기를 쓸 수 있다.

단서

▶카운터에 눈이 갈색인 사람이 있었다.
▶부키상 수상자 게인스는 다락에 발을 들인 적이 없다.

진술

※범인은 거짓말을 합니다.

▶**옵시디언 부인 :**
난 횃불을 가져오지 않았어요.
▶**부키상 수상자 게인스 :**
후드 티는 할인 코너에 없더군요.
▶**에이전트 잉크 :**
좋은 소식이 있어요! 할인 코너에서 횃불을
봤어요.

누가?

무엇으로?

사건 해결

어디에서?

75

30 | 조종사가 사라진 공항

논리탐정 로지코와 신비탐정 이라티노는 텍토피아 요원들을 피해 외국으로 떠날 결심을 했습니다. 하루에 살인 사건이 몇 건씩이나 일어나지 않을 조용한 곳으로 가고 싶었습니다. 하지만 그러려고 공항에 갔더니 조종사가 살해된 직후였습니다.

용의자

성별 이분법에 들어가지 않는 사람도 얼마든지
살인자가 될 수 있다는 것을 몸소 입증하고 있다.
화가이자 시인이자 용의자.

MX. 탠저린

165cm / 왼손잡이 / 녹갈색 눈 / 금발 / 물고기자리

우주비행사. 달의 뒷면을 탐험한 최초의 여성이자,
우주선 부조종사 살인 혐의를 받은 최초의 인물.

슬레이트 대위

165cm / 왼손잡이 / 갈색 눈 / 갈색 머리 / 물병자리

텍코 퓨처스에서 윤리학자를 고위직에 둔다는
명목만을 위해 고용했지만,
할 일을 주지 않아 임원 미니골프 성적만 좋다.

컴퓨터 윤리학자 레몬

178cm / 왼손잡이 / 갈색 눈 / 백발 / 궁수자리

장소

활주로
실외

정치범들이 활주해서
도망치기 좋은 곳이라고
붙인 이름이다.

수하물 수취대
실내

내 캐리어는
분실되었을까,
도난당했을까?

암호화폐 교환소
실내

진짜 돈을 내면
가짜 인터넷 돈을 준다.

무기

가짜 보물지도	소화기	근사한 벨트
가벼움	무거움	보통 무게
지도를 따라가면 공격자들이 숨어서 기다리고 있다.	불이나 누군가의 생명을 끌 수 있다.	세상에서 제일 잘나가는 패션 액세서리. 2주 뒤면 쓰레기가 된다.

단서

▶ 공격자들이 숨은 곳으로 사람을 보내는 지도가 정치범들이 활주하는 곳에서 발견되었다.

▶ 임원 미니골프 달인은 화폐 교환소에 없었다.

진술

※범인은 거짓말을 합니다.

▶ MX. 탠저린 :
나는 활주로에 있었어요.

▶ 슬레이트 대위 :
무슨 말을 하고 싶은 거지? 나는 수하물 수취대에 있었는데.

▶ 컴퓨터 윤리학자 레몬 :
MX. 탠저린이 소화기를 가져왔더군요.

누가?

무엇으로?

어디에서?

사건 해결

31 | 일등항해사의 갑작스런 죽음

신비탐정 이라티노는 더 안전하고 살인 사건도 적은 운송 수단이 필요하다는 결론을 내리고 화물선으로 밀항하기로 했습니다. 그다음 상황은 뻔했습니다. 배가 부두를 떠나자마자 일등항해사가 살해되었습니다.

용의자

네이비 제독

네이비 제독의 맏아들인 네이비 제독의 맏아들.

175cm / 오른손잡이 / 파란 눈 / 갈색 머리 / 게자리

화이트 대표

현재 2차 드라코니아 내전이 발발한 드라코니아를 재건하고 이용하기 위해 힘쓰는 조직,
신 드라코니아 재건위원회의 대표다.

178cm / 오른손잡이 / 회색 눈 / 백발 / 사자자리

샴페인 동무

세계 곳곳에서 최고의 발포 와인을 마시며 공산주의 메시지를 전하는 것이 최고의 기쁨이다.

180cm / 왼손잡이 / 녹갈색 눈 / 금발 / 염소자리

장소

선외
실외

상어들에게 들키기 전에
떠다니는 문짝이라도
찾기를 비는 것이 좋다.

조타실
실내

다이얼과 불빛이
마구 움직인다면
큰 문제가 생긴 것이다.

선장실
실내

선장이 좋아하는
파도들의 포스터가
잔뜩 붙어 있다.

무기

예비용 닻
무거움

쓰던 닻을 잃어버릴
경우를 대비해서 항상
예비용 닻을 준비하자.

시미터
보통 무게

그냥 곡선형 칼일 뿐이지만
시미터라고 부르면 멋있다.

도끼
보통 무게

바다에 나무가
많을 리는 없으니
살인이 주목적일 것이다.

단서

▶사자자리인 사람이 예비용 닻을 가지고
있었다.
▶네이비 제독은 조타실에 간 적이 없다.

진술

▶**네이비 제독:**
샴페인 동무가 도끼를 가져왔던데.
▶**화이트 대표:**
시미터는 선장실에 없었지.
▶**샴페인 동무:**
제가 선장실에 있었어요.

※범인은 거짓말을 합니다.

용의자　　　　　장소

무기						
⚓						
🗡						
🪓						
〰						
⚙						
🛏						

누가?
_____

무엇으로?
_____

어디에서?
_____

사건 해결

논리탐정 로지코와 신비탐정 이라티노는 할리우드에서 배를 내렸습니다. 사람들이 새로운 홀로그램 쇼 기술 때문에 파업하는 중이었습니다. 로지코는 늘어선 피켓들 틈에서 임원 한 명을 보았습니다. 그는 그 자리에 있을 합당한 이유가 있었습니다. 죽었기 때문입니다.

용의자

전설의 대스타 실버튼

할리우드 영화의 황금기를 살았고,
지금은 황혼기를 살아가는 대배우.

193cm / 오른손잡이 / 파란 눈 / 은발 / 사자자리

핵 블랙스턴

할리우드 작가 중에서 최고 수준의 돈을 받지만
실력은 최저 수준이다.

183cm / 오른손잡이 / 갈색 눈 / 대머리 / 궁수자리

영화 편집자 펄

사상 최고라고 극찬 받는 영화,
매출 기록이 높은 영화 몇 개를 편집했다.
그 둘이 겹치는 일은 없었지만.

165cm / 오른손잡이 / 파란 눈 / 금발 / 물병자리

장소

피켓 행렬
실외

누군가를 찌르기 딱 좋게
날카로운 꼬챙이에
재치 넘치는 표어들이
붙어 있다.

팝업 콘서트
실외

전성기가 아주 약간 지난
밴드들이 피켓 시위대를 위해
무료로 어쿠스틱 공연을
하고 있다.

커피 가판대
실외

커피를 무료로 준다.
아주 조금밖에
안 식었다!

카메라
보통 무게

배우가 할리우드식으로
몸을 날리는 장면을 포착하자.
포획한 할리우드 배우에게
이걸 날릴 수도 있다.

트로피
보통 무게

누군가의 공로를
인정하거나 머리에 부상을
입히기에 좋다.

육중한 각본
무거움

프랜차이즈 영화의
시작편이라서 지루한 설명이
50페이지 더 붙어 있다.

단서

▶ 팝업 콘서트 장소에 금발의
용의자가 있었다.
▶ 전설의 대스타 실버튼은 트로
피 가진 사람을 부러워했다.

진술

※범인은 거짓말을 합니다.

▶ **전설의 대스타 실버튼 :**
제가 설명하겠어요. 트로피가 피켓 행렬 속에 있었죠.
▶ **핵 블랙스턴 :**
나는 커피 가판대에 안 갔는데.
▶ **영화 편집자 펄 :**
육중한 각본은 피켓 행렬 속에 없더라고.

용의자   장소

무기 / 장소

사건 해결

누가?

무엇으로?

어디에서?

할리우드 탐정 클럽 사무소에서는 '살인 사건의 해결: 다른 방법은 없을까?'를 주제로 몇 시간째 토론이 계속되었습니다. 사회자는 짜증을 내기 시작했습니다. 하지만 짜증은 오래가지 않았습니다. 사회자가 곧 죽었기 때문입니다.

용의자

철학자 본

과감하고 어두운 철학자. 자신은 자기 행동에 책임을 질 필요가 없지만 보상은 받아야 한다는 윤리 이론의 선구자.

155cm / 오른손잡이 / 갈색 눈 / 대머리 / 황소자리

옵시디언 부인

옵시디언 부인은 친구를 가까이 두고 적은 더 가까이 두라는 철칙에 따라 탐정 클럽 회원이 되었다.

163cm / 왼손잡이 / 녹색 눈 / 검은 머리 / 사자자리

조그만 토프

자기가 그저 키 큰 근육남이기만 한 것은 아니라는 사실을 사람들이 알아주었으면 한다. 사실 얼굴도 무척 잘생겼다.

190cm / 왼손잡이 / 파란 눈 / 금발 / 황소자리

장소

백과사전의 방

실내

백과사전 세트 수십 가지와 옵시디언 부인의 소설 수백 권이 있다.

옥상 전망대

실외

사무소 입구와 비둘기들을 지켜볼 수 있는 곳.

방탈출 방

실내

한 시간 안에 탈출하지 않으면 진짜로 죽는다 (사실이 아니지만 그렇게 홍보하고 있다).

무기

폭발 파이프

가벼움

흡연은 사람을 죽인다.
파이프 폭탄을 쓴다면
특히나 더.

부비 트랩 페도라

보통 무게

무엇을 하건
머리에 쓰지 말 것.

무거운 암호책

무거움

키워드와 암호가 가득하다.
암호나 두개골을
깰 수 있다.

단서

▶살인 타로 카드의 상징에
따르면, 방탈출 방에 있던
무기는 삶과 죽음에 연관
되어 있다(자료 B 참조).
▶백과사전의 방에 대머리
용의자가 있었다.

진술

※범인은 거짓말을 합니다.

▶**철학자 본 :**
옵시디언 부인은 옥상 전망대에 있었어요.
▶**옵시디언 부인 :**
생각해 보니까, 폭발 파이프가 옥상 전망대에 있었군요.
▶**조그만 토프 :**
듬직한 제 덩치를 믿어요. 제가 부비 트랩 페도라를 가져왔
어요.

누가?

무엇으로?

어디에서?

83

논리탐정 로지코와 신비탐정 이라티노는 마술사의 초대를 받아야만 들어갈 수 있는 공연장인 매직 팰리스를 찾아갔습니다. 로지코는 입장 제한 때문에 뒤를 쫓는 텍토피아 요원들이 들어오기 힘들 거라고 생각했습니다. 그러자 누군가가 마술사의 조수를 죽였습니다.

용의자

마술사 믹스달

남편을 두 토막으로 완벽하게 자른 유랑 마술사.
경찰이 이것저것 묻기 시작할 즈음 사라지는 법도 알았다.

168cm / 왼손잡이 / 녹색 눈 / 금발 / 양자리

아마란스 대통령

프랑스의 대통령. 유권자들과 함께 있는 것을 좋아한다.
외교 임무로 할리우드에 온 이유도 분명 그 때문일 것이다.

178cm / 오른손잡이 / 회색 눈 / 붉은 머리 / 쌍둥이자리

미드나이트 삼촌

17세에 은퇴하면 재미있겠다고 생각할 수 있겠지만,
목적 없이 사는 것도 재미있을까? 낮마다 리조트에서
빈둥거리고 밤은 파티로 보내는 나날이? 정말?

173cm / 왼손잡이 / 파란 눈 / 갈색 머리 / 궁수자리

장소

공연 테이블
실내

카드 마술을 보는 사이에
지갑이 사라진다.
전부 공연의 일부이니까
걱정할 것은 없다!

주무대
실내

최고의 마술사들이
최고의 공연을 펼치는 곳.
그러니까
안심해도 좋다.

비공개 도서실
실외

마술사들만 볼 수 있는
문서들을 대거 모아 놓은 곳
(대부분은
오래된 만화책이다).

톱
보통 무게

보통은 여성을 두 토막으로
자른다. 사실은 누구든
두 토막으로 자를 수 있다.

가짜 검
무거움

사람을 찌르면 접혀
들어가게 되어 있다.
아마도.

스페이드 에이스
가벼움

충분히 강하게 던지면
사람의 목에 베인 상처를
낼 수 있다.

단서

▶사람을 찌르면 아마도 접혀 들어갈
듯한 무기는 양자리인 사람이 가지
고 있었다.
▶미드나이트 삼촌이 지갑을 도둑맞았
다. 짜잔!

진술

※범인은 거짓말을 합니다.

▶마술사 믹스달 :
아마란스 대통령이 비공개 도서관에 있었답니다.
▶아마란스 대통령 :
미드나이트 삼촌이 톱을 가져왔지요.
▶미드나이트 삼촌 :
어이, 가짜 검이 주무대에 있던데.

용의자   장소

무기

장소

사건 해결

누가?

무엇으로?

어디에서?

35 | 매직 팰리스의 유령

매직 팰리스에는 강령회 전용으로 마련된 특별한 방이 있습니다. 심령 현상을 믿지 않는 사람은 초대하지 않는 것이 관행이지만, 로지코는 살인 사건을 해결했기 때문에 예외였죠. 결과적으로는 로지코가 있어서 다행이었습니다. 유령이 나타나 자기가 이 방에 있는 사람에게 살해되었다고 주장했기 때문입니다.

용의자

라피스 수녀

세계를 다니며 신의 돈으로 신의 일을 하는 수녀.
캐시미어와 소비를 손에서 놓지 못한다.

157cm / 오른손잡이 / 갈색 눈 / 갈색 머리 / 게자리

마술사 믹스달

마술계에서 여성으로 살기는 힘들다. 일부 남성들은 대놓고
푸대접을 한다. 그럴 때 가장 힘든 일은 시체를 처리하는 것이다.

168cm / 왼손잡이 / 녹색 눈 / 금발 / 양자리

점성학자 아주어

별을 보고 점을 친다. 사람들이 태어난
정확한 시간과 장소를 무척이나 궁금해한다.

168cm / 오른손잡이 / 녹갈색 눈 / 갈색 머리 / 게자리

장소

원탁

실내

가운데에 두개골과
교차한 뼈 모양이
아름답게 장식되어 있다.

공중

실내

가끔 희미한 형상이
떠 있는 것이 보인다.

잠긴 옷장

실외

안에 아무도 없지만
안에서 뭔가 두드리는
듯한 온갖 음산한
소리가 들린다.

무기

살인 타로 카드
가벼움

살인 테마의 점술 카드에
고전적인 무기인 와인 한 병이
그려져 있다.

위자 보드
가벼움

장난감 가게에서
살 수 있는 가장 강력한 마법
도구(서양판 분신사바).

수정구
무거움

들여다보면 미래가 보인다.
미래에 그 수정구가
될 사람에게는.

단서

▶양자리인 사람이 공중에 있었다.
▶라피스 수녀는 살인 타로 카드를 가져온
  사람과 복잡한 과거사가 있다.

진술

※범인은 거짓말을 합니다.

▶라피스 수녀 :
  그래요, 점성학자 아주어가 잠긴 옷장에 있
  었어요.
▶마술사 믹스달 :
  점성학자 아주어는 수정구를 가져왔어요.
▶점성학자 아주어 :
  수정구는 원탁에 없었어요.

	용의자			장소		
무기						
장소						

누가?

무엇으로?

사건 해결

어디에서?

논리탐정 로지코와 신비탐정 이라티노는 더 숨기 좋은 곳을 찾아 오래전에 한 번 들렀던 고대 신전으로 갔습니다. 하지만 그곳에는 또 시체 한 구와 용의자 세 명이 있었습니다. 이제 다시 사건을 풀어야 합니다.

용의자

애쉬 원로

드라코니아의 현명한 할머니.
하도 오래 살아서 미래를 볼 수 있다.

165cm / 왼손잡이 / 갈색 눈 / 갈색 머리 / 물고기자리

고고학자 에크루

고고학과 도굴 분야에서 세계적인 명성이 있는
고고학자 겸 도굴꾼.

173cm / 왼손잡이 / 녹갈색 눈 / 반백 머리 / 궁수자리

조그만 토프

근력 운동을 하고 멋진 모습을 가꾸는 것 외에도
삶의 의미를 찾고 싶다. 이 신전에서라면 찾을 수 있지 않을까?

190cm / 왼손잡이 / 파란 눈 / 금발 / 황소자리

장소

웅장한 입구

실외

부스러기 몇 개만
더 떨어지면 완전히
무너질 것 같다.

헌금함

실내

세상에는 결코 변치 않는
것들도 있다. 안에 아직
고대의 동전이
몇 개 들어 있다.

높은 제단

실내

전보다 더 심하게
썩은 천이 늘어진
거대한 돌 제단.

무기

성배
보통 무게

위대한 종교 지도자가
이 잔으로 물을 마시고
하루 뒤에 죽었다고 한다.

횃불
보통 무게

어두운 곳에 빛을
퍼뜨리기에도 좋고 낡은 성에
불을 지르기에도 좋다.

사나운 거위
보통 무게

이 책 전체에서
가장 사나운 무기.
사나운 거위를 조심하자!

단서

▶애쉬 원로는 웅장한 입구
를 통과하면 불운이 따른
다고 믿기 때문에 결코 그
렇게 하지 않았다.
▶사나운 거위는 자기를 들
고 온 용의자의 금발을 자
꾸만 뜯어 먹으려고 했다.

진술

※범인은 거짓말을 합니다.

▶**애쉬 원로 :**
이런 말이 있지요. 고고학자 에크루가 높은 제단에 있었다고.
▶**고고학자 에크루 :**
흠… 횃불이 헌금함에 있었어요.
▶**조그만 토프 :**
제가 듬직한 사람인 것처럼, 고고학자 에크루는 성배를 가
지고 있었어요.

용의자　　　　장소

무기　　장소

사건 해결

누가?

무엇으로?

어디에서?

89

| # 커피 향 가득한 살인 사건

논리탐정 로지코는 좋아하던 카페에 더는 가고 싶지 않았습니다. 그곳에서 죽은 사람이 너무 많았기 때문입니다. 하지만 이라티노는 어차피 어딜 가도 사람이 죽는다는 훌륭한 주장을 내세워 다시 가자고 설득했습니다. 역시나 그 일이 바리스타에게 일어났습니다.

용의자

커피 장군

부하들을 죽음의 격전장으로 보내기 전에 항상 모닝커피를 마시는 에스프레소 애호가. 중요한 것은 명예인가, 영광인가, 부인가, 아니면 커피콩에 대한 사랑인가?

183cm / 오른손잡이 / 갈색 눈 / 대머리 / 궁수자리

라피스 수녀

세계를 다니며 신의 돈으로 신의 일을 하는 수녀. 캐시미어와 소비를 손에서 놓지 못한다.

157cm / 오른손잡이 / 갈색 눈 / 갈색 머리 / 게자리

샴페인 동무

세계 곳곳에서 최고의 발포 와인을 마시며 공산주의 메시지를 전하는 것이 최고의 기쁨이다.

180cm / 왼손잡이 / 녹갈색 눈 / 금발 / 염소자리

장소

안뜰
실외

거대한 참나무 아래 어른거리는 햇빛이 식탁과 의자에 닿는다. 대화나 살인을 하기에 아주 좋다.

원두 창고
실내

냄새가 너무 좋아서 원두를 먹지 않으려면 참을성이 필요하다.

화장실
실내

카페라면 화장실이 있기 마련이다. 이곳은 종이 타월이 떨어졌다.

무기

버터나이프
가벼움

살인보다는 버터를
바르기에 훨씬 좋지만,
그래도….

금속 빨대
가벼움

플라스틱 빨대보다
환경에 좋지만,
더 치명적인 무기!

벽돌
무거움

평범한 보통 벽돌.
빨간 점토 조각이
떨어질 수 있다.

단서

▶키가 가장 큰 용의자는 원두 창고에
 간 적이 없다. 불쌍하게도.
▶공산주의자가 버터를 바르기에 좋은
 무기를 가지고 있었다.

진술

※범인은 거짓말을 합니다.

▶**커피 장군 :**
 흠… 라피스 수녀가 벽돌을 가져왔지.
▶**라피스 수녀 :**
 금속 빨대가 화장실에 있었답니다.
▶**샴페인 동무 :**
 노동자의 말을 믿어요. 나는 안뜰에 있었어요.

용의자   장소

누가?

무기

무엇으로?

장소

사건 해결

어디에서?

91

논리탐정 로지코는 국제회의에서 역망명을 청원하려고 회의장 출석을 자청했습니다. 안전을 위해 텍토피아에 들어가지 못하는 신분이 되고 싶었기 때문입니다. 하지만 불행히도 회의장에서 두 사람을 소개하기로 했던 사람이 살해되었습니다.

아마란스 대통령

프랑스의 대통령. 유권자들, 특히 1%의 특정한
유권자들과 함께 있는 것을 좋아한다.

178cm / 오른손잡이 / 회색 눈 / 붉은 머리 / 쌍둥이자리

데미넌스 자작

방금 드라코니아에서 패전했기 때문에 지금은 망명자 신세가 되었다.
망명자인 것은 괜찮지만, 살인자이기도 할까?

157cm / 왼손잡이 / 회색 눈 / 갈색 머리 / 물고기자리

화이트 대표

현재 2차 드라코니아 내전이 발발한 드라코니아를 재건하고
이용하기 위해 힘쓰는 조직,
신 드라코니아 재건위원회의 대표다.

178cm / 오른손잡이 / 회색 눈 / 백발 / 사자자리

연단
실내

의장이나 연사들이
연설하는 자리.

참관석
실내

대사가 아닌 사람들이
참관하면서 가끔 자기네
대표에게 침을 뱉는 자리.

회의장
실내

대사들이 앉아서
토론을 하고,
가끔은 결투를 신청한다.

돋보기
가벼움

조약의 작은 글씨를
읽을 때 쓴다.

살인 타로 해설서
무거움

각 카드의 의미와 상징을
설명한다. 위엄 있는
망토 부분에 책갈피가 있다.

만년필
가벼움

수표에 서명을 하거나
목을 찌를 수 있다.
아쉽게도 잉크가 샌다.

단서

▶사자자리인 사람은 상징이 가득한 책을
무척 아꼈다.
▶ 아마란스 대통령은 대사들 근처에 가지
않았다. 대사들이 계속 결투 신청을 했기
때문이다.

진술

※범인은 거짓말을 합니다.

▶**아마란스 대통령 :**
돋보기가 연단에 있던데.
▶**데미넌스 자작:**
만년필이 참관석에 있었지.
▶**화이트 대표 :**
데미넌스 자작이 연단에 있더군요.

용의자 　　　장소

			사건 해결		

무기

장소

누가?

무엇으로?

어디에서?

39 | 다시 집에 갈 수 있을까?

신비탐정 이라티노는 논리탐정 로지코를 자기 집으로 데리고 가서 숨기로 했습니다. 물론, 텍코 퓨처스의 감시 인력은 이라티노의 집을 알겠지요. 하지만 엄청난 부자라면 문제없습니다. 보안 인력을 쓸 수 있으니까요! 그런데 이라티노의 보안팀장이 살해되었습니다.

용의자

MX. 탠저린
성별 이분법에 들어가지 않는 사람도 얼마든지
살인자가 될 수 있다는 것을 몸소 입증하고 있다.
화가이자 시인이자 용의자다.

165cm / 왼손잡이 / 녹갈색 눈 / 금발 / 물고기자리

시뇨르 에메랄드
이탈리아의 저명한 보석상. 희귀 보석을 찾아 세계를 여행하며,
주머니에서 수시로 보석을 흘린다.

173cm / 왼손잡이 / 갈색 눈 / 검은 머리 / 궁수자리

점성학자 아주어
별을 보고 점을 친다. 사람들이 태어난
정확한 시간과 장소를 무척이나 궁금해한다.

168cm / 오른손잡이 / 녹갈색 눈 / 갈색 머리 / 게자리

장소

50칸 차고
실내

이라티노의 증조할아버지가
쇼에 출전하는 조랑말들을
두던 곳. 지금은 가세가 기울어
클래식 카만 두고 있다.

드넓은 침실
실내

이 침실은 로지코의
아파트 건물보다 크다.

발코니
실외

난간 너머로 아래쪽 땅을
보면서 부유함이 주는
충족감을 만끽하는 곳.

무기

후드 티
보통 무게

편안한 옷이지만, 걸칠 때
조임 끈을 최대한으로 당겨서
얼마나 조여지는지 확인하자.

다이아몬드 목걸이
가벼움

이 책 전체에서 가장 비싼
무기일 것이다. 어딘가에
하나 더 있지 않다면 아마도?

성배
보통 무게

종교 의식에 쓸 수 있다.
이를테면 이단을
살해한 것을 기념한다든가.

단서

▶ MX. 탠저린은 자료 B에 나온 무기를 가지
고 있지 않았다.
▶ 편안한 옷이 클래식 카 밑에서 발견되었다.

진술

※범인은 거짓말을 합니다.

▶ **MX. 탠저린 :**
시뇨르 에메랄드가 성배를 가지고 왔어요.
▶ **시뇨르 에메랄드 :**
다이아몬드 목걸이는 발코니에 없었어요.
▶ **점성학자 아주어 :**
별들을 보세요! MX. 탠저린이 드넓은 침실
에 있었다고 말하고 있어요.

용의자 　 장소

누가?

무엇으로?

사건 해결

어디에서?

무기 　 장소

40 | 고향 마을도 안전하지 않다

논리탐정 로지코는 이제 자기 고향에 가서 숨자고 제안했습니다. 물론 적들은 로지코의 고향이 어디인지 이미 알고 있었습니다. 하지만 하도 작은 동네라서, 텍코의 납치범들이 오면 멀리서부터 알아볼 수 있을 것이 분명했습니다. 그러고 보니, 납치범 한 명이 방금 살해되었습니다!

용의자

스키광 시나몬

스키를 뒤로 타고, 술도 마시고, 점프도 한다.
하지만 살인도 할까?

178cm / 왼손잡이 / 녹갈색 눈 / 갈색 머리 / 양자리

파인 판사

법정의 주재자이며, 정의에 관한 신념을 스스로 정해 굳게 지킨다.

168cm / 오른손잡이 / 갈색 눈 / 검은 머리 / 황소자리

컴퓨터 윤리학자 레몬

텍코 퓨처스에서 윤리학자를 고위직에 둔다는
명목만을 위해 고용했지만,
할 일을 주지 않아 임원 미니골프 성적만 좋다.

178cm / 왼손잡이 / 갈색 눈 / 백발 / 궁수자리

장소

낡은 공장
실내

지금은 크라임 퍼즐 박물관이
되었다. 논리탐정 로지코의
팬들이 한 달에 수십 명씩
찾아온다.

프랜차이즈 식당
실내

로지코 테마의
음식이 잔뜩 있다.
페도라 모양 버거 등등.

중고차 매장
실외

판매원은 모든 차가
한때 로지코의 차였다고
떠벌린다.

포크
가벼움

잘 생각해보면
나이프보다
훨씬 살벌하다.

와인 한 병
보통 무게

얼룩 조심.
붉은색이 좀처럼
빠지지 않는다.

도끼
보통 무게

나무를 찍는 물건.
사람도
찍을 수 있다!

단서

▶중고차 매장에는 포크가 한 개도
 없었다.
▶파인 판사는 로지코가 매직 팰리
 스에서 본 살인 타로 카드와 같은
 무기를 가지고 있었다(사건 35: 매
 직 팰리스의 유령 참조).

진술

※범인은 거짓말을 합니다.

▶**스키광 시나몬 :**
 그게요, 윤리학자가 프랜차이즈 식당에 있던데요.
▶**파인 판사 :**
 진실은 단순합니다. 와인 한 병이 프랜차이즈 식당
 에 있었어요.
▶**컴퓨터 윤리학자 레몬 :**
 확률을 따져 보면, 도끼가 낡은 공장에 있었지요.

용의자　　　　　장소

무기

장소

사건 해결

누가?

무엇으로?

어디에서?

41 | 바다 밑에 묻힌 시체

논리탐정 로지코와 신비탐정 이라티노는 텍코 퓨처스의 마수를 피해 숨으려면 한정된 소수의
사람들만 아는 해저 과학 연구 시설로 가는 것이 좋겠다고 생각했습니다. 안타깝게도 그곳을
아는 몇 안 되는 사람 중 한 명인 과학자가 방금 살해되었습니다.

용의자

오버진 주방장

남편을 죽이고 요리해서 레스토랑 손님들에게 서빙했다는
소문이 있다. 헛소문이지만, 그런 헛소문에도 의미가 있다.

157cm / 오른손잡이 / 파란 눈 / 금발 / 천칭자리

신비동물학자 클라우드

살인을 했다고 과학자로서의 자격이 없어지는 것은 아니다.
특히나 미확인 생물이 이렇게나 많은 해저에서라면.

170cm / 오른손잡이 / 회색 눈 / 백발 / 전갈자리

크림슨 원장

자유 드라코니아에 출장을 다녀온 후로 조금 달라 보인다.
살인 경향이 심해진 것은 아니다. 오히려 줄었나?
여하튼 약간 위화감이 있다….

175cm / 왼손잡이 / 녹색 눈 / 붉은 머리 / 물병자리

장소

과학실
실내

모든 과학이 이루어지는 곳.
분야를 가리지 않고 뭐든지
한다. 미생물학, 생물학,
DNA… 전부 다 있다!

바다
실외

연구자들이 가끔 나가서 잠깐씩
스쿠버 다이빙을 하거나,
산호를 관찰하거나 한다.
어쩌면 살인도 할 수 있겠지.

물이 새는 방
실내

여기가 전에
어떤 곳이었는지 몰라도
지금은 그냥
물이 새는 방이다.

무기

체스 강의서
보통 무게

알아보기 어려운 표와 퍼즐이 가득 찬 책을 누가 사는 걸까?

안전 고글
가벼움

안전 고글에 죽는다면 그것도 역설적이겠지.

폭발하는 비커
가벼움

과학은 위험하다. 세상을 바꿀 수도 있고 폭발하는 비커를 만들 수도 있다.

단서

▶폭발하는 비커는 물이 새는 방에 없었다.

▶초고지능 상어가 보낸 메시지: 서에다바 붉은 가머리 됨견발(뒤죽박죽인 것을 보면 초고지능의 기준이 좀 관대한 것 같다).

진술

※범인은 거짓말을 합니다.

▶**오버진 주방장 :**
저는 그냥 주방장일 뿐이라서, 체스 강의서가 바다에 있었다는 것만 알아요.

▶**신비동물학자 클라우드 :**
처음에는 빅풋을 봤다고 생각했어요. 그런데 다시 보니 그냥 과학실에 있는 안전 고글을 잘못 봤더군요.

▶**크림슨 원장 :**
오버진 주방장이 체스 강의서를 가져왔어요.

누가?

무엇으로?

어디에서?

42 | 체스 경기가 시작되기도 전에…

논리탐정 로지코는 공원에 들러 체스를 두자고 졸랐습니다. 이라티노는 도망치는 사이에 체스를 두는 건 현명하지 못하다고 했습니다. 로지코는 그렇기에 아무도 여기서는 두 사람을 찾지 않을 것이라고 주장했습니다. 하지만 경기를 시작하기도 전에 상대가 살해되었습니다.

용의자

커피 장군

부하들을 죽음의 격전장으로 보내기 전에 항상 모닝커피를 마시는 에스프레소 애호가. 중요한 것은 명예인가, 영광인가, 부인가, 아니면 커피콩에 대한 사랑인가?

183cm / 오른손잡이 / 갈색 눈 / 대머리 / 궁수자리

레드 소령

귀족들의 압제에서 드라코니아를 해방시킨 혁명 지도자. 그 후 압제를 계속하다가 드라코니아 사람들에게 쫓겨났다. 소령은 지금 도망자 신분이다.

188cm / 왼손잡이 / 갈색 눈 / 갈색 머리 / 양자리

그랜드마스터 로즈

체스 그랜드마스터. 항상 다음 일을 미리 계획한다. 다음 상대를 제거하는 일까지도!

170cm / 왼손잡이 / 갈색 눈 / 갈색 머리 / 전갈자리

장소

체스 테이블
실외

세계 최고의 체스 경기가 이 돌로 된 테이블과 벤치에서 몇 번 이루어졌다.

분수대
실외

물이 없이 바싹 마르고 이끼가 끼었다. 완벽하게 고풍스럽다.

수풀
실외

나무들이 작은 숲을 이룬 곳으로, 가끔씩 체스 선수들이 경기를 훔쳐본다.

폭발하는 비숍
가벼움

이 말을 집으면,
콰쾅!

진짜 말
무거움

그 아름다움과 위엄은
누군가를 짓밟을 때
최고로 빛난다.

낡은 체스용 시계
무거움

똑딱똑딱…
시간은 우리를
천천히 죽인다.

단서

▶ 체스 테이블에 체스용 시계가 없었기 때
문에 다들 알아서 시간을 재야 했다.
▶ 예전에 혁명가였던 사람이 나무 뒤에서
시합을 훔쳐보고 있었다.

진술

※범인은 거짓말을 합니다.

▶ **커피 장군 :**
내가 진짜 말을 가져왔지.

▶ **레드 소령 :**
혁명의 이름을 걸고, 폭발하는 비숍은 수풀에
있었지.

▶ **그랜드마스터 로즈 :**
간단한 계산입니다. 저는 분수대에 있었어요.

용의자   장소

무기 / 장소

누가?

무엇으로?

사건 해결

어디에서?

101

43 | 수도원에 살인자가 있다

마침내 논리탐정 로지코가 해답을 찾았습니다. 여러 달 전에 살인 사건을 해결했던 수도원이 지금 숨기에 딱 좋은 곳이었습니다. 하지만 아쉽게도, 로지코가 신비탐정 이라티노와 함께 도착해 보니 새로운 사건이 기다리고 있었습니다. 수도원 회계 담당자가 살해되었습니다.

용의자

망고 신부

청빈의 맹세를 했지만 BMW를 몰고,
순종의 맹세를 했지만 25세의 부하가 있고,
순결의 맹세도 했기 때문에 휴가를 떠났다.

178cm / 왼손잡이 / 갈색 눈 / 대머리 / 황소자리

라피스 수녀

세계를 다니며 신의 돈으로 신의 일을 하는 수녀.
캐시미어와 소비를 손에서 놓지 못한다

157cm / 오른손잡이 / 갈색 눈 / 갈색 머리 / 게자리

브라운스톤 수사

평생을 교회(의 돈벌이)를 위해 헌신한 수도사.

163cm / 왼손잡이 / 갈색 눈 / 갈색 머리 / 염소자리

장소

성당
실내

수도사들이 능숙하게
기도하는 소리와 어설프게
노래하는 소리가
들린다.

안뜰
실외

수도사들은 눈더미가
없을 땐 보기가 좋다고
말하지만, 언제나
눈더미가 있다.

절벽
실외

뾰족한 바위 위의
절벽에 짓지 않았다면
진정한 수도원이 아니다.

무기

성가집
보통 무게

비욘세 소울즈 같은
인기 찬송 작곡가의
히트곡이 수록돼 있다.

성찬식 와인
보통 무게

신실함을 입증하는 좋은
방법은 이 신성한 레드 와인을
대량으로 마시는 것이다.

묵주
가벼움

상아 구슬에
우는 코끼리 아이콘이
조그맣게 새겨져 있다.

단서

▶성가집을 가진 용의자는 대머리였다.
▶소비를 손에서 놓지 못하는 용의자는 뾰
족한 바위 위에 가지 않았다.

진술

※범인은 거짓말을 합니다.

▶**망고 신부 :**
묵주가 안뜰에 있었습니다.
▶**라피스 수녀 :**
브라운스톤 수사가 성당에 있었어요.
▶**브라운스톤 수사 :**
하느님의 이름으로, 제가 성찬식 와인을 가
져왔습니다.

	용의자			장소		
무기						
장소						

누가?

무엇으로?

어디에서?

사건 해결

수도원 아래 깊은 곳에는 다른 무엇보다도 소중한 성물을 보관하는 곳이 있습니다. 바로 와인 저장고입니다. 축성을 받은 와인도 있고, 축복을 받은 와인도 있고, 전부 맛이 훌륭합니다. 아쉽게도 이 모든 이야기를 잘 들려줄 수도원 소믈리에가 살해되었습니다.

버디그리 부제

성공회 소속의 부제. 교구 신도들의 기부금을 관리하고
가끔은 비밀을 다룬다.

160cm / 왼손잡이 / 파란 눈 / 반백 머리 / 사자자리

조그만 토프

조그만 토프는 덩치가 하도 커서
술도 한 통은 마셔야 보통 사람이 한 병 마시는 만큼 취한다.
본인이 술을 통째로 마시면서 그렇게 말한다.

190cm / 왼손잡이 / 파란 눈 / 금발 / 황소자리

시녀리어스 추기경

가톨릭교회에서 놀라울 정도로 높은 지위를 누리는 지도자.
위에는 오직 교황 한 사람이 있을 뿐이다…. 일단 지금은.

178cm / 왼손잡이 / 갈색 눈 / 대머리 / 전갈자리

커다란 문
실내

밖에서만 열 수 있는
거대한 문. 안에 사람을 넣고
문을 잠근 다음
가 버리면 된다!

와인 랙
실내

신의 인정을 받은
역대 최고의 귀중한
와인이 무진장 많다.

에어컨
실내

현대 와인 저장고의 핵심부.
온도 조절을 담당한다.

피아노 건반
보통 무게

E 건반이다.
이걸로 머리를 마구
때릴 수도 있다.

곰 가죽 깔개
무거움

거의 확실히
곰의 유령이
깃들었을 것이다.

고전 회화
무거움

무거운 액자는 사람을 죽인다.
하지만 그림도 주의를
분산시키는 효과가 있다!

단서

▶조그만 토프는 곰 가죽 깔
개를 가진 사람과 관련된
복잡한 사연이 있다.
▶갈색 눈이 커다란 문을 위
아래로 마구 훑고 있었다.

진술

※범인은 거짓말을 합니다.

▶버디그리 부제 :
신께 봉사하는 입장에서 말하자면, 저는 와인 랙 옆에 있었
습니다.
▶**조그만 토프** :
피아노 건반은 에어컨 옆에 없었어요.
▶**시너리어스 추기경** :
아, 신께서라면 버디그리 부제가 피아노 건반을 가져왔다고
말씀하셨겠지요.

용의자　　　장소

무기　　　장소

사건 해결

누가?

무엇으로?

어디에서?

논리탐정 로지코는 신비탐정 이라티노와 함께 동네를 걸으면서 다양한 풍경과 소리를 즐기고, 그날의 일에 관해 담소를 나누고, 가끔은 살인 사건도 풀던 시기가 그리웠습니다. 이웃 사람이 수상한 상황에서 죽었던 당시처럼요.

용의자

애플그린 교장

살인죄를 면하는 것을 제외하고는 모든 면에서 엄격한 교장.
언제나 손에 분필가루가 묻어 있다.

180cm / 오른손잡이 / 파란 눈 / 대머리 / 천칭자리

철학자 본

과감하고 어두운 철학자. 자신은 자기 행동에 책임을 질
필요가 없지만 보상은 받아야 한다는 윤리 이론의 선구자.

155cm / 오른손잡이 / 갈색 눈 / 대머리 / 황소자리

MX. 랜저린

성별 이분법에 들어가지 않는 사람도 얼마든지
살인자가 될 수 있다는 것을 몸소 입증하고 있다.
화가이자 시인이자 용의자.

165cm / 왼손잡이 / 녹갈색 눈 / 금발 / 물고기자리

장소

공터
실외

아주 오래전에
여기에 유령 호텔이
있었다.

거북이 마당
실외

가끔은 거북이가 보이고
가끔은 안 보인다.
거북이가 보였다면
행운의 날!

폐가
실내

근처 아이들은 유령이
붙었다고 말하지만,
아마 그냥 무단 거주자의
기척일 것이다.

무기

고양이
보통 무게

발톱에 독을 발라서
매우 화가 났다.

무거운 핸드백
무거움

마침내 안에 든
잡동사니들의 쓸모가
생겼다(관성을 더하자).

지팡이
보통 무게

사실 그냥 살인 작대기라고
부르는 게 더 맞을지도 모른다.
아니면 그냥 몽둥이라고 하자.

단서

▶ 살인 타로에 따르면, MX. 탠저린이 방해
와 현실주의를 의미하는 장소에서 목격되
었다(자료 B 참조).
▶ 철학자 본은 거북이 마당 근처에 없었다.

진술

※범인은 거짓말을 합니다.

▶ **애플그린 교장 :**
좋아, 내가 무거운 핸드백을 가져왔지요!
▶ **철학자 본 :**
무거운 핸드백은 공터에 없더군요.
▶ **MX. 탠저린 :**
애플그린 교장은 지팡이를 안 가져왔어요.

용의자   장소

누가?

무엇으로?

사건 해결

어디에서?

107

마침내, 신비탐정 이라티노는 전문가 상담이 필요하다고 주장했습니다. 논리탐정 로지코는 전문가 상담을 받는데 왜 르네상스 축제에 가야 하는지 모르겠다고 생각했습니다. 두 사람이 축제 장소에 도착했을 때는 검표원이 살해된 후였습니다!

용의자

오버진 주방장

남편을 죽이고 요리해서 레스토랑 손님들에게 서빙했다는 소문이 있다. 헛소문이지만, 그런 헛소문에도 의미가 있다.

157cm / 오른손잡이 / 파란 눈 / 금발 / 천칭자리

조그만 토프

사람들은 거인 역을 연기하는 사람이라고 생각한다. 지금은 사진 촬영 요청 때문에 슬슬 짜증이 나려는 참이다.

190cm / 왼손잡이 / 파란 눈 / 금발 / 황소자리

라즈베리 코치

미시시피강 어느 쪽에 있건, 그쪽에서 손꼽히는 유능한 코치. 도박 문제가 있다는 말도 들리지만, 스스로는 위험을 즐긴다고 말한다.

183cm / 왼손잡이 / 파란 눈 / 금발 / 양자리

장소

음료 가판대

실내

농노처럼 마시는 스릴을 식중독 없이 경험할 수 있다.

마상 시합장

실외

가짜 기사 두 명이 진짜 말을 타고 서로를 향해 돌진한다.

주차장

실외

시야가 닿는 곳 전부에서 시야가 닿지 않는 곳까지 끝없이 자동차의 바다가 펼쳐진다.

공연용 검
보통 무게

공연자들의 안전을 위해 조금 무겁게 만들었지만, 아주 조금 무디다….

위엄 있는 망토
보통 무게

왕(또는 250달러를 내는 사람이면 누구든)에게 딱 어울리는 망토.

철 지난 상품들
보통 무게

지금보다는 중세에 더 어울릴 것 같긴 하다. 어이가 없다.

단서

▶천칭자리인 사람이 로지코가 사건 38에서 본 살인 타로 해설서에 책갈피로 표시되어 있던 무기를 가지고 있었다.

▶라즈베리 코치는 주차장에 가지 않았다.

진술

※범인은 거짓말을 합니다.

▶**라즈베리 코치 :**
공연용 검이 음료 가판대에 있었어요.

▶**조그만 토프 :**
듬직한 제 덩치를 믿어요. 오버진 주방장이 마상 시합장에 있었어요.

▶**오버진 주방장 :**
조그만 토프가 철 지난 상품들을 가져왔어요.

용의자   장소

누가?

무엇으로?

사건 해결

어디에서?

109

47 | 살인 타로점 천막에서의 살인

결국 신비탐정 이라티노가 논리탐정 로지코를 축제장에 데려온 이유가 밝혀졌습니다. 목적지는 살인 타로점 천막이었습니다. 점술가가 심벌즈를 치고 연기를 깔며 분위기를 내려고 애썼지만, 두 사람은 시체 때문에 집중할 수가 없었습니다.

용의자

수비학자 나이트

X의 값도 알고 X의 의미도 안다.

175cm / 왼손잡이 / 파란 눈 / 갈색 머리 / 물고기자리

점술가 애머시스트

카드를 한 번만 보면 미래를 알아낸다.
자기가 손님을 살해하는 미래를!

173cm / 왼손잡이 / 검은 눈 / 갈색 머리 / 궁수자리

점성학자 아주어

별을 보고 점을 친다. 사람들이 태어난
정확한 시간과 장소를 무척이나 궁금해한다.

168cm / 오른손잡이 / 녹갈색 눈 / 갈색 머리 / 게자리

장소

점술 테이블
실내

영매가 도구를 이용해서
미래를 알려준다.

불가사의 진열장
실내

성인의 턱뼈나 앞면만
나오는 동전 같은 고대의
유물들을 전시한다.

비밀 통로
실내

천막이니까 사실
비밀 통로라기보다는
비밀 출구다.

110

살인 타로 매트
가벼움

전통적으로 살인 타로 카드를
이 위에 펼친다. 지금은
목을 조를 때에도 쓴다.

살인 타로 해설서
무거움

존재하는 모든
살인 타로 카드의
의미와 상징을 설명한다.

살인 타로 덱
보통 무게

살인 타로 카드가
전부 들어 있는 덱.
오늘 구입할 것!

단서

▶궁수자리인 사람이 살인
타로 덱을 가지고 있었다.
▶살인 타로 해설서는 미래
를 알 수 있는 곳에서 발
견되었다.

진술

▶**수비학자 나이트 :**
숫자를 따져보니 점성학자 아주어가 살인 타로 매트를 가져
왔군요.
▶**점술가 애머시스트 :**
자, 살인 타로 덱이 비밀 통로에 있었어요.
▶**점성학자 아주어 :**
수비학자 나이트는 불가사의 진열장 옆에 없었어요.

※범인은 거짓말을 합니다.

용의자　　　**장소**

무기						
장소						
				사건 해결		

누가?

무엇으로?

어디에서?

48 | 탐정 클럽 시위대원의 죽음

전 세계의 탐정 클럽이 로지코와 이라티노를 지지하는 시위를 벌이자, 옵시디언 부인이 연설을 하겠다고 나섰습니다. 탐정 클럽에서는 옵시디언 부인이 아무도 죽이지 않는다는 조건하에 수락했습니다. 하지만 연설이 시작되기 전에 시위대 한 사람의 시신이 발견되었습니다.

용의자

옵시디언 부인

옵시디언 부인은 탐정 클럽 시위의 주 연사로서 아무도 죽이지 않기로 약속했다. 하지만 살인을 저지르는 사람이라면 약속을 어길 수도 있겠지.

163cm / 왼손잡이 / 녹색 눈 / 검은 머리 / 사자자리

사회학자 엄버

과학을 대표하는 입장에서 항상 남들에게 누구의 계보를 이었는지, 독일 경제학자 베버의 저서를 읽었는지 묻는다.

163cm / 왼손잡이 / 파란 눈 / 금발 / 사자자리

크림슨 원장

자유 드라코니아에 출장을 다녀온 후로 조금 달라 보인다. 살인 경향이 심해진 것은 아니다. 오히려 줄었나? 여하튼 약간 위화감이 있다….

175cm / 왼손잡이 / 녹색 눈 / 붉은 머리 / 물병자리

장소

풀이 자란 둔덕
실외

남들 눈에 안 띄면서 연설 무대를 잘 볼 수 있다….

군중 속
실외

엄청난 수의 시위대가 밀집해 있다. 연사를 향해 환호하고, 폭소를 터뜨리고, 고함을 친다.

연설 무대
실외

연사들이 순서에 따라 연설을 하는 곳.

무기

돋보기	**독이 묻은 전단지**	**구호 피켓**
가벼움	가벼움	보통 무게
시위대는 운동의 상징인 돋보기를 머리 위로 높이 치켜들었다.	인쇄에 쓴 잉크로 몇 시간 안에 사람을 죽일 수 있다.	재치 있는 것, 정중한 것, 잔인한 것이 있다. 모두 사람을 죽일 수 있다.

단서

▶ 키가 가장 큰 용의자는 군중 속에 없었다.

▶ 탐정 중 한 명이 풀이 자란 둔덕에서 금발을 발견했다.

진술

※범인은 거짓말을 합니다.

▶ **옵시디언 부인 :**

생각해 보니까, 크림슨 원장이 구호 피켓을 가져왔군요.

▶ **사회학자 엄버 :**

옵시디언 부인은 돋보기를 가져오지 않았지요.

▶ **크림슨 원장 :**

독이 묻은 전단지가 군중 속에 있었어요.

49 | 세계로 뻗어가는 살인

논리탐정 로지코와 신비탐정 이라티노는 숨기 좋은 곳을 알아보려고 여행사로 갔습니다. 여행사 직원이 말했습니다. "좋은 소식이 있어요. 지금 제각기 세 곳으로 가려는 고객 세 분이 있는데요." 하지만 그 말을 마치기도 전에 그 고객 중 한 명이 여행사 직원을 죽였습니다.

용의자

룰리언 경

최근에 기사로 임명된 섬세한 신사.
항상 흔들고 다니는 공식 기사임명장에 따르면 그렇다.

173cm / 오른손잡이 / 파란 눈 / 붉은 머리 / 사자자리

미스 사프론

그저 갑부로만 알려진 것이 싫어서 자선 사업에 기부하고,
무도회에 참석하고, 상을 받으며 '착한' 살인자로
인식을 전환하려고 한다. 좋은 일이다!

1157cm / 왼손잡이 / 녹갈색 눈 / 금발 / 천칭자리

그랜드마스터 로즈

체스 그랜드마스터. 항상 다음 일을 미리 계획한다.
다음 상대를 제거하는 일까지도!

170cm / 왼손잡이 / 갈색 눈 / 갈색 머리 / 전갈자리

장소

뉴 이지스
실내

매년 뉴 이지스에서
관측되는 UFO 수가
뉴 이지스에 있는
수정 수보다 많다.

신 드라코니아
실외

전에는 차르가
다스리던 땅이지만
이제는 신 드라코니아
재건위원회가 관리한다.

할리우드
실외

번쩍이는 도시,
천사의 도시, 라라랜드,
꿈을 만드는 곳. 전부 영화
트레일러를 위해 생긴 표현이다.

114

가짜 보물지도
가벼움

지도를 따라가면
폭탄이 설치된
구덩이에 빠진다.

낡은 컴퓨터
무거움

뚱뚱한 모니터, 거대한 케이스,
무거운 키보드, 볼 마우스…
이 정도면 골동품이다!

지구본
무거움

세계 정복 계획을 세우거나
술을 보관할 때 쓰는 물건.
둘 다 할 수도 있다!

단서

※범인은 거짓말을 합니다.

▶미스 사프론은 (살인 타로
카드에 따르면) 로맨스를
의미하는 무기를 가진 사
람에게 반했다(자료 B 참
조).

▶드라코니아로 가는 용의
자는 눈이 갈색이었다.

진술

▶**룰리언 경 :**
제가 낡은 컴퓨터를 가져왔지요.

▶**미스 사프론 :**
너무 무서워요! 지구본은 뉴 이지스를 향했어요.

▶**그랜드마스터 로즈 :**
룰리언 경은 이름 앞에 '새로운'이라는 뜻이 없는 장소로 갈
예정이었지요.

용의자   장소

무기

장소

누가?

무엇으로?

사건 해결

어디에서?

50 | 뉴 이지스에서의 새로운 삶과 죽음

논리탐정 로지코와 신비탐정 이라티노는 은퇴한 방문판매원으로 위장해서 뉴 이지스에 정착했습니다. 하지만 시장이 살해되자 위장을 벗어 던지고 사건을 해결하는 탐정으로서 본모습을 드러낼 수밖에 없었습니다.

용의자

그레이 백작

홍차로 유명한, 유서 깊은 그레이 백작가의 후손.
사인은 해주지 않지만, 항상 티백 몇 개를 가지고 다닌다.

175cm / 오른손잡이 / 갈색 눈 / 백발 / 염소자리

크림슨 원장

자유 드라코니아에 출장을 다녀온 후로 조금 달라 보인다.
살인 경향이 심해진 것은 아니다. 오히려 줄었나?
여하튼 약간 위화감이 있다….

175cm / 왼손잡이 / 녹색 눈 / 붉은 머리 / 물병자리

편집자 아이보리

역대 최고의 로맨스 편집자. 적이 연인으로 바뀌는 장르를
만들어냈고, 최초로 책 표지에 벗은 남자를 넣었다.

168cm / 왼손잡이 / 갈색 눈 / 반백 머리 / 전갈자리

장소

수정 상점
실내

가장 좋고 가장 비싼 수정만
판매하는 곳. 모든 수정에
좋은 기운이 들었을 것을
보장한다.

마을 광장
실외

다우징으로 발견한
우물이 있다. 그 우물은
말라 있다.

정겨운 아파트
실내

이지스 산 전망이
좋은 곳이다.

무기

몽롱해지는 회중시계
가벼움

이 시계를 잘 들여다보면
시간을 알 수 있다.

얇은 종이책
보통 무게

머리를 때리기에는
너무 가볍지만,
값싼 잉크에 독성이 있다.

셀레나이트 마법봉
보통 무게

주문을 걸거나
두개골을 깰 때 쓴다.

단서

▶ 그레이 백작과 키가 같은 용의자
는 살인 타로 카드의 상징에 따르
면 방해, 현실주의와 관련된 장소
에 있었다(자료 B 참조).
▶ 이지스 산 전망이 좋은 곳에서 반
백 머리가 발견되었다.

진술

※범인은 거짓말을 합니다.

▶ **그레이 백작 :**
몽롱해지는 회중시계는 수정 상점에 없었지요.
▶ **크림슨 원장 :**
그레이 백작이 몽롱해지는 회중시계를 가져왔어요.
▶ **편집자 아이보리 :**
그레이 백작은 셀레나이트 마법봉을 가져오지 않았
어요.

누가?

무엇으로?

어디에서?

그림자 속에서 말소리가 들렸습니다. "두 신사분, 잠깐 실례하겠습니다." 목소리의 주인공이 빛 속으로 나오며 자기 소개를 했습니다. "저는 퓨셔 요원이라고 합니다. SPY라는 비밀 첩보 조직 소속이죠. 우리는 텍토피아 건설이 시작되기 전에 예정지를 찾으려고 합니다."

로지코가 말했습니다. "저는 이미 완공된 줄 알았는데요. 살인 사건 25개를 해결하는 동안 내내 저희를 그리로 입주시키려고 했거든요."

"텍토피아는 현재 가상 커뮤니티일 뿐이지만, 곧 현실이 될 겁니다. 여러분이 맡아 주실 임무는 그들이 텍토피아 건설을 현실 세계에서 시작하기 전에 예정지를 알아내는 것입니다. 그러려면 이게 필요할 겁니다."

퓨셔 요원은 스파이 암호 안내서를 주었습니다(오른쪽 자료 C 참조). "텍토피아를 건설하기 전에 막지 못하면 결코 텍코의 마수를 벗어날 수 없습니다. 결국은 잡히겠지요."

그리하여 다음 25개의 사건에서는 논리탐정 로지코와 신비탐정 이라티노가 텍토피아의 건설 예정지를 찾아 세계 곳곳을 다닙니다. 사건을 풀 때마다 용의자가 가장 좋아하는 동물, 저녁 식사 메뉴, 죽음이 임박한 상황에서의 태도 같은 추가 요소도 알아내야 합니다. 사건들이 너무 쉽게 느껴진다면 탐정 클럽의 도전을 받아 주세요. 로지코와 이라티노보다 먼저 텍토피아 건설 예정지를 알아내세요!

하드보일드 🔍 명탐정

탐정 암호

ㄱㄴㄷㄹㅁㅂㅅㅇㅈㅊㅋㅌㅍㅎㅑㅕㅛㅠㅡㅣ
ㅎㅍㅌㅋㅊㅈㅇㅅㅂㅁㄹㄷㄴㄱㅓㅑㅕㅜㅛㅠㅡㅣ

연금술 기호
(SPY 내부용)

♋	기름
♆	녹이기
☾	달
☢	라듐
▽	물
△	불
♌	사자자리
♑	염소자리
♏	전갈자리
♍	처녀자리
☉	크세논
♁	토양
♂	포타슘
♉	황소자리

피타고라스 암호

1 2 3 4 5 6 7 8 9

	1	2	3	4	5	6	7	8	9
1	ㄱ	ㄴ	ㄷ	ㄹ	ㅁ	ㅂ	ㅅ	ㅇ	ㅈ
2	ㅊ	ㅋ	ㅌ	ㅍ	ㅎ	ㅑ	ㅕ	ㅓ	ㅕ
3	ㅗ	ㅛ	ㅜ	ㅠ	ㅡ	ㅣ			

다음 글자 암호

ㄱ=ㄴ, ㅏ=ㅑ, 등등

지그재그 암호

비 지 재 암 입 다
밀 그 그 호 니

↓

비지재암입다/밀그그호니

↓

비 지 재 암 입 다
밀 그 그 호 니

↓

비밀 지그재그 암호입니다

| 세계로 널리 뻗어가는 살인

논리탐정 로지코와 신비탐정 이라티노는 전 세계에서 텍토피아 건설 예정지를 효율적으로 알아내기 위해 각자 움직이기로 했습니다. 하지만 아무 단서도 찾을 수가 없었습니다. 제일 중요한 연락원이 살해되었기 때문일까요.

용의자

황금 주먹

황금 손을 달았고, 쓰는 방법도 안다. 주로 구타용으로 쓴다.

173cm / 오른손잡이 / 녹갈색 눈 / 금발 / 황소자리

셸러돈 장관

국방장관. 전쟁 범죄도 꽤 저질렀다. 셸러돈 학살의 바로 그 셸러돈.

168cm / 왼손잡이 / 녹색 눈 / 갈색 머리 / 사자자리

악녀 앰버

다국적 범죄 조직을 운영하고, 재미로 사람을 죽이고,
강아지를 싫어하고, 혼돈을 사랑한다.

165cm / 오른손잡이 / 파란 눈 / 갈색 머리 / 궁수자리

CEO 인디고

텍코 퓨처스를 실제로 창립하지는 않았지만,
공정한 거래를 통해 그 호칭을 얻었다.
다른 회사들은 훨씬 흉악한 방법으로 장악했다.

180cm / 오른손잡이 / 녹색 눈 / 갈색 머리 / 황소자리

프랑스
실외

시위대가 거리에서 돌을 던지고
정부가 전복 위기에 놓여 있다.
평소와 같은 일상이다.

이탈리아
실외

아름다운 해변, 멋진 공항,
억압된 무산계급.

대한민국
실외

세계에서 가장 수익성 좋은 대중음악과
반자본주의 영화를 만드는 곳.

신 드라코니아
실외

전쟁이 끝나고 국제회의가 관리하자
다시 돈이 돌기 시작했다.

무기

하늘을 나는 자동차
무거움 / 자동차 소재

이런 차가 곧 나올 것이라는 말이 내내
돌았다. 하지만 주로 살인에 쓰일
것이라고는 아무도 말해주지 않았다.

위조 치아
가벼움 / 에나멜, 시안화물 소재

시안화물이 차 있다.
진짜 어려운 부분은 이 무기를
다른 사람의 입에 넣는 것.

울트라폰
보통 무게 / 플라스틱, 전자부품 소재

1960년대의 미래적인 SF 장치.
지금은 그냥 휴대폰이라고 부른다.

치명적인 말벌
가벼움 / GMO 말벌 소재

유전자 조작을 통해 더 위험하게 만들었다.
마치 우리가 먹는 음식들처럼.

별다른 계획 없이

 명승지 유람

 취업 비자로 체류 기간 초과

 변장해서 잠입

단서

▶ 궁수자리인 사람은 가장 수익성 좋은 대중음악을 만드는 나라에 있었다.

▶ 곧 나올 것이라는 말이 내내 돌았던 무기를 사용한 사람은 명승지를 유람하고 있었다.

▶ 텍코 퓨처스 창립자라고 불리는 사람은 별다른 계획 없이 여행하는 중이었다.

▶ 대한민국에 있던 사람은 가벼운 무기를 가지고 있었다.

▶ 황금 주먹이 취업 비자로 체류기간을 초과할 생각이었거나, 그게 아니면 이탈리아에 있던 사람이 그럴 계획이었다.

▶ 셀러돈 장관은 치명적인 말벌을 만드는 프로젝트를 감독하느라 여러 해를 보냈고, 오늘 표본 삼아 한 마리를 가져왔다.

▶ 1960년대의 SF 장비는 정부가 전복 위기에 놓인 나라에서 발견되었다.

▶ **시안화물이 차 있는 어금니가 피해자 옆에서 발견되었다.**

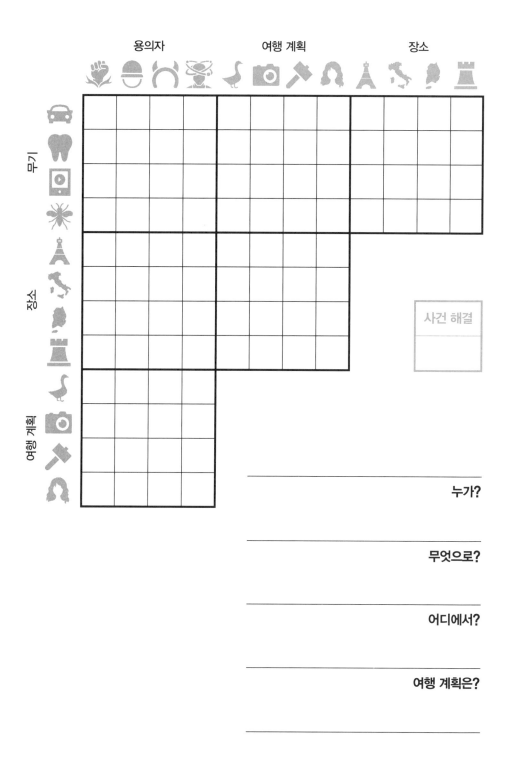

용의자　　여행 계획　　장소

무기

장소

여행 계획

사건 해결

누가?

무엇으로?

어디에서?

여행 계획은?

이곳은 한때 철의 차르가 살던 궁전이었습니다. 그 뒤에는 박물관이 되었다가, 이제는 상위 1% 중에서도 가장 부유한 1%를 위한 최고급 카지노 호텔로 운영되고 있습니다. 신비탐정 이라티노는 세계적인 갑부들이 자꾸 알아봐서 창피했습니다. 하지만 곧 카지노 관리자가 죽었습니다.

용의자

룰리언 경

최근에 기사로 임명된 섬세한 신사.
항상 흔들고 다니는 공식 기사임명장에 따르면 그렇다.

173cm / 오른손잡이 / 파란 눈 / 붉은 머리 / 사자자리

아마란스 대통령

프랑스의 대통령. 유권자들과 함께 있는 것을 좋아하지만
도박을 즐기며 여가를 보내는 것도 좋아한다.

178cm / 오른손잡이 / 회색 눈 / 붉은 머리 / 쌍둥이자리

수비학자 나이트

X의 값도 알고 X의 의미도 안다.
지금은 새로 고안한 시스템을 시험해보는 중이다.

175cm / 왼손잡이 / 파란 눈 / 갈색 머리 / 물고기자리

라즈베리 코치

미시시피강 어느 쪽에 있건, 그쪽에서 손꼽히는 유능한 코치.
전에 경기에서 아홉 번 연속으로 이긴 후에 열 번째 경기에서는
자기가 지는 쪽에 큰돈을 건 적이 있다.

183cm / 왼손잡이 / 파란 눈 / 금발 / 양자리

넓은 연못
실외

원래 조각상이 서 있었지만
전쟁 통에 날아갔다.
그때 파인 자리가 연못이 되었다.

VIP 침실
실내

그냥 방이 아니다.
방 60칸짜리 건물이다.

주차장
실내

페라리, 롤스로이스…
그 외 값비싼 차가 가득하다.

자선 행사장
실내

격주 화요일마다 근처 고아원에서 기금 마련
행사를 위해 거액의 돈을 내고 임대한다!

무기

거대한 나이트
무거움 / 금속 소재

저녁에 열리는 고위험 체스 토너먼트를
광고하려고 설치했다.
목숨을 건 체스 경기를 기대하시라!

포커 칩 더미
무거움 / 세라믹 소재

1달러에 두 개짜리 칩
하나당 100만 달러로 교환된다.

살인 타로 덱
보통 무게 / 종이 소재

이 카드로도 카드 맞히기 게임이라는
멋진 도박을 할 수 있다.

모자 폭탄
무거움 / 펠트, TNT 소재

머리의 안전을 걱정하지 않는다.
모자에도 폭탄을 장착할 수 있다.

목숨을 건 동전 던지기 한판

 파이브 카드 드로 포커
(에이스, 킹, 잭 와일드)

 한 번에 1만 달러짜리
슬롯 머신

 슈퍼울트라 불릿 체스 960

단서

▶ 살인 타로 카드 두 장 사이에서 붉은 머리 한 가닥이 발견되었다.

▶ 거대한 나이트를 가지고 있던 사람은 와일드 카드가 무엇이건 상관없이 파이브 카드 드로

포커를 하지 않았다.

▶ 아마란스 대통령은 가장 좋아하는 슈퍼울트라 불릿 체스 960의 세계 순위권 선수였다.

▶ 한 번에 1만 달러짜리 슬롯 머신을 좋아한 사람은 자선 행사장에 있었다.

▶ 누군가가 카드 뒷면에 단서를 적고 나서 뒤죽박죽 뒤섞어놓았다.

　메시지 : 베라리즈 코는치 목을숨 건 전동 기던지 판이한 고하 었다싶.

▶ 두 번째로 키가 작은 용의자는 포커 칩 더미를 가져온 사람과 어린 시절 친구였다.

▶ VIP 침실에 왼손잡이가 있었다.

▶ 룰리언 경은 파이브 카드 드로 포커(에이스, 킹, 잭 와일드)를 좋아했다.

▶ 예전에 조각상이 있던 자리에서 거대한 체스 말이 발견되었다.

▶ **카지노 관리자는 모자 폭탄에 살해되어서 이제 머리가 없다.**

용의자   도박 종류   장소

무기

장소

도박 종류

사건 해결

누가?

무엇으로?

어디에서?

좋아하는 도박 종류는?

| # 세계적인 살인 중심지에서

논리탐정 로지코는 서쪽 성채의 폐허로 갔습니다. 다양한 정부와 게릴라, 민간 군사 기업이 오가며 격전을 계속한 탓에 탑이 무너져서, 그곳은 이제 완전히 폐허가 되었습니다. 그런데 저기에 있는 게 뭘까요? 평화유지군 장교의 시체입니다!

용의자

리드 총관

자유 드라코니아에서 가장 많은 공포와 가장 적은 사랑을 받는 공무원이었지만 지금은 그냥 일반인이다. 그래서 살기가 힘들다.

188cm / 오른손잡이 / 갈색 눈 / 검은 머리 / 처녀자리

첨단기술 전문가 터쿼이즈

매년 모든 것을 바꿀 차세대 기술을 소개한다.
그리고 지난해의 일은 다시는 언급하지 않는다.

173cm / 오른손잡이 / 파란 눈 / 반백 머리 / 물고기자리

포르퍼스 대주교

신성 드라코니아 교회의 대주교.
전에는 드라코니아에 있는 모든 신도들의 지도자였다.

163cm / 오른손잡이 / 검은 눈 / 검은 머리 / 게자리

미스터 시

세계 최대의 영향력을 가진,
한 번도 들어본 적 없는 조직을 운영한다.

188cm / 왼손잡이 / 파란 눈 / 금발 / 전갈자리

가시철조망
실외

날카롭고 뾰족한 철조망이
성채 전체를 둘러싸고 있다.

보안실
실내

경비들이 다른 모든 방의
CCTV 영상을 보는 곳.

대형 홀
실내

사람들이 둘러앉아 피비린내 나는
평화조약을 체결할 때 쓸 커다란
회의용 탁자가 있다.

철문
실외

악당들이 탑에 들어오지
못하게 막는 거대한 철문.

무기

살인 타로 카드
가벼움 / 종이 소재

목을 그어서 사람을 죽일 수도 있고,
목숨을 위협하는
끔찍한 조언을 할 수도 있다.

거대한 결혼반지
가벼움 / 금속, 피맺힌 역사 소재

세계에서 가장 아름다운 블러드
다이아몬드로 만들었다.
아주 값비싼 너클이나 마찬가지.

무거운 암호책
무거움 / 종이 소재

키워드와 암호가 가득하다.
암호나 두개골을 깰 수 있다.

방사성 암석
무거움 / 정체불명의 물질 소재

끔찍한 무기의 효과로 완전히 변성되었다.
불길한 빛을 은은하게 뿜는다.

전쟁에 대한 평가

**옛 드라코니아를
복원했으면 좋겠다**

모든 전쟁은 비극이다

**붉은 군대가
이겼으면 좋았을걸**

**국제회의가 관리해
주어서 다행이야**

단서

▶끔찍한 조언을 할 수 있는 무기는 가시철조망 근처에 없었다.

▶한 용의자는 국제회의가 이곳을 관리해주어서 기쁜 마음을 이야기하며 결혼반지를 만지작
거렸다.

▶모든 전쟁은 비극이라고 생각한 사람은 가시철조망 근처에 있었다.

▶붉은 군대가 이기지 못해서 아쉬웠던 사람은 보안실에 있었다.

▶첨단기술 전문가 터쿼이즈는 옛 드라코니아의 복원을 바라고 있었다. 세계적인 갑부가 아니
면 아무도 첨단기술 전문가에게 투자하지 않기 때문이다.

▶미스터 시는 무거운 무기를 가지고 있었다.

▶포르퍼스 대주교는 철문 근처에 가지 않았다.

▶전직 드라코니아 총관은 살인 타로로 점을 치면서 무엇이 잘못되었는지 이해하려고 애쓰는
중이었다.

▶오른손잡이 용의자의 손가락에서 방사능의 흔적이 발견되었다.

▶**피해자 옆에서 암호가 적힌 책장이 발견되었다.**

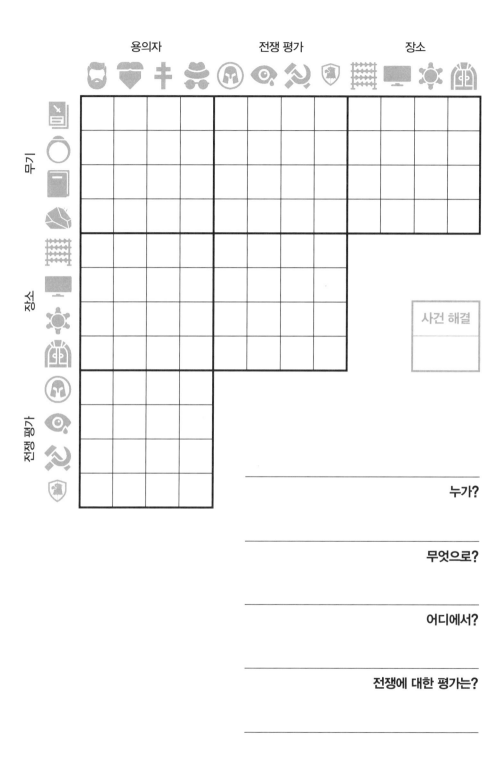

무기

장소

전쟁 평가

사건 해결

누가?

무엇으로?

어디에서?

전쟁에 대한 평가는?

54 | 누가 제일 나쁜 악당일까?

논리탐정 로지코는 세계 최악의 살인자들이 세계 최대의 살인을 저지르려고 세계 최고의 무기를 구입한다는 소식에 무기고를 조사하러 갔습니다. 놀랍게도, 그 무리 안에서 살인이 일어나자 모두가 심히 놀랐습니다.

용의자

데미넌스 자작

추방된 망명자의 중요한 역할 중 하나는 마침내 복귀했을 때
다시 정복에 나설 계획을 짜는 것이다.
데미넌스 자작은 지금 그 일에 열심이다.

157cm / 왼손잡이 / 회색 눈 / 갈색 머리 / 물고기자리

미스터 시

세계 최대의 영향력을 가진,
딱 한 번 들어본 조직을 운영한다.

188cm / 왼손잡이 / 파란 눈 / 금발 / 전갈자리

차콜 두목

옛 시절의 갱 보스. 당시 갱 보스는
그래도 지금보다 의미가 있는 자리였다.

180cm / 오른손잡이 / 갈색 눈 / 검은 머리 / 황소자리

커피 장군

부하들을 죽음의 격전장으로 보내기 전에 항상 모닝커피를
마시는 에스프레소 애호가. 중요한 것은 명예인가, 영광인가,
부인가, 아니면 커피콩에 대한 사랑인가?

183cm / 오른손잡이 / 갈색 눈 / 대머리 / 궁수자리

무장 리무진 차고
실외

최고로 세련된 독재자들을 위한
최고의 무장 리무진을 판다.

스텔스 폭격기
실내

최고의 전쟁 병기.
값을 물어봐야 한다면
그 비용을 감당할 수 없다.

거대한 상자 더미
실외

무기고라면 총, 탄환, 기타 등등이
가득 찬 상자 더미가 있기 마련이다.

도주로
실외

범죄자들이 모이는 곳에는
반드시 필요하다.

무기

훈련된 원숭이
무거움 / 원숭이 몸 소재

원숭이를 사면
발동용 암호를 알려준다.

핵 여행 가방
무거움 / 여행 가방, 핵폭탄 소재

만남이 너무
너무 싫었을 때를 위해.

로봇 개구리
가벼움 / 금속, 전자부품 소재

뛰기도 하고 개굴거리기도 한다.
버튼을 누르면 폭발한다.

찌르는 나이프
보통 무게 / 금속 소재

가장 단순한 무기가
최고일 때도 있는 법이다.

여기에 온 이유

 잉여 제품을 팔려고

 최대한 많은 무기를 사려고

 할인을 받으려고

 그냥 구경하려고

단서

▶ 로봇 개구리는 거대한 상자 더미 옆에 없었다.

▶ 옛 시절의 갱 보스는 무거운 무기를 가지고 있었다.

▶ 로봇 개구리를 가진 사람은 왼손잡이였다.

▶ 잉여 제품을 팔고 싶었던 사람은 거대한 상자 더미 옆에 있었다.

▶ 추방된 망명자는 도주로에 가지 않았다.

▶ 세련된 독재자의 차량 밑에서 로봇 아닌 동물의 눈이 지켜보고 있었다.

▶ 커피 장군은 최대한 많은 무기를 살 계획이었다. 장군은 원래 그런 스타일이다.

▶ 미스터 시는 그냥 구경하러 왔다. 필요한 무기는 이미 조직에 다 있다.

▶ 할인을 받으려던 사람은 무장 리무진 차고에 없었다.

▶ 찌르는 나이프가 스텔스 폭격기에서 발견되었다.

▶ **살해된 살인자 옆에서 만남이 싫은 사람을 위한 무기가 발견되었다.**

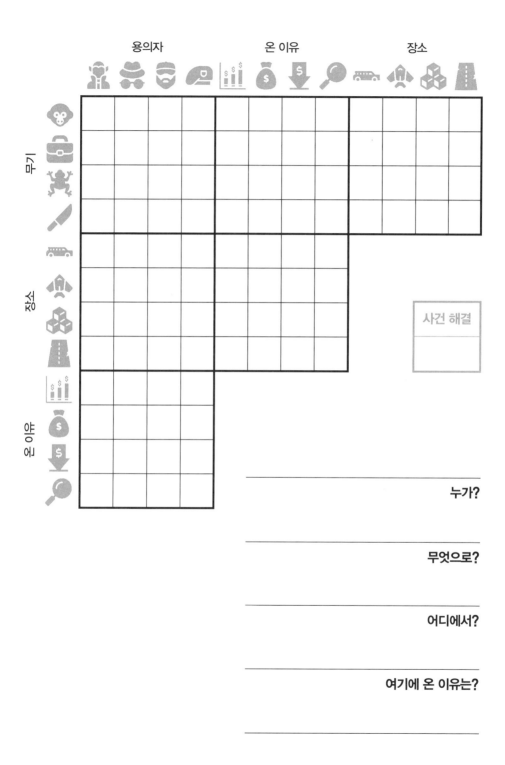

용의자　　　온 이유　　　장소

무기

장소

온 이유

사건 해결

누가?

무엇으로?

어디에서?

여기에 온 이유는?

| # 커피숍에서 일어난 살인 사건

네덜란드로 간 신비탐정 이라티노는 그곳이 아주 마음에 들었습니다. 다만 커피 한 잔을 사려고 하면, 자꾸만 다른 식물을 팔려고 하는 게 불만이었습니다. 커피숍에서 커피보다 시체를 발견하는 게 더 쉬울 정도였습니다. 마침내 두 가지를 한 곳에서 발견했습니다.

용의자

에그플랜트 이사

세대를 대표하는 최고의 기업가 중 하나.
명령받은 일은 무엇이든 한다. 살인까지도.

165cm / 왼손잡이 / 녹색 눈 / 검은 머리 / 염소자리

- -

셀러돈 장관

국방장관. 전쟁 범죄도 꽤 저질렀지만, 좋은 일도 좀 했다!

168cm / 왼손잡이 / 녹색 눈 / 갈색 머리 / 사자자리

- -

건달 세이블

2차 드라코니아 내전에서 모든 것을 잃고 나서
돈 없는 귀족이 되자 건달 세이블이라고 불리기 시작했다.

165cm / 왼손잡이 / 녹갈색 눈 / 검은 머리 / 천칭자리

- -

네이비 제독

네이비 제독의 맏아들인 네이비 제독의 맏아들.

175cm / 오른손잡이 / 파란 눈 / 갈색 머리 / 게자리

커피숍
실내

이라티노가 마신 커피 한 잔은 평범했다.
그런데 계속 다른 식물을
잔뜩 팔려고 했다!

국제회의 본부
실내

중요한 국가들이 전부 모여서
가장 싫어하는 게 누구인지 투표하는 곳.
지금은 뭔가 재판이 벌어지는 것 같다.

튤립 밭
실외

1636년이라면 이 튤립 밭의 가치는
1조 달러 이상이었을 것이다.
지금은 그래도 살 만한 가격이 되었다.

풍차
실외

실제로는 미래적인 풍력발전기인데
고전적인 미니골프장 풍차처럼 생겼다.
미학의 신비!

맛있는 치즈 휠
보통 무게 / 콩 소재

지금껏 먹어본 치즈 중 가장 맛있을 것이다.
그리고 가장 비쌀 것이다.

얇은 네덜란드판 《크라임 퍼즐》
가벼움 / 종이 소재

네덜란드의 《크라임 퍼즐》은 작아서
무기로 쓸 수 없다. 아니, 쓸 수 있나?

체스판
무거움 / 대리석 소재

경기에서 상대를 이길 수 없다면
판으로 깨부수자.

성난 순록
무거움 / 순록 소재

단순히 '성난 순록'이라는 말로는 부족하다.
분노로 가득 찬 순록이다!

대표하는 국가

분리된 미합중국	**텍토피아** (투표권 없음)
신 드라코니아	**옛 프랑스 식민지 국가**

단서

▶ 투표권이 없는 텍토피아를 대표하러 온 용의자는 실내에서 발견되었다.

▶ 성난 순록이 분노에 찬 시선으로 녹갈색 눈을 들여다보고 있었다.

▶ 튤립 밭에 있던 사람이 무거운 무기를 가진 모습은 흥미로운 대치였다.

▶ 분리된 미합중국을 대표한 사람은 선서를 하면서 자기가 주로 쓰는 오른손을 들었다.

▶ 네덜란드판 《크라임 퍼즐》을 읽던 사람은 퍼즐에 몰두하느라 자기를 보낸 옛 프랑스 식민지 국가들을 제대로 대표하지 못했다.

▶ 사자자리인 사람이 국제회의 본부에서 자기가 거기 주인인 것처럼 떵떵거리고 있었다.

▶ 신 드라코니아를 대표하던 사람은 풍차에 가지 않았다.

▶ 에그플랜트 이사는 간식거리로 맛있는 치즈 휠을 가지고 왔다.

▶ **이라티노는 이 커피숍의 살인 사건을 해결하면 할인을 받을 수 있는지 물었지만, 할인은 없다고 했다.**

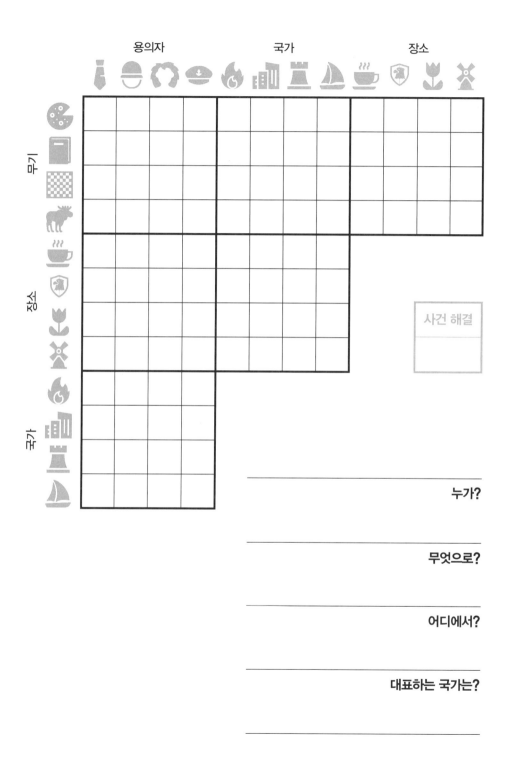

용의자

국가

장소

무기

장소

국가

사건 해결

누가?

무엇으로?

어디에서?

대표하는 국가는?

139

56 | 재판소에서의 죽음

한편, 로지코도 멀지 않은 곳에 있었습니다. 그는 국제 재판소에서 단서를 조사하는 중이었습니다. 국제 재판소는 사람을 수백만 명 규모로 죽인 사람들을 심판하는 곳이었습니다. 하지만 전범 재판이 시작되기도 전에, 로지코는 그 전범이 살해된 사건을 해결해야 했습니다.

용의자

CEO 인디고

CEO 인디고는 독창적인 아이디어, 뛰어난 아이디어를 많이 가지고 있었다. 하지만 불행히도 독창적인 아이디어는 뛰어나지 않았고 뛰어난 아이디어는 독창적이지 않았다.

180cm / 오른손잡이 / 녹색 눈 / 갈색 머리 / 황소자리

셀러돈 장관

국방장관. 전쟁 범죄도 꽤 저질렀다. 하지만 국제 재판소에서는 언급하면 안 된다.

168cm / 왼손잡이 / 녹색 눈 / 갈색 머리 / 사자자리

커피 장군

부하들을 죽음의 격전장으로 보내기 전에 항상 모닝커피를 마시는 에스프레소 애호가. 중요한 것은 명예인가, 영광인가, 부인가, 아니면 커피콩에 대한 사랑인가?

183cm / 오른손잡이 / 갈색 눈 / 대머리 / 궁수자리

아마란스 대통령

프랑스의 대통령. 유권자들, 특히 1%의 특정한 유권자들과 함께 있는 것을 좋아한다.

178cm / 오른손잡이 / 회색 눈 / 붉은 머리 / 쌍둥이자리

배심원석
실내

배심원은
세계 전역에서 선정된다.

판사석
실내

판사는 세계 모든 국가의
투표자들이 선출한다.

방청석
실내

수많은 사람들이 앉아 지켜보면서
보고서에 메모를 적는다.

증인석
실내

증인이 앉는 자리. 역설적이게도 사람들은
증인이 증인석에 선다고 말한다.

양말폰
가벼움 / 인조 가죽, 전자부품 소재

텔레콤 기술이 발달한 결과
이제 구두폰에서 양말폰으로
대세가 바뀌었다.

난해한 조약서 더미
가벼움 / 종이 소재

어려운 법률 용어 때문에
머리가 지끈거린다.

지구본
무거움 / 금속 소재

세계 정복 계획을 세우거나
술을 보관할 때 쓰는 물건.
둘 다 할 수도 있다!

레이저 시계
가벼움 / 금속, 전자부품 소재

이 시계로 레이저를 쏠 수 있다.
그냥 시간을 확인할 수도 있다.

절차상 문제로 무죄

 엄벌 주장

 완전히 무죄

 기권
(주의를 기울이지 않음)

단서

▶ 커피 장군은 앉아 있는 증인 옆에 서 있었다.

▶ CEO 인디고는 엄벌을 원하지 않았다.

▶ 완전히 무죄에 표를 준 용의자는 전자부품 소재가 포함된 무기를 가지고 있었다.

▶ 난해한 조약서 더미를 가지고 있던 사람은 절차상 문제로 무죄로 투표했다!

▶ 엄벌을 원했던 사람은 증인석에 없었다.

▶ 메모를 적고 있던 사람 옆에서 레이저 시계가 발견되었다.

▶ 서툰 법정 속기사가 뒤죽박죽 기록한 내용: 석원심에배 있던 람은사 다잡손른오이.

▶ 셀러돈 장관은 어디를 가도 항상 양말폰을 들고 다녔다.

▶ 아마란스 대통령은 주의를 기울이고 있지 않았기 때문에 기권했다.

▶ **전범의 시체가 판사석에 있었기 때문에 재판정의 질서 유지가 어려웠다.**

용의자　　　　　투표 선택　　　　　장소

무기

장소

투표 선택

사건 해결

누가?

무엇으로?

어디에서?

투표는 어떻게?

신비탐정 이라티노는 다음으로 SPY 요원과 연락원들이 만나는 곳으로 유명한 공원을 살펴보러 갔습니다. 안타깝게도 그곳은 노인이 죽음을 만난 곳이기도 했습니다. 항상 비둘기 먹이를 주던 노인은 이제 벌레 먹이가 되었습니다.

용의자

퓨셔 요원

000번대 요원. 그래서 살인 면허와 탈세 면허가 있다.

173cm / 왼손잡이 / 갈색 눈 / 갈색 머리 / 처녀자리

룰리언 경

최근에 기사로 임명된 섬세한 신사.
항상 흔들고 다니는 공식 기사임명장에 따르면 그렇다.

173cm / 오른손잡이 / 파란 눈 / 붉은 머리 / 사자자리

검은 모자

검은 모자를 쓰는 이유는 악당이어서가 아니라,
악당처럼 보이고 싶어서라고 한다.

178cm / 오른손잡이 / 갈색 눈 / 검은 머리 / 천칭자리

네이비 제독

네이비 제독의 맏아들인 네이비 제독의 맏아들.

175cm / 오른손잡이 / 파란 눈 / 갈색 머리 / 게자리

잠긴 창고
실내

이 잠긴 창고 안에는
어떤 신비한 비밀이 기다리고 있을까?
아, 그냥 낡은 렌치만 잔뜩 있구나.

버려진 우편함
실외

비밀 편지를 주고받을 수도 있고,
원치 않는 광고지를 받을 수도 있다.

낡은 조각상
실외

어느 죽은 사람의 조각상.
분위기에 어울린다.

하수도
실내

허공에서 갑자기 나타나는 것처럼
연출할 때 아주 좋다.

무기

비밀 암호 해독 반지
보통 무게 / 금속 소재

진짜 탐정이라면 누구나 쓴다.
탐정 암호, 논리 암호 등등을
해독할 수 있다.

돈봉투
가벼움 / 종이 소재

누구든 죽이기에 충분한 금액이다.
상대가 봉투 두 개를
내밀지만 않는다면!

돋보기
보통 무게 / 금속, 유리 소재

이라티노에게는 로지코의 돋보기처럼
보이지만, 돋보기가 다 똑같이 생겼겠지.

선언문
가벼움 / 종이 소재

누군가의 목에 구겨 넣으면
질식시킬 수 있다!

여기에 온 이유

비밀 메시지를 남기려고	? 아무 상관도 없는 이유로
✋ 그 비밀 메시지를 가로채려고	비밀 메시지를 가로채는 사람을 훔쳐보려고

 단서

▶네이비 제독은 돋보기를 가져오지 않았다. 시력에 아무 문제도 없었기 때문이다.

▶비밀 암호 해독 반지를 가진 사람은 아무 상관도 없는 이유로 여기에 온 것이 아니다.

▶퓨셔 요원은 하수도 주변을 탐색하고 있었다.

▶검은 모자는 아무 상관도 없는 이유로 여기에 와 있었다.

▶누군가가 돋보기로 비밀 메시지를 가로채는 사람을 훔쳐보고 있었다.

▶갈색 눈 한 쌍이 돈봉투를 하염없이 바라보고 있었다.

▶다음 글자 암호로 적힌 비밀 메시지: 흐비큑 므릍 휼슢 식 길흘(자료 C 참조).

▶논리 코드 해독 장치가 분위기에 어울리는 곳에서 발견되었다.

▶갈색 머리 한 가닥이 버려진 우편함에서 발견되었다.

▶**비둘기를 좋아했던 노인은 낡은 렌치를 손에 든 채로 죽어 있었다.**

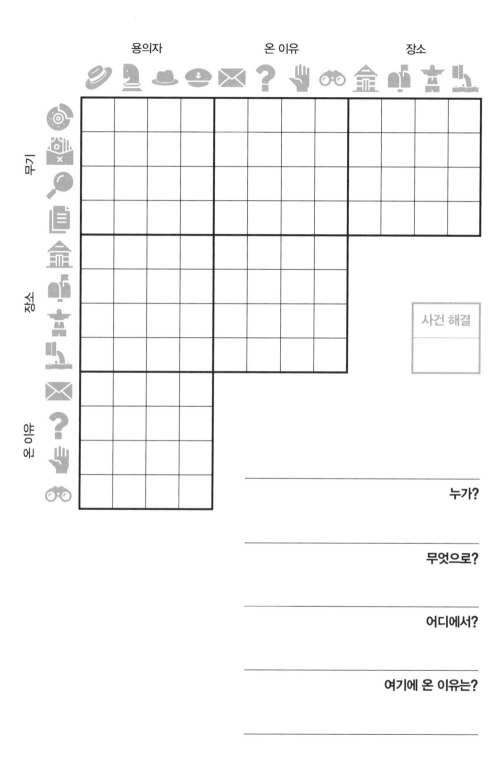

무기

장소

온 이유

사건 해결

누가?

무엇으로?

어디에서?

여기에 온 이유는?

| # 범죄계의 거물이 준 단서 🔍🔍🔍

논리탐정 로지코는 세계에서 가장 강력한 보안을 자랑하는 원형 감옥으로 갔습니다. 그곳에는 세계 최악의 살인마와 해커, 그리고 좌익 반체제 인사들이 갇혀 있었습니다. 로지코는 레드 소령을 만나고 싶었지만, 그전에 교도소장을 죽인 사람이 누구인지 알아내야 했습니다.

용의자

레드 소령

귀족들의 압제에서 드라코니아를 해방시킨 혁명 지도자.
나중에는 드라코니아 사람들이 레드 소령의 압제를 벗어나
소령을 이 감옥에 감금했다.

188cm / 왼손잡이 / 갈색 눈 / 갈색 머리 / 양자리

옵시디언 부인

항상 자기 작품들은 현실을 기반으로 쓰지 않았다고
주장했지만(논란이 많았던 《남편 죽이기》마저도),
결국은 범죄의 꼬투리가 잡힌 걸까?

163cm / 왼손잡이 / 녹색 눈 / 검은 머리 / 사자자리

차콜 두목

옛 시절의 갱 보스. 당시 갱 보스는
그래도 지금보다 의미가 있는 자리였다.

180cm / 오른손잡이 / 갈색 눈 / 검은 머리 / 황소자리

검은 모자

검은 모자를 쓰는 이유는 악당이어서가 아니라,
악당처럼 보이고 싶어서라고 한다. 믿을 수 있을까?

178cm / 오른손잡이 / 갈색 눈 / 검은 머리 / 천칭자리

경비탑
실내

감옥 한가운데의
거대한 경비탑에서는
주변이 모두 보인다.

일반 감방
실내

모든 감방이
거대한 원을 이루며
경비탑을 바라본다.

VIP 감방
실내

부자, 유명인, 대량 살인마 같은
중요한 죄수들이 갇힌 곳.

발코니
실외

발코니가 모든 감방을
두르고 있다.

체스 강의서
보통 무게 / 종이 소재

제일 독하고 강한 체스 선수들이 종일
가장 많이 하는 일은 체스 공부다.

탐정 배지
보통 무게 / 금속 소재

탐정 클럽에 등록된
정식 회원임을 인증하는 배지.

감옥 지도
가벼움 / 종이, 독소 소재

탈출에 꼭 필요하다.
사실은 그냥 길을 찾으려고 해도 필요하다.
잉크에 독이 들어 있다.

폭발하는 물고기
보통 무게 / 물고기, TNT 소재

곧장 헤엄쳐
다가와서 쾅!
철퍼덕!

주차요금 미납	다이아몬드 절도
국제 스파이	살인은 아니고, 우연한 사고로 치사

단서

▶감옥 지도를 가진 사람은 어떤 식으로든 사람을 죽인 죄로 여기에 갇히지 않았다.

▶두 번째로 키가 작은 용의자는 전에… 여하튼 폭발하는 물고기를 가까이하지 않는다.

▶탐정 배지를 가진 사람은 국제 스파이라서 체포되었다.

▶다이아몬드 절도로 체포된 사람은 VIP 감방에 있었다.

▶검은 모자는 자기가 있는 위치에서 주위를 전부 볼 수 있었다.

▶옵시디언 부인은 살인죄로 체포되지 않았다(다른 살인에서도 항상 그랬듯이). 변호사가 사고 라고 주장해준 덕분에 치사죄로 잡혀왔다.

▶감옥 지도를 가진 사람은 주차요금 미납으로 갇히지 않았다.

▶지그재그 암호로 적힌 보고서에 따르면, 레드 소령은 보무무/통계기 하나를 밀반입했다(자료 C 참조).

▶폭발하는 물고기를 가지고 있던 용의자는 눈이 갈색이었다.

▶일반 감방에서 체스 선수들이 좋아하는 도표투성이 책이 발견되었다.

▶**이곳의 교도소장은 발코니 한쪽에 널브러져 있었다.**

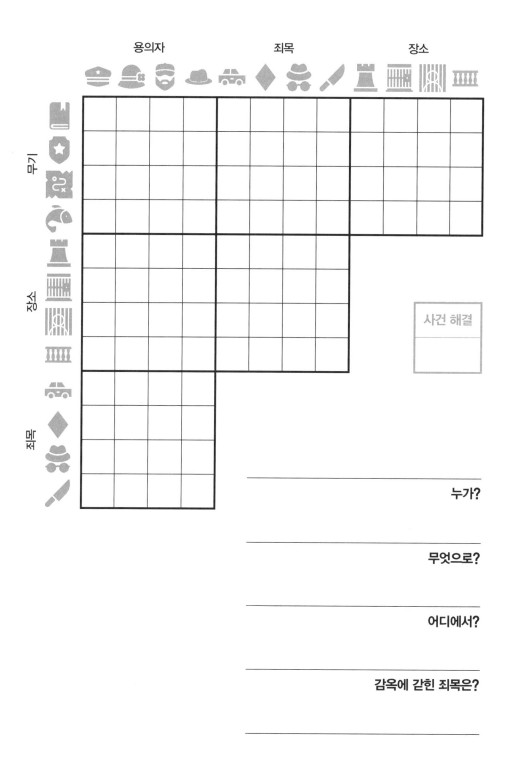

누가?

무엇으로?

어디에서?

감옥에 갇힌 죄목은?

59 | 유전에서 일어나는 흔한 사건

신비탐정 이라티노는 SPY의 지령을 받아 유전에 도착하자마자 기시감을 느꼈습니다. 논리탐정 로지코와 함께 유전 채굴권을 두고 일어난 살인 사건을 해결한 적이 있기 때문입니다. 작업자의 시신을 발견하고 나니 예전의 영광이 조금은 돌아오는 것 같았습니다.

용의자

수비학자 나이트

X의 값도 알고 X의 의미도 안다.

175cm / 왼손잡이 / 파란 눈 / 갈색 머리 / 물고기자리

노조원 민트

전에 노조원 민트를 만난 것은 텍코 퓨처스의 홀로그램 쇼에서였지만, 노조는 옛 시절의 서부에만 존재하는 것이 아니다. 직업이 있는 곳이라면 어디에나 노조원이 있다.

183cm / 왼손잡이 / 갈색 눈 / 갈색 머리 / 염소자리

커피 장군

부하들을 죽음의 격전장으로 보내기 전에 항상 모닝커피를 마시는 에스프레소 애호가. 중요한 것은 명예인가, 영광인가, 부인가, 아니면 커피콩에 대한 사랑인가?

183cm / 오른손잡이 / 갈색 눈 / 대머리 / 궁수자리

셀러돈 장관

국방장관. 전쟁 범죄도 꽤 저질렀다. 셀러돈 학살의 바로 그 셀러돈.

168cm / 왼손잡이 / 녹색 눈 / 갈색 머리 / 사자자리

유정탑
실외

거대한 유정탑에서
지금도 유정을
계속 파고 있다.

사무실
실내

에어컨 설정 온도가
하도 낮아서 유전에서 나온
에너지 대부분을 소비한다.

펌프잭
실외

끊임없이 위아래로 움직이며
지하에서 석유를 뽑아내고 있다.

고대 유적
실외

유전 가장자리에서 보면 지는 해를
배경으로 그림자 같은 윤곽이 드러난다.

선인장
보통 무게 / 셀룰로스 소재

가시 조심.
이걸로 때리는 사람도 조심.

다우징 막대
보통 무게 / 나무 소재

이걸로 물, 기름, 호구를
찾을 수 있다.

볼트와 너트 자루
무거움 / 금속, 캔버스 소재

사람 머리를 후려칠 수도 있고,
살인 로봇을 만들어
죽일 수도 있다.

당근
가벼움 / 채소 소재

야채 중에서
가장 위험하다.

타고 온 차량

 강렬한 붉은색의 컨버터블 | 세계에서 가장 큰 승합차

 사랑스러운 오토바이 | 음침하기 짝이 없는 흰색 밴

단서

▶누군가가 고대 유적 바로 옆에서 사랑스러운 오토바이를 타고 앞바퀴를 들어 보였다.

▶노조원 민트는 보통 무게의 무기를 가지고 있었다.

▶셀러돈 장관은 당근 먹는 사람을 수상하게 여겼다.

▶음침하기 짝이 없는 흰색 밴의 백미러에 갈색 눈이 비쳤다.

▶키가 가장 작은 용의자는 에어컨이 켜진 방에서 어슬렁거렸다.

▶위아래로 움직이는 기계 꼭대기에서 다우징 막대가 발견되었다.

▶수비학자 나이트는 볼트와 너트 자루를 질질 끌고 돌아다녔다.

▶이라티노는 비밀 연락원에게서 다음과 같은 메시지를 받았다 : 당근을 가진 사람이 세계에서 가장 큰 ♌♉♍를 타고 있었다(자료 C 참조).

▶**작업자의 시신은 유정탑 옆에서 발견되었다.**

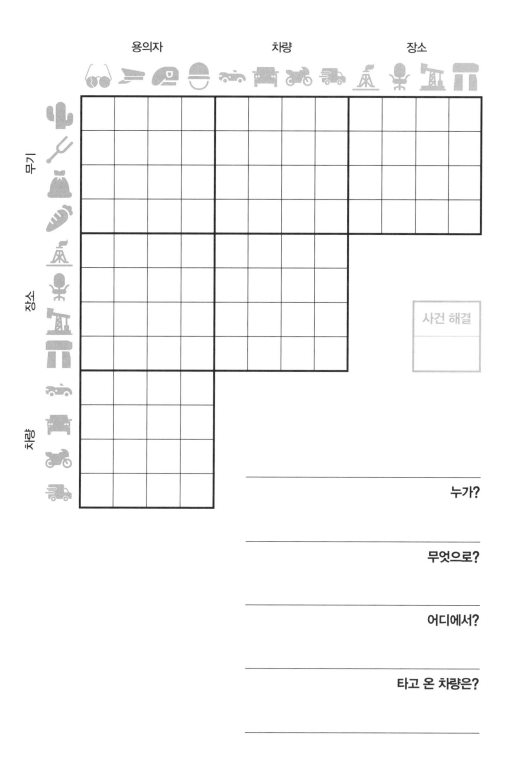

누가?

무엇으로?

어디에서?

타고 온 차량은?

| # 얼어붙은 도시의 얼어붙은 시체

논리탐정 로지코는 오염되고 얼어붙은 호수 옆의 오염되고 얼어붙은 도시로 갔습니다. 모두가 권하는 핫도그를 먹었는데 맛이 너무 끔찍했습니다. 그래서 머리와 배를 진정시키려고 밤중에 거리를 걷다가 시의원의 시체를 발견했습니다.

용의자

차콜 두목

옛 시절의 갱 보스. 당시 갱 보스는 그래도 지금보다 의미가 있는 자리였다.

180cm / 오른손잡이 / 갈색 눈 / 검은 머리 / 황소자리

미스터 시

세계 최대의 영향력을 가진, 이 책에서 두 번 들어본 조직을 운영한다.

188cm / 왼손잡이 / 파란 눈 / 금발 / 전갈자리

허니 시장

깊이 묻힌 비밀들을 알고, 언제나 표를 얻어내는 사람.

183cm / 왼손잡이 / 녹갈색 눈 / 갈색 머리 / 전갈자리

철학자 본

과감하고 어두운 철학자. 자신은 자기 행동에 책임을 질 필요가 없지만 보상은 받아야 한다는 윤리 이론의 선구자.

155cm / 오른손잡이 / 갈색 눈 / 대머리 / 황소자리

얼어붙은 호수
실외

만약 얼음낚시를 간다면…
물고기를 절대 먹지 말 것.
물이 너무 심하게 오염되었다.

유서 깊은 식당
실내

언제나 한결같이
맛없는 음식을 낸다.

눈 덮인 도로
실외

자동차가 언제나 가난한 지역
공연장으로 미끄러져 간다.

저질 맥주 양조장
실내

씁쓸하고, 묵직하고, 따뜻할 때
가장 맛이 좋은 맥주 전문이다.

무기

어느 정치가의 전기
보통 무게 / 종이 소재

가난한 집에서 자랐지만 출세해서
이 도시 최고로 부패한 사람이 되었다.

살인 펭귄
보통 무게 / 조류 부위 소재

조심할 것.
총을 가졌다!

돈봉투
가벼움 / 종이 소재

누구든 죽이기에 충분한 금액이다.
상대가 봉투 두 개를
내밀지만 않는다면!

기념 컵받침
가벼움 / 종이 소재

이걸 어떻게 무기로 쓰는지
감도 안 잡힌다…. 아직은!

🏳 **현직 지도자 지지**	⚙ **기계 파괴**
☭ **혁명 지지**	🧍 **대체로 정치에 무관심**

단서

▶ 미스터 시는 얼어붙은 호수에 없었다.

▶ 철학자 본은 맛없는 음식을 먹고 있었다.

▶ 대체로 정치에 무관심한 사람은 왼손잡이였다.

▶ 어느 정치가의 전기가 따뜻한 맥주 옆에서 발견되었다.

▶ 탐구 협회에서 준 쪽지에 따르면, 미스터 시는 ⅋ △ ♑ 무기를 가지고 있었다(자료 C 참조).

▶ 철학자 본은 이성이 무너질 때면 살인 펭귄이 필요하다는 것을 알고 있었다. 그런데 오늘 이 성이 무너졌다.

▶ 기계를 파괴하고 싶었던 사람은 보통 무게의 무기를 가지고 있었다.

▶ 황소자리인 사람이 기념 컵받침을 가지고 있었다.

▶ 혁명을 지지한 사람은 대머리였다.

▶ 허니 시장은 당연히 현직 지도자를 지지했다.

▶ **시의원 옆에서 돈봉투가 발견되었다.**

	용의자				정치 입장				장소			

무기

장소

정치 입장

사건 해결

누가?

_____

무엇으로?

_____

어디에서?

_____

정치적 입장은?

_____

159

61 | 스트레스와 삶을 피해 간 곳에서

피곤하도록 첩보 활동에 시달렸지만 미래의 텍토피아가 건설될 곳을 찾을 기미가 안 보이자, 신비탐정 이라티노는 이틀 정도 사유지 섬의 호화 휴양지에 가서 쾌적하게 쉬기로 했습니다. 단점은 어부 한 사람이 살해되었다는 것뿐이었습니다.

용의자

퓨셔 요원

지구상의 모든 나라에서 발급된 여권
(그리고 구속영장)이 있는 비밀 요원.

173cm / 왼손잡이 / 갈색 눈 / 갈색 머리 / 처녀자리

미스 사프론

그저 갑부로만 알려진 것이 싫어서 자선 사업에 기부하고,
무도회에 참석하고, 상을 받으며 '착한' 살인자로
인식을 전환하려고 한다. 좋은 일이다!

157cm / 왼손잡이 / 녹갈색 눈 / 금발 / 천칭자리

루비 부인

누구에게나 매력을 발산하는 플레이걸이자
국제적인 보석 도둑. 파티에도, 살인에도 능숙하다!

168cm / 오른손잡이 / 녹색 눈 / 붉은 머리 / 천칭자리

전설의 대스타 실버튼

할리우드 영화의 황금기를 살았고,
지금은 황혼기를 살아가는 대배우.

193cm / 오른손잡이 / 파란 눈 / 은발 / 사자자리

활주로
실외

간단하게 프로펠러기나 빌려서
혼자 한 주 정도 편히 쉬어 볼까.

호화로운 카바나
실내

여기에 머물면서 뒤를 쫓는
조직원들의 눈을 피하자.

깨끗한 해변
실외

아무도 없는 해변에서 경건하게
존재의 의미를 생각해 보자.

직원용 건물
실내

휴양지 전체를 조용하고 매끄럽게
관리하는 직원들이 있는 곳.

다이아몬드 목걸이
가벼움 / 금속, 다이아몬드 소재

공정하게 훔쳐온 것이다.
다이아몬드 하나가 빠졌다!

커다란 고둥 껍데기
보통 무게 / 껍데기 소재

귀에다 대면 바다 소리가 들린다.
머리를 치면 별이 보인다.

훈련된 원숭이
보통 무게 / 원숭이 소재

훈련을 받고 바나나 먹기와 살인술을 익혔다.
그런데 지금 바나나가 떨어졌다.

구명대
보통 무게 / 고무 소재

이걸로 죽는 것도
참 아이러니이겠지.

별점 다섯 개, 불만 없음

 신나게 자랑하고 다녔지만 별점 두 개

⊘ 반복되는 요청도 무시하고 리뷰 안 함

 환불 요구

단서

▶ 퓨셔 요원은 호화로운 카바나에서 쉬고 있었다.

▶ 환불을 요구한 사람은 활주로에서 비행기를 따라 뛰고 있었다.

▶ 바나나 대재난이 일어난 뒤로 직원용 건물은 엄격한 '원숭이 금지' 정책을 실시하고 있다.

▶ 구명대를 가진 사람은 이 휴양지에 온 것을 신나게 자랑하고 다녔지만 리뷰 별점은 두 개를 줬다.

▶ 커다란 고둥 껍데기를 가진 용의자는 은발이었다.

▶ 이라티노가 탐정 암호를 써서 가장 키 작은 용의자가 가지고 있었다고 알려준 것: 곩캬툁 솲 옷시(자료 C 참조).

▶ 루비 부인은 불만 없이 별점 다섯 개를 주었다. 어디든 털어가기 직전에는 리뷰를 그렇게 하는 편이다.

▶ 반복되는 요청도 무시하고 리뷰를 안 한 사람은 깨끗한 해변에 가지 않았다.

▶ **이라티노는 어부의 배에서 다이아몬드 한 알을 발견했다. 살인과 분명 관련이 있을 것이다.**

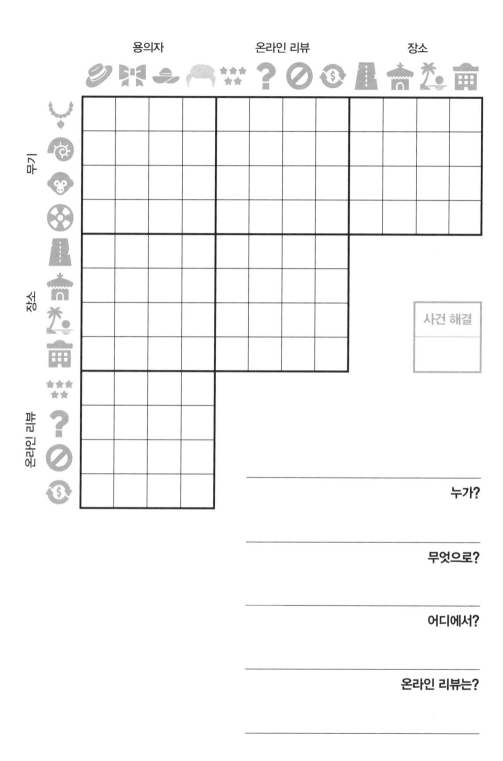

용의자

온라인 리뷰

장소

무기

장소

온라인 리뷰

사건 해결

누가?

무엇으로?

어디에서?

온라인 리뷰는?

62 | 체크메이트, 당신은 죽었습니다!

논리탐정 로지코는 텍토피아로 이어지는 단서를 찾지 못하자 기분을 풀려고 생전 처음 체스복 싱 경기에 출전했습니다. 경기가 아주 재미있었기 때문에, 도중에 심판이 살해되자 군중들이 격분했습니다. 경기를 계속하려면 살인 사건부터 해결해야 했습니다!

용의자

MX. 랜저린

성별 이분법에 들어가지 않는 사람도 얼마든지 살인자가
될 수 있다는 것을 몸소 입증하고 있다.
체스 선수이자 권투 선수이자 용의자.

165cm / 왼손잡이 / 녹갈색 눈 / 금발 / 물고기자리

그랜드마스터 로즈

체스 그랜드마스터. 항상 다음 일을 미리 계획한다.
다음 상대를 제거하는 일까지도!

170cm / 왼손잡이 / 갈색 눈 / 갈색 머리 / 전갈자리

체스복싱 선수 블레이즈

비숍과 오른손을 잘 쓴다.
얼굴에 주먹을 날리는 것이 좋아서 권투를 잘하고,
왕을 죽이는 것이 좋아서 체스를 잘 둔다.

173cm / 오른손잡이 / 녹색 눈 / 금발 / 사자자리

라즈베리 코치

미시시피강 어느 쪽에 있건, 그쪽에서 손꼽히는 유능한 코치.
계속 자기가 무죄라는 쪽에 100달러를 걸려고 한다.

183cm / 왼손잡이 / 파란 눈 / 금발 / 양자리

164

장소

관중석
실내

불법 경기인데도
팬 수천 명이 관중석을 채웠다!

링 바로 옆
실내

말하자면 선수들이 있는 링과 팬들이 있는
관중석 사이의 비무장지대 같은 곳.

옥상 라운지
실외

경기를 구경하기에도 남들의 구경거리가
되기에도 가장 좋은 곳. 명사들과 함께
음료를 마실 수 있을지도 모른다.

링
실내

궁극의 도전,
왕과 주먹의 스포츠가
로프 안에서 펼쳐진다.

무기

대리석 흉상
무거움 / 대리석 소재

사상 최고의 체스 그랜드마스터
몇 명 안에 들어가는 사람의 흉상이다.

위엄 있는 망토
보통 무게 / 실크 소재

한때 정치적으로 대단한 의미가 있었다.
지금은 그냥 망토일 뿐이다.

체스 강의서
보통 무게 / 종이 소재

알아보기 어려운 표와 퍼즐이
가득 찬 책을 누가 사는 걸까?

체스판
무거움 / 대리석 소재

경기에서 상대를 이길 수 없다면
판으로 깨부수자.

아나스타샤 메이트	르갈 메이트
스모더드 메이트	스콜라 메이트

단서

▶체스복싱 선수 블레이즈가 행사장에 입고 온 망토는 위엄 있게 아주 잘 어울렸다.

▶대리석 흉상이 링 바로 옆에 있었거나, 아니면 라즈베리 코치가 르갈 메이트를 좋아했다.

▶스모더드 메이트를 좋아한 사람이 링에 있었다.

▶관중석에서 갈색 눈이 성난 눈을 빛내고 있었다.

▶체스 선수 한 명이 로지코에게 전한 지그재그 암호 메시지: 체판실에발됨/스이외서견(자료 C 참조).

▶대리석 흉상을 가진 사람은 항상 르갈 메이트를 하고 싶어 했다.

▶전갈자리인 사람만이 스콜라 메이트를 좋아할 수 있다.

▶**살인 무기는 체스 강의서였다.**

용의자　　　메이트　　　장소

무기

장소

메이트

사건 해결

누가?

무엇으로?

어디에서?

좋아하는 메이트는?

167

63 │ 세기의 대강도, 금주의 살인

신비탐정 이라티노는 휴양지 섬을 나와 곧 강도가 들지도 모를 미술관에 갔습니다. "들지도 모를"이라는 말은 틀렸습니다. 사실은 살인 타로 점을 봐서 강도가 들 것이라는 사실을 알고 있었습니다. 경비소장이 방금 살해된 것도 결코 좋은 징조라고 할 수 없었습니다.

용의자

커다란 바위를 머리 위로 들어올릴 수 있다.
그리고 남의 머리에 내리칠 수 있다!

190cm / 왼손잡이 / 파란 눈 / 금발 / 황소자리

조그만 토프

거액의 상속 재산을 미술에 쓰는 것도 좋은 소일거리다.
하지만 미드나이트 삼촌이라면 훔친 예술품이 돈으로 산 것보다
더 많을 수도 있지 않을까? 그것도 어찌 보면 굉장한 일이다.

173cm / 왼손잡이 / 파란 눈 / 갈색 머리 / 궁수자리

미드나이트 삼촌

아무리 000번대 요원이라도 미술관 강도 면허는 받을 수 없다.
살인은 마음껏 할 수 있지만.

173cm / 왼손잡이 / 갈색 눈 / 갈색 머리 / 처녀자리

퓨셔 요원

최근에 기사로 임명된 섬세한 신사.
항상 흔들고 다니는 공식 기사임명장에 따르면 그렇다.

173cm / 오른손잡이 / 파란 눈 / 붉은 머리 / 사자자리

룰리언 경

신예 화가 전시실
실내

이곳은 경비를 하지 않는다.
이 화가들은 작품이 강도를 당하면
오히려 이익이 되기 때문이다.

선물 가게
실내

모든 물건이 비싸지만 이 건물 안의
다른 것들에 비하면 아주 싼값이다.
경비도 거의 하지 않는다.

옥상 정원
실외

정원에서 차를 마실 수도 있고,
도주용 헬리콥터에 오를 수도 있다.

명화 전시실
실내

레이저, 모션 센서,
로봇 경비견이 이곳을 지킨다.

미술 붓
가벼움 / 나무, 털 소재

명작을 그릴 수도 있고,
흠을 잡는 사람의 눈을 찌를 수도 있다.

1980년대 휴대폰
무거움 / 플라스틱, 전자부품 소재

1980년대 자동차 중에 이보다
가벼운 것도 있다. 지금 기준으로 보면
고대 기술이다.

안료희석제 캔
보통 무게 / 금속, 독소 소재

독성이 있고 증기가 치명적이다.
심지어는 좋은 그림을 망칠 수도 있다.

사나운 거위
보통 무게 / 깃털, 위험 소재

이 책 전체에서 가장 사나운 무기.
사나운 거위를 조심하자!

전문 좀도둑	가게에서 딱 한 번 검을 훔침
11인조 강도 전문가	습관성 소매치기

단서

▶ 가장 사나운 무기를 가져온 사람은 가게에서 딱 한 번 검을 훔친 경력이 전부라서 보완이 필요하다고 생각했을 것 같았다.

▶ 명작을 만드는 도구가 도주용 헬리콥터 옆에서 발견되었다.

▶ 룰리언 경은 11인조 강도 전문가 팀에 들어가고 싶었지만 그러지 못했다!

▶ 퓨셔 요원이 가져온 1980년대 휴대폰은 고전적인 SPY 지급품이었다!

▶ 소매치기 습관이 있던 사람은 옥상 정원에 가지 않았다.

▶ 신예 화가 전시실에 있던 사람은 왼손잡이였다.

▶ 황소자리인 사람이 명화 전시실에 있었다.

▶ 전문 좀도둑이 선물 가게에 있었다.

▶ **경비소장의 몸에서 치명적인 증기가 퍼지고 있었다.**

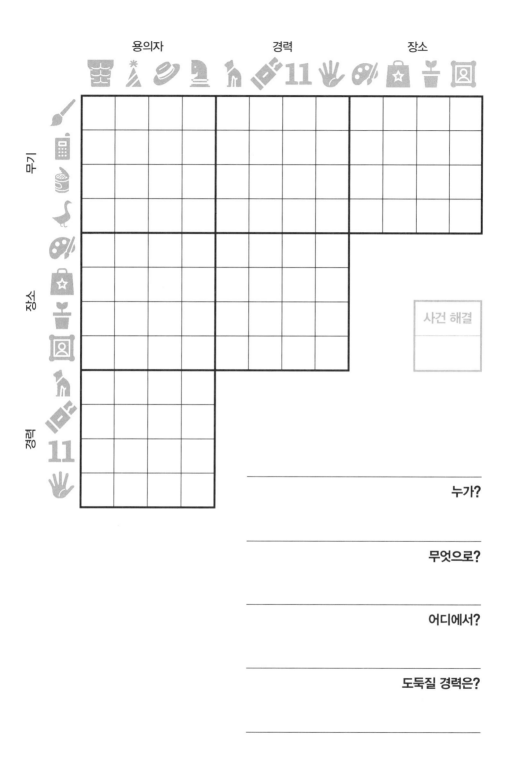

사건 해결

무기

장소

경력

누가?

무엇으로?

어디에서?

도둑질 경력은?

K-POP 콘서트 현장의 살인자!

논리탐정 로지코는 SPY의 지령에 따라 대한민국으로 가서 세계 최고 밴드의 콘서트를 관람했습니다. 로지코는 일곱 명의 군무를 보면서, 신비탐정 이라티노가 함께 있다면 참 좋았겠다고 생각했습니다. 음반 제작자가 살해되어 살인 사건을 해결해야 했기 때문입니다.

용의자

미드나이트 삼촌

미드나이트 삼촌은 살인 사건으로 강도 계획이 취소되자
조용히 숨어 지내려고 이 콘서트장에 왔다.

173cm / 왼손잡이 / 파란 눈 / 갈색 머리 / 궁수자리

조그만 토프

조그만 토프가 콘서트장에 가면 뒷자리 사람이 불행해진다.
혹시 시비라도 걸어서 심기를 건드린다면 더더욱 불행해진다.

190cm / 왼손잡이 / 파란 눈 / 금발 / 황소자리

배경의 마렝고

기억에 전혀 남지 않게 생겼다.
그래서 엑스트라로서도, 살인자로서도 아주 유리하다.

165cm / 왼손잡이 / 갈색 눈 / 갈색 머리 / 쌍둥이자리

CEO 인디고

좋은 CEO라면 누구나 그렇듯이, 인디고는 남에게 돈을 주고
시킬 수 없는 경우에만 직접 살인을 한다. 값을 너무 높게 부르는
사람이 있으면 다른 사람에게 돈을 주고서 죽이라고 시킨다.

180cm / 오른손잡이 / 녹색 눈 / 갈색 머리 / 황소자리

앞줄
실외

이 줄에 있는 사람들이 비명을 지르며
마구 날뛰고 있다. 역시 팬이다.

보안용 해자
실외

공연자들의 안전을 위해 거액을 들여
진짜 해자를 팠다.

뒷줄
실외

제일 나쁜 자리가 1,000달러나 된다.
도둑놈들!

무대
실외

언제든 관중이 난입해서
공연자들을 뭉갤 수 있다.

전기 실로폰
무거움 / 금속, 전자부품 소재

지금 시장에서 가장 비싸면서
가장 사용 빈도가 낮은 악기.

어쿠스틱 기타
보통 무게 / 대체로 나무 소재

파티 랩을 부르기 전
슬프고 잔잔한 노래를 부를 때 쓴다.

피아노
무거움 / 나무, 상아 소재

이제는 피아노에 깔려 죽는 사람이 별로
많지 않다. 적어도 조금 전까지는 그랬다.

벗겨진 전선
가벼움 / 금속 소재

절대로 접촉하고 싶지 않다.
너무 짜릿하다!

어떤 팬인가

히트곡만 좋아함		열성적인 광팬
오늘 처음 들어봄		모르는 척하지만 모든 앨범을 구매함

단서

▶벗겨진 전선을 가진 사람은 그 밴드를 오늘 처음 들어보았다.

▶초강력 보안의 지그재그 암호를 이용해서 팩스로 전달된 메시지: 인고히곡좋하사/디는트만 아는람(자료 C 참조).

▶미드나이트 삼촌은 보안 시설을 점검하고 있었다.

▶조그만 토프는 뒷줄에 없었다. 너무 심하잖아?

▶키가 가장 작은 용의자는 공연자들이 공연을 하는 곳에 있었다.

▶조그만 토프는 의심의 여지없이, 확실하게, 절대로, 열성적인 광팬이다.

▶어쿠스틱 기타는 보안용 해자가 아닌 곳에서 되찾았다.

▶사용 빈도가 가장 낮은 악기가 1,000달러짜리 좌석에 놓여 있었다.

▶앞줄에 있던 사람은 무거운 무기를 가지고 있었다.

▶**믿거나 말거나, 음반 제작자는 피아노에 깔려서 죽었다.**

174

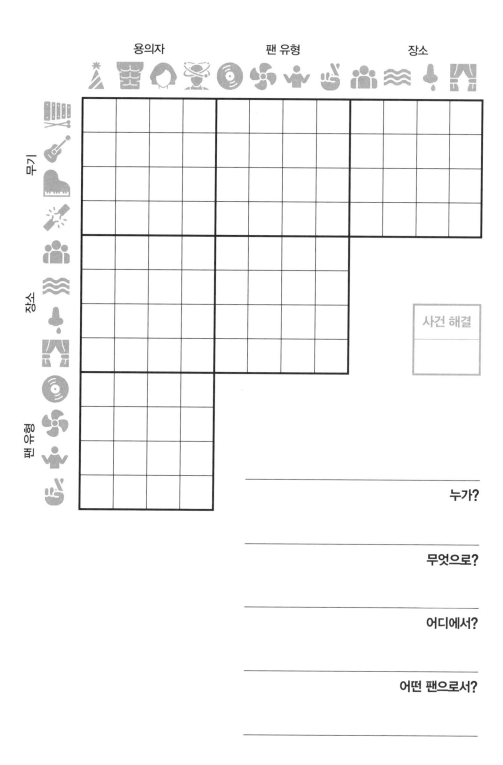

용의자   팬 유형   장소

무기

장소

팬 유형

사건 해결

누가?

무엇으로?

어디에서?

어떤 팬으로서?

175

신비탐정 이라티노는 SPY의 최근 명령을 무시하고, 자기가 좋아하는 펭귄과 아무도 설명할 수 없는 수수께끼의 지진파를 조사하려고 남극 과학기지로 갔습니다. 도착해 보니 조사할 것이 하나 더 생겨 있었습니다. 과학자 한 명이 살해되었기 때문입니다!

용의자

리드 총관

자유 드라코니아에서 가장 많은 공포와 가장 적은 사랑을 받는 공무원이었지만 지금은 그냥 일반인이다. 그래서 살기가 힘들다.

188cm / 오른손잡이 / 갈색 눈 / 검은 머리 / 처녀자리

글라우 학장

추리 대학의 무슨 학부 학장.
하는 일이라면, 일단 돈을 다루고….

168cm / 오른손잡이 / 갈색 눈 / 갈색 머리 / 처녀자리

조그만 토프

조그만 토프는 가짜 콧수염을 달고서 자기가
방금 K–POP 콘서트에서 사람을 죽인 것을
이라티노가 알아볼까 봐 마음을 졸이는 중이다.

190cm / 왼손잡이 / 파란 눈 / 금발 / 황소자리

철학자 본

과감하고 어두운 철학자. 자신은 자기 행동에 책임을 질 필요가 없지만 보상은 받아야 한다는 윤리 이론의 선구자.

155cm / 오른손잡이 / 갈색 눈 / 대머리 / 황소자리

탁구실
실내

마음을 식히기에도 좋지만,
서먹함을 깨는 일에 더 자주 쓰인다.
스낵도 있다!

얼어붙은 황무지
실외

혹독한 야생의 광야.
장점이라면 혼자 시간을
보낼 수 있다는 것 정도.

과학실
실내

연구 시설이라면 하나씩은 꼭 있다.
과학 연구를 하는 곳.

숙소
실내

모든 사람이 믿기 어려울 만큼
포근한 담요를 덮고 자는 곳.

정동석
보통 무게 / 광물 소재

아마도 안쪽에 아름다운
광물이 있겠지만, 이걸로 누굴 때려
쪼개보기 전에는 알 수 없다.

계산기
보통 무게 / 플라스틱, 전자부품 소재

복잡한 수학 문제를 풀 수도 있고,
뒤집힌 글자를 쓸 수도 있다.

독이 든 병
가벼움 / 유리, 독소 소재

독이 든 평범한 병이다.
고전적인 방법을 무시하지 말 것.

너무나 뜨거운 커피
가벼움 / 세라믹, 화학약품 소재

평생 마신 것 중 최고로
뜨거운 커피이자 인생의 마지막 커피!

좋아하는 동물

	위험천만한 북극곰		**커다란 친구 바다코끼리**
	귀여운 아기 물개		**턱시도 신사 펭귄**

단서

▶ 철학자 본은 정동석을 가지고 온 사람에게 반했다.

▶ 리드 총관은 커다란 친구 바다코끼리의 사진을 아무리 모아도 질리지 않았다.

▶ 귀여운 아기 물개를 사랑한 사람은 과학실에 있었다.

▶ 탁구를 치던 사람은 몽상 속에서 턱시도의 신사라고도 불리는 펭귄을 그리고 있었다.

▶ 너무나 뜨거운 커피를 마시던 사람은 북극곰을 좋아했다.

▶ 독이 든 병은 지난번의 소동 때문에 과학실 반입이 금지되어 있다.

▶ 계산기가 포근한 담요 밑에서 발견되었다.

▶ 이라티노가 중요한 단서를 서둘러 적는 바람에 뒤죽박죽 섞인 글: 우라글 학이장 병을독 옴 져가.

▶ **이라티노가 발견했을 때, 과학자의 시신은 완전히 얼어붙은 상태였다.**

용의자   동물   장소

무기

장소

동물

사건 해결

_____

누가?

_____

무엇으로?

_____

어디에서?

_____

좋아하는 동물은?

_____

66 | 로마에서는 어느 길로 가나요?

논리탐정 로지코는 로마에 내려서 공항의 모습에 놀랐습니다. 혼란스러울 줄은 알았지만 이 정도일 줄은 몰랐습니다. 공항에는 뭐든지 있었습니다. 서점, 아름다운 조각상, 시체… 잠깐, 시체라고요?! 로지코의 전문 분야가 나왔습니다. SPY는 잠시 미뤄두기로 했습니다.

용의자

시뇨르 에메랄드

이탈리아의 저명한 보석상. 희귀 보석을 찾아 세계를 여행하며, 주머니에서 수시로 보석을 흘린다.

173cm / 왼손잡이 / 갈색 눈 / 검은 머리 / 궁수자리

브론즈 운전사

이 사람도 귀족이다.
뒷자리에 타고 다니는 사람들은 어떤 사람들일까.

178cm / 오른손잡이 / 갈색 눈 / 금발 / 물병자리

미스터 시

세계 최대의 영향력을 가진, 탐정 아닌 대부분의 사람들은
한 번도 들어본 적 없는 조직을 운영한다.

188cm / 왼손잡이 / 파란 눈 / 금발 / 전갈자리

검은 모자

검은 모자를 쓰는 이유는 악당이어서가 아니라,
악당처럼 보이고 싶어서라고 한다.
글쎄, 아무리 봐도 악당인 것 같은데?

178cm / 오른손잡이 / 갈색 눈 / 검은 머리 / 천칭자리

공항 서점
실내

훌륭한 살인 미스터리 퍼즐을 살 수도 있고,
수도사들이 삽화를 넣어 만든
수제본 도서를 살 수도 있다.

공항 관제탑
실내

보석 박힌 창문과 공중 정원이 있는
황금의 탑. 아, 비행기를
인도하는 사람들도 있다.

아름다운 조각상
실내

다른 나라라면 이런 작품은 박물관이나
부자의 저택에서만 볼 수 있을 것이다.

활주로
실외

활주로마저 대리석이라니,
너무 사치스러운 것 아닐까.

다이아몬드 목걸이
가벼움 / 금속, 다이아몬드 소재

이 책 전체에서 가장 비싼 무기일 것이다.
다이아몬드 하나가 빠져 있다!

샴페인 잔
가벼움 / 유리, 독소 소재

깨서 사람을 찌를 수도 있고,
그냥 독이 든 샴페인을 따를 수도 있다.

고전 회화
무거움 / 캔버스, 나무 소재

무거운 액자는 사람을 죽인다. 하지만 그림도
주의를 분산시키는 효과가 있다!

항공권
무거움 / 황금 소재

금으로 만든 황금 항공권. 값도 비싸고
살인에 써도 좋을 만큼 무겁다.

수하물에 섞어 밀항 무산계급과 함께 이코노미석

 날개에 탑승 일단은 일등석

단서

▶공항 서점에 있던 사람은 가벼운 무기를 가지고 왔다.

▶브론즈 운전사는 운전사로 버는 수입 대부분을 들여 다이아몬드 목걸이를 구입했다. 그 목걸이는 여러 번의 살인에 쓰인 후로 가치가 더 올라갔다.

▶검은 모자는 날개에 탑승하는 표를 사지 않았다. 날개 위를 피하려고 특별 요청을 넣었다.

▶고전 회화는 공항 관제탑에 없었다.

▶샴페인 잔을 가진 사람은 표가 없어서 수하물에 섞어 밀항했다.

▶이탈리아의 저명한 보석상은 일단은 일등석 표를 가지고 있었다.

▶로지코가 전보로 받았지만 뒤죽박죽 섞여 있던 메시지: 은검 는자모 서에로활주 목됨격.

▶무산계급과 함께 이코노미석 표를 산 사람은 보석 박힌 창문에서 밖을 내다보고 있었다.

▶**시체는 마치 잔혹한 피에타처럼 아름다운 조각상 위에 늘어져 있었다.**

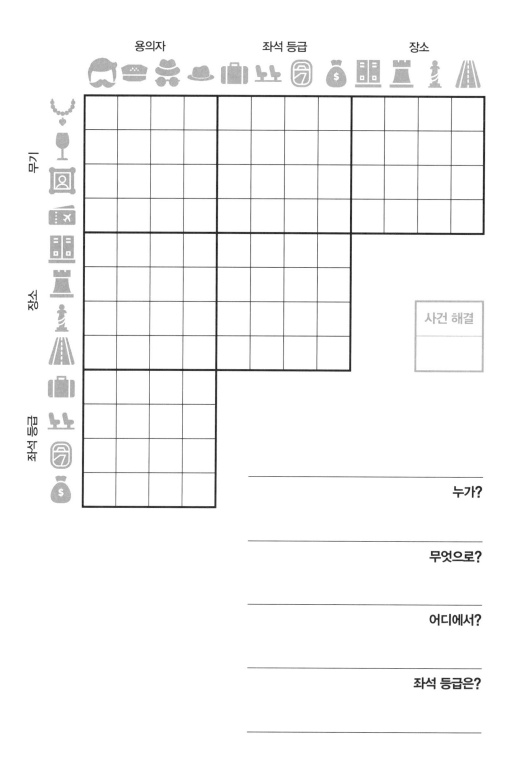

누가?

무엇으로?

어디에서?

좌석 등급은?

183

67 | 리틀 드라코니아의 빅 뉴스

SPY에서 다음으로 신비탐정 이라티노를 보낸 곳은 어느 도시의 리틀 드라코니아였습니다. 드라코니아 본토를 무척 닮은 곳이었습니다. 모두가 서로를 죽이려고 드는 점이 특히 그랬습니다. 지금까지 성공한 사람은 하나뿐이지만, 그 사건은 앞으로 다가올 일의 징조 같았습니다.

용의자

샴페인 동무

세계 곳곳에서 최고의 발포 와인을 마시며
공산주의 메시지를 전하는 것이 최고의 기쁨이다.

180cm / 왼손잡이 / 녹갈색 눈 / 금발 / 염소자리

레이디 바이올렛

전에는 바이올렛 제도의 주인이었지만,
이제는 바이올렛 제도 관광부를 책임진다.

152cm / 오른손잡이 / 파란 눈 / 금발 / 처녀자리

핵 블랙스턴

드라코니아를 배경으로 한 영화 시나리오를 쓸 생각이다.
뭐, 누군들 안 그럴까?

183cm / 오른손잡이 / 갈색 눈 / 대머리 / 궁수자리

조그만 토프

조그만 토프는 드라코니아에서 오랜 시간을 보냈기 때문에
이곳에서도 추억에 잠긴다. 그중에는 살인의 추억도 있을까?

190cm / 왼손잡이 / 파란 눈 / 금발 / 황소자리

공원
실외

철의 차르 조각상이 부서진 자리에
레드 소령의 조각상이 섰었지만,
그것도 이제 부서졌다.

근처 도서관
실내

책장에 거미줄이 덮였다.
이제 살인 미스터리 퍼즐 책을 빼고는
아무도 책을 읽지 않는다!

드라코니아식 식당
실내

드라코니아 사람이라면 훨씬 맛있고
값도 싼 비밀 메뉴를 먹을 수 있다

마을 회관
실내

오래된 망명자들과 새로 온 난민들이
격렬하게 싸우는 곳. 살인까지도
심심치 않게 일어날 것 같다.

골동품 화승총
보통 무게 / 금속, 나무 소재

드라코니아 내전을 시작한
은 탄환을 발사했던 총이다.

나무 말뚝
보통 무게 / 나무 소재

뱀파이어도 죽이고 인간도 죽일 수 있다.
하지만 가시는 조심할 것.

드라코니아 돈이 든 서류 가방
보통 무게 / 가죽 소재

돈의 가치가 없어진 것은 지폐에 그려진
콧수염 때문이 아니라 인플레이션 때문이다.

커다란 붉은 책
보통 무게 / 종이 소재

레드 소령의 저서. 지배자가 없는
세상을 논한다(물론 저자는 예외).

매운 보르시 곱빼기

 어제 사서 오늘 다시 덥힌
테이크아웃 국수

 평범한 수입 미제 햄버거

 맛있고 지속 가능성 높은
공산주의 감자

▶샴페인 동무는 커다란 붉은 책을 가져와 과시하듯 들고 다녔지만 결코 읽지는 않았다.

▶접객원이 지그재그 암호로 남긴 메모에 따르면, 나무 말뚝을 가져온 사람이 먹은 음식은 '평한입제거/범수미버'였다(자료 C 참조).

▶매운 보르시 곱빼기는 드라코니아식 식당의 특별 메뉴였으니, 그걸 먹던 사람도 식당 안에 있었을 것이다.

▶골동품 화승총이 근처 도서관의 속 빈 책에서 발견되었다.

▶키가 가장 큰 용의자는 아무 가치도 없는 돈을 잔뜩 가지고 있었다.

▶조그만 토프는 드라코니아식 식당에 들어간 적이 없다. 문이 너무 작았기 때문이다.

▶어제 사서 오늘 다시 덥힌 테이크아웃 국수를 먹던 사람은 마을 회관에 있었다.

▶핵 블랙스턴은 맛있고 지속 가능하다는 공산주의 감자를 먹었지만 마음에 들지 않았다. 자본주의자였기 때문이었을까.

▶시체는 철의 차르 조각상이 있던 곳에서 떨어졌다.

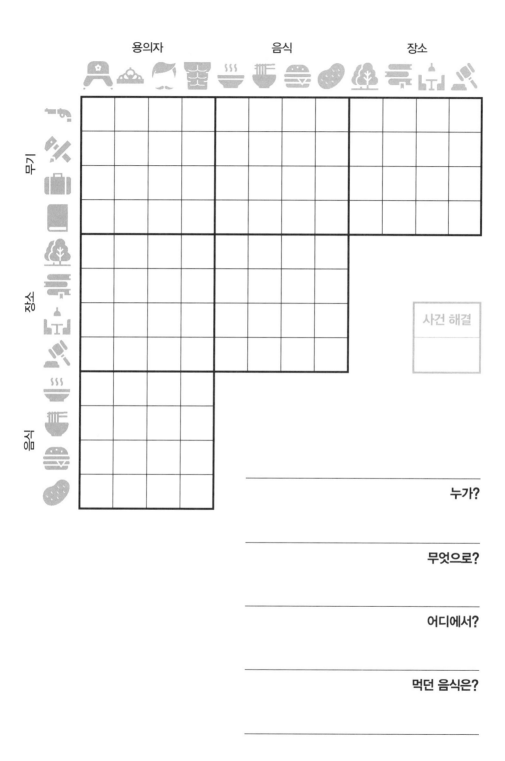

무기

장소

음식

사건 해결

누가?

무엇으로?

어디에서?

먹던 음식은?

68 | 살인과 도로가 교차하는 곳

논리탐정 로지코는 언제나 방어 운전을 했습니다. 교통법을 잘 지키는 것은 물론이고, 교통이 암시하는 것에도 충실히 따랐습니다. 다음 번 SPY 지령을 따르는 도중에 도로에서 살해된 사람이 생기자, 로지코는 정체된 김에 얼른 사건을 해결하기로 했습니다.

용의자

루비 부인

누구에게나 매력을 발산하는 플레이걸이자 국제적인 보석 도둑. 감옥을 간단하게 탈출했다. 박물관 몇 곳은 바로 보안을 강화했다!

168cm / 오른손잡이 / 녹색 눈 / 붉은 머리 / 천칭자리

브론즈 운전사

이 사람도 귀족이다.
뒷자리에 타고 다니는 사람들은 어떤 사람들일까.

178cm / 오른손잡이 / 갈색 눈 / 금발 / 물병자리

퓨셔 요원

OOO번대 요원. 확실하게 하자면,
이 자격은 SPY에서 발급된 것이고 관련 정부는
공식적으로 아는 바가 전혀 없다.

173cm / 왼손잡이 / 갈색 눈 / 갈색 머리 / 처녀자리

스키 프로 선플라워

천사처럼 아름답다.
고산 지대라 아찔해서 그렇게 보이는 걸까?

175cm / 왼손잡이 / 갈색 눈 / 금발 / 천칭자리

진입 차선
실외

중상을 입을 수 있는 속도에서
즉사할 수 있는 속도로 가속하는 곳.

빠른 차선
실외

제한 속도가 다른 차선과 같다.
공식적으로는 그렇다.

접근로
실외

불법 만남을 가지기에는
최고로 좋지만 무규칙 경주를
하기에는 최악인 곳.

느린 차선
실외

사실 사람들이 '느린 차선'이라고
말할 때 그것은
'과속하지 않는 차선'이라는 뜻이다.

무기

상자 스패너
보통 무게 / 금속 소재

타이어를 교환하거나
사람의 생사를 바꿀 때 유용하다.

지팡이
보통 무게 / 나무 소재

이라티노가 좋아하는 지팡이처럼 생겼다.
이게 왜 도로에 있는 걸까?

1980년대 휴대폰
무거움 / 플라스틱, 전자부품 소재

1980년대 자동차 중 이보다 가벼운 것도 있다.
지금 기준으로 보면 고대 기술이다.

예비 타이어
무거움 / 고무, 금속 소재

아주 무거운 고무 둔기!

	조그만 스쿠터		평생 본 것 중에서 제일 굉장한 오토바이
	1997년 타코벨 배트모빌 대회 우승 차량		최대 충전된 개조 밴

단서

▶예비 타이어를 가지고 있던 사람은 자주 쓰는 오른손으로 타이어를 가는 중이었다.

▶1980년대 휴대폰을 가진 사람은 눈이 녹색이었다.

▶상자 스패너를 가진 사람은 갈색 머리였다.

▶최대 충전된 개조 밴을 몰던 사람은 물병자리였다.

▶퓨셔 요원은 빠른 차선에서 차를 몰고 있지 않았다.

▶평생 본 것 중에서 제일 굉장한 오토바이를 탄 사람은 진입 차선에 있었다.

▶지팡이는 느린 차선에서 발견되었지만, 그렇게까지 느리게 가도 되는 차선은 아닌 것 같다.

▶스키 프로 선플라워는 1997년 타코벨 배트모빌 대회 우승 차량을 타고 있었다.

▶탐정 클럽 연락원이 탐정 암호로 로지코에게 남긴 메시지: 허벗 리 릂 슛싀버픂 쩌큠 머앞슼 니젖(자료 C 참조).

▶**시체는 접근로에 널브러져 있었다.**

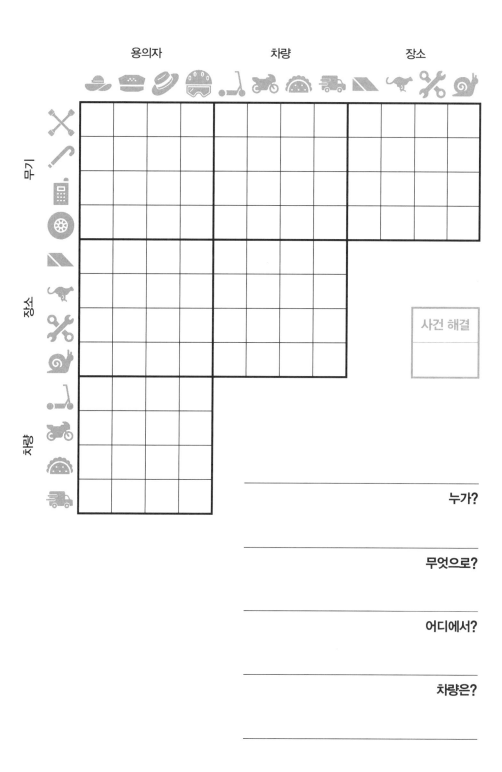

용의자

차량

장소

무기

장소

차량

사건 해결

누가?

무엇으로?

어디에서?

차량은?

191

69 | 파리에서 마지막 시위를

신비탐정 이라티노는 SPY의 지령에 따라 아마란스 대통령을 만나러 빛의 도시 파리로 갔습니다. 도착해보니 시위 군중이 거리를 가득 메우고 있었습니다. 책임자를 잡아 끌어내리자는 시위였습니다. 그리고 한밤중에 책임자가 잡혔습니다. 아마란스 대통령이 죽었습니다!

용의자

세계 곳곳에서 최고의 발포 와인을 마시며
공산주의 메시지를 전하는 것이 최고의 기쁨이다.

180cm / 왼손잡이 / 녹갈색 눈 / 금발 / 염소자리

샴페인 동무

세계를 다니며 신의 돈으로 신의 일을 하는 수녀.
캐시미어와 소비를 손에서 놓지 못한다.

157cm / 오른손잡이 / 갈색 눈 / 갈색 머리 / 게자리

라피스 수녀

조그만 토프는 이곳이 힘들다. 키가 크고 근육이 탄탄하고
자신감이 넘치는 사람의 고충을 이해하는 사람이 많지 않다.

190cm / 왼손잡이 / 파란 눈 / 금발 / 황소자리

조그만 토프

과감하고 어두운 철학자. 자신은 자기 행동에 책임을 질
필요가 없지만 보상은 받아야 한다는 윤리 이론의 선구자.

155cm / 오른손잡이 / 갈색 눈 / 대머리 / 황소자리

철학자 본

192

고대 유적

실외

도시 전체에 고대 유적이 잔뜩 있다.
불길한 분위기가 풍긴다.

바리케이드

실외

역사적으로 중요한
국가 유산이라서 없앨 수 없다.

바스티유

실내

유럽은 대도시마다 이런 거대한
요새 감옥 탑이 있는 것 같다.

센 강

실외

지금은 너무나 심하게 오염된 강이다.
마시거나, 수영하거나, 만지거나,
쳐다보지 말 것.

무기

단두대

무거움 / 금속, 나무 소재

영구적인 문제를
해결하기 위한 임시방편.

선언문

가벼움 / 종이 소재

누군가의 목에 구겨 넣으면
질식시킬 수 있다!

신문지로 감싼 쇠지레

보통 무게 / 종이, 금속 소재

뉴 이지스 타임스를 외국에서도
배포하는 걸까?

돌이 된 사과

보통 무게 / 돌 소재

과일 더미
밑바닥에 있었다.

	위정자는 죽이되 정부는 유지		권력을 장악하고 공포를 심기
	하하, 전부 불태워버리자!		온건한 개혁

단서

▶권력을 장악하고 공포를 뿌리려던 사람은 바리케이드에 가지 않았다.

▶센 강의 물 때문에 신문지의 잉크가 번졌다.

▶경찰이 철학자 본의 주머니에서 종이를 발견했다. 종이 소재로 된 무기를 가지고 있었을까?

▶단두대에 있던 사람이 지그재그 암호로 적어 둔 정치적 목표: 권을악고포심/력장하공를기(자료 C 참조).

▶게자리인 사람이 바스티유에 있었다. 어째서인지 정치가의 표어처럼 들린다. 아닌가?

▶위정자를 죽이되 정부는 유지하고 싶었던 용의자는 금속 소재로 된 무기를 가지고 있었다.

▶돌이 된 사과에서 오른손잡이 용의자의 지문이 발견되었다.

▶온건한 개혁을 하고 싶었던 사람은 눈이 파란색이었다.

▶**전 대통령의 시신은 고대 유적에 얽힌 인형처럼 보였다.**

		용의자				정치 목적				장소		
무기												
장소												
정치 목적												

사건 해결

_____

누가?

_____

무엇으로?

_____

어디에서?

_____

정치적 목적은?

_____

| # 런던 탐구 협회도 안전하지 않다!

런던으로 간 논리탐정 로지코는 탐구 협회 런던 본부 사람들을 만나 인사를 나누었습니다. 수비학자 나이트가 설명했습니다. "중앙 본부가 닫혔을 때 런던 지부로 옮겨왔어요." 하지만 불행히도 누군가가 막 지부 관리자를 죽였습니다.

용의자

라벤더 경

보수적인 귀족원 의원.
히트 뮤지컬 〈길고양이들〉의 작곡가이기도 하다.

175cm / 오른손잡이 / 녹색 눈 / 반백 머리 / 처녀자리

그레이 백작

유서 깊지만 조금 덜 오래된 그레이 백작가의 후손.
사실 이 이력은 자기가 날조해 냈다. 강에다 쓰레기를 버릴 때
문득 생각해내고 실행에 옮긴 것이다.

175cm / 오른손잡이 / 갈색 눈 / 백발 / 염소자리

버밀리온 공작부인

크고 오래된 비밀을 간직한 키 크고 나이 많은 여성.
만약 살인자라면, 이번이 처음은 아닐 것이다.

75cm / 왼손잡이 / 회색 눈 / 백발 / 물고기자리

수비학자 나이트

X의 값도 알고 X의 의미도 안다.

175cm / 왼손잡이 / 파란 눈 / 갈색 머리 / 물고기자리

하이드 파크
실외

인종차별에 반대하거나 찬성하는
연설을 잔뜩 들을 수 있다.

탐구 협회 런던 본부
실내

전에는 성 한 채를 썼지만 지금은
펜트하우스에 있다.
임대료는 열 배로 올랐다.

런던 탑
실내

최고의 요새, 감옥, 보석 금고,
관광지를 하나로 뭉쳐놓은 곳.

빅 벤
실내

세계에서 가장 큰 시계. 아쉽게도
누군가가 매 정각마다 알람을 맞춰놓았다!

사나운 거위
보통 무게 / 깃털, 위험 소재

역사적으로, 사나운 거위는
대영제국에서 즐겨 쓰는 무기였다.

왕홀
무거움 / 금속, 훔친 보석 소재

원래 여왕의 홀이었지만 여왕은 죽었다.
저주받은 물건이 아닐까!

동전 자루
무거움 / 캔버스, 금속 소재

받아줄 사람만 찾는다면
고액 재산이 된다.

곰 가죽 깔개
무거움 / 곰 소재

거의 확실히 곰의 유령이 깃들었을 것이다.
"우우! 우우!" 하는 소리가 들린다.

197

10위 이내(진짜)

 100만 번째 전후

 마지막 순위

 법적으로 왕위 계승이 금지됨

단서

▶ 런던 탑에서 왕홀이 발견되었다.

▶ 염소자리인 사람이 왕홀을 가지고 있었다.

▶ 로지코는 빅 벤을 샅샅이 뒤졌지만 돈자루는 고사하고 동전 한 푼도 찾을 수 없었다.

▶ 탐정 암호로 로지코에게 전달된 메시지: 훗벷조싚슢 잌페새(자료 C 참조).

▶ 계승 마지막 순위에 있던 사람은 빅 벤을 둘러보고 있었다.

▶ 계승 순위가 100만 번째 전후에 있는 사람은 오른손잡이였다.

▶ 라벤더 경은 자기는 왕위 계승의 마지막 순위가 아니라고 단호하게 말했다. 감히 그런 생각을 하다니!

▶ 사나운 거위를 들고 있던 사람은 법적으로 왕위 계승이 금지되었다.

▶ 왼손잡이인 용의자가 아무도 받아주지 않을 고액 재산을 가지고 있었다.

▶ 물고기자리인 사람이 하이드 파크에 있었다. 아마도 백일몽을 꾸며 배회하고 있었겠지.

▶ **시체는 탐구 협회 런던 본부에서 발견되었다.**

	용의자	계승 순위	장소

무기

장소

계승 순위

사건 해결

_____

누가?

_____

무엇으로?

_____

어디에서?

_____

왕위 계승 순위는?

_____

199

71 | 살인까지 앞으로 10, 9…

논리탐정 로지코와 신비탐정 이라티노가 텍토피아를 찾는 일에 우주 정거장을 써도 되느냐고 묻자 SPY는 이상하게 미적거렸습니다. 다행히도 로지코와 아는 사이인 우주국 사람이, 먼저 부국장이 살해된 사건을 해결해주면 로켓을 빌려주겠다고 했습니다.

용의자

커피 장군

부하들을 죽음의 격전장으로 보내기 전에 항상 모닝커피를 마시는 에스프레소 애호가. 중요한 것은 명예인가, 영광인가, 부인가, 아니면 커피콩에 대한 사랑인가?

183cm / 오른손잡이 / 갈색 눈 / 대머리 / 궁수자리

에그플랜트 이사

세대를 대표하는 최고의 기업가 중 하나.
명령받은 일은 무엇이든 한다. 살인까지도.

165cm / 왼손잡이 / 녹색 눈 / 검은 머리 / 염소자리

악녀 앰버

다국적 범죄 조직을 운영하고, 재미로 사람을 죽이고,
강아지를 싫어하고, 혼돈을 사랑한다.

165cm / 오른손잡이 / 파란 눈 / 갈색 머리 / 궁수자리

검은 모자

검은 모자를 쓰는 이유는 악당이어서가 아니라,
악당처럼 보이고 싶어서라고 한다. 그 말을 믿을 사람도 있겠지?

178cm / 오른손잡이 / 갈색 눈 / 검은 머리 / 천칭자리

스페이스 셔틀
실내

성공을 장담한 것치고는 강력 테이프로
감은 부분이 너무 많은 것 같다.

발사 패드
실외

로켓이 점화될 때
결코 있어서는 안 될 곳.

우주의 진공
실외

아무도 비명 소리를 들을 수 없다. 하지만
우주에서 비명을 질러야 한다면 이미 큰일이다.

우주 정거장
실내

공식적으로는 존재하지 않는 곳.
비공식적으로 말하자면, 아주 비싸다.

무기

광선총
가벼움 / 금속, 전자부품 소재

SF에 나오는 초강력 무기일까,
그냥 빛만 뿜어내는 총일까.

행운의 운석
보통 무게 / 광물 소재

로또를 사자.
이 운석은 행운이 깃들어 있으니까!

대형 배터리
무거움 / 금속, 전자부품 소재

100볼트로 우주용 장비들에 전력을
공급할 수도 있고, 사람을 죽일 수도 있다!

우주인 식량
가벼움 / ??? 소재

동결 건조 식량.
맛이 없고, 비싸고, 독이 들었다.

히피다운 물고기자리

 모험을 좋아하는 궁수자리

 권력에 미친 사자자리

 독립적인 물병자리

(달을 기준으로 한 별자리로, 해를 기준으로 한 별자리와는 다를 수 있다!)

단서

▶커피 장군 아니면 악녀 앰버가 우주 정거장에 있었다.

▶우주 정거장의 광선총 금지 규정은 아무도 어기지 않는다.

▶태음궁이 히피다운 물고기자리인 사람은 우주 정거장에 없었다.

▶다음 글자 암호로 적혀 도착한 우주국 보고서: 스비귝 버귤녀 얏하잇녀 식 힐(자료 C 참조).

▶100볼트 전기가 아무도 비명 소리를 들을 수 없는 곳에서 발견되었다.

▶태음궁이 히피다운 물고기자리였던 사람은 눈이 파란색이었다.

▶동결 건조 음식에서 왼손잡이의 지문이 발견되었다!

▶태음궁이 독립적인 물병자리인 용의자는 실내에 갇혀 있을 사람이 아니었다.

▶태음궁이 모험을 좋아하는 궁수자리인 사람은 스페이스 셔틀에 있었다.

▶**부국장의 시신은 발사 패드에서 발견되었다.**

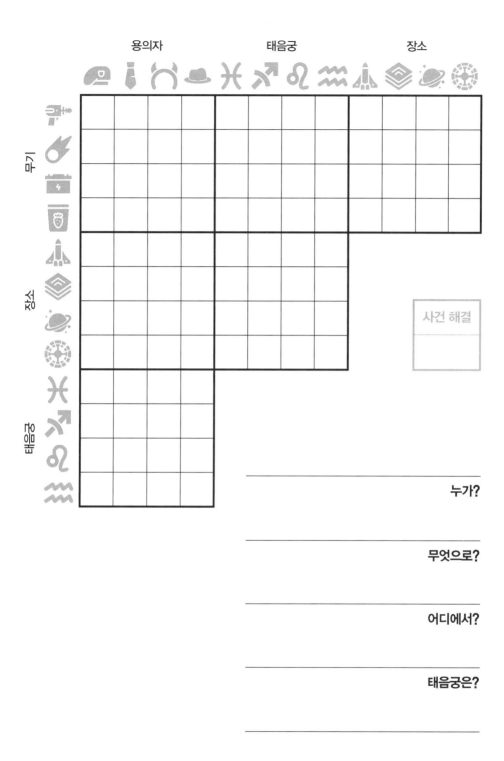

용의자　　　태음궁　　　장소

무기

장소

태음궁

사건 해결

누가?

무엇으로?

어디에서?

태음궁은?

논리탐정 로지코와 신비탐정 이라티노가 수상한 시설에 도착해보니, 그곳은 텍토피아 예정지가 아니라 SPY 비밀 기지였습니다. 그곳은 어딘가 잘못된 것 같았습니다. 일단, 이중 첩자의 시체가 보였습니다.

용의자

악녀 앰버

다국적 범죄 조직을 운영하고, 재미로 사람을 죽이고, 강아지를 싫어하고, 혼돈을 사랑한다.

165cm / 오른손잡이 / 파란 눈 / 갈색 머리 / 궁수자리

황금 주먹

황금 손을 달았고, 쓰는 방법도 안다. 주로 구타용으로 쓴다.

173cm / 오른손잡이 / 녹갈색 눈 / 금발 / 황소자리

퓨셔 요원

000번대 요원. 그래서 살인 면허와 탈세 면허가 있다.

173cm / 왼손잡이 / 갈색 눈 / 갈색 머리 / 처녀자리

첨단기술 전문가 터쿼이즈

기술 전문가의 입장에서, 미래에는 기술로 모든 문제를 해결할 수 있으니 현재의 노동 조건은 걱정할 필요가 없다고 설파한다.

173cm / 오른손잡이 / 파란 눈 / 반백 머리 / 물고기자리

비밀 미사일 사일로
실외

이 미사일만으로는 세계를 파괴할 수
없겠지만, 세계의 반응으로는 파괴할 수 있다.

지하 용광로
실외

빙하가 줄어드는 원인은
지구 온난화 다음이 이 시설이다.

우주포
실외

기지 위에 떠 있다.
지구상의 누구든, 몇 명이든
죽일 수 있다.

방송 위성
실외

우주에서 지성체를 찾고 있다.
우리를 위해서는
성공하지 않는 편이 좋겠지.

빨간 버튼
가벼움 / 플라스틱, 전자부품 소재

검은색의 작은 플라스틱 조각 위에
큰 빨간색 버튼이 있다. 살인에 쓰는 물건.

훈련된 펭귄
무거움 / 펭귄 부위 소재

토막 지식: 펭귄들은 집사로 일하곤 했다.
턱시도가 펭귄처럼 생긴 것도 그 때문이다.

독이 든 핫초코
가벼움 / 세라믹, 물, 초콜릿, 독 소재

잔뜩 마시고 마지막으로
따뜻한 배를 느껴보자.

투명 밧줄
보통 무게 / 섬유 소재

연구개발 비용만 10억 달러가 들었다.
멋지다는 것은 부정할 수 없다.

비밀 임무

 살인한 후에 붙잡히기

 SPY를 세상에 확실히 알리기

 무슨 수를 써서라도 기지 폐쇄

 그냥 곤란할 때 곤란한 곳에 있었을 뿐

단서

▶독이 든 핫초코를 가져온 사람은 살인한 후에 붙잡히는 것이 임무였다.

▶누군가 피타고라스 암호로 빨간 버튼의 발견 장소를 써서 로지코에게 전달한 메시지: 81 33 63 71 82 81(자료 C 참조).

▶작은 턱시도처럼 생긴 생물이 비밀 미사일 사일로의 그림자 속에 도사리고 있었다.

▶악녀 앰버가 방송 위성의 손잡이들을 만지작거리고 있었다. 분명 나쁜 일을 계획하고 있었을 것이다.

▶빨간 버튼을 가진 사람은 그냥 곤란할 때 곤란한 곳에 있었을 뿐이다.

▶퓨셔 요원의 임무는 무슨 수를 써서라도 기지를 폐쇄하는 것이었다.

▶첨단기술 전문가 터쿼이즈는 빙하가 줄어드는 두 번째 주요 원인 옆에 서 있었다.

▶황금 주먹이 눈에 안 보이는 밧줄을 가지고 다니는 모습이 목격되었다.

▶**시신은 우주포를 향한 망원경 옆에서 발견되었다.**

용의자   비밀 임무   장소

무기

장소

비밀 임무

사건 해결

_____

누가?

_____

무엇으로?

_____

어디에서?

_____

비밀 임무는?

_____

| **SPY 본부의 탄생**

회상: SPY 창립자는 텍코 퓨처스의 사악한 계략을 저지하려고 찾아갔지만, 살아서 나오지 못했습니다. 그런 숙달된 000번대 요원을 죽인 건 누구였고, 어떤 사악한 계획을 추진하는 중이었을까요?

용의자

검은 모자를 쓰는 이유는 악당이어서가 아니라,
악당처럼 보이고 싶어서라고 한다.

검은 모자

178cm / 오른손잡이 / 갈색 눈 / 검은 머리 / 천칭자리

여러 해 전, 퓨셔 요원이 000번대 요원이 되기 전의 이야기다.
그는 마음속으로는 언제나 000번대 요원이었다.

일반인 퓨셔

173cm / 왼손잡이 / 갈색 눈 / 갈색 머리 / 처녀자리

텍코 퓨처스의 부사장. 메타버스 텍토피아를 추진하는 몽상가.
CEO 인디고의 이번 주 관심사(예를 들면 영문자 Y)에도 열심이다.

모브 부사장

173cm / 오른손잡이 / 갈색 눈 / 검은 머리 / 황소자리

누구에게나 매력을 발산하는 플레이걸이자 국제적인 보석 도둑.
루비 부인이라는 이름답게 루비를 능숙하게 훔쳐낸다.

루비 부인

168cm / 오른손잡이 / 녹색 눈 / 붉은 머리 / 천칭자리

옥상 정원
실외

지금껏 본 적이 없는 색을 내도록
유전자 조작된 식물들이 가득하다.

화장실
실내

대리석으로 만든 거대한 화장실.
여기를 쓰는 시간은 업무 시간에서 제외한다.

펜트하우스 사무실
실내

벽에 텍코 CEO 인디고의
사진이 덮여 있다.

불길한 오벨리스크
실내

마케팅 자료에는 안테나로 소개되어 있지만,
무시무시한 고대 유물처럼 생겼다.

무기

바주카 넥타이
보통 무게 / 비밀 소재

의복형 무기의 고전.
첫 피해자는 이 무기의 발명가였다.

폭발하는 부분 가발
보통 무게 / 가발, 폭탄 소재

나이 든 첩보원은 머리가 벗겨진 부분을
이걸로 가리고 다니다가 필요할 때
악당에게 던질 수 있다.

사악한 고양이
무거움 / 털, 분노 소재

여러 해 전부터
사악한 천재의 무릎에 앉아
보고 배운 것이 많다.

로켓 바지
보통 무게 / 바지, 로켓 소재

제트팩의 시대는 갔다. 신기술이 여기에 있다.
이걸로 날 수 있을 뿐만이 아니라,
발로 차면 맞은 사람이 죽는다.

계획

SPY를 영원히 폐쇄	SPY를 장악
SPY를 상장기업으로 등록	그냥 혼란과 동요

단서

▶ 키가 가장 큰 용의자는 사악한 고양이를 데려온 사람과 어린 시절 친구였다.

▶ 폭발하는 부분 가발이 불길한 오벨리스크에서 발견되었다. 이제 오벨리스크가 무지 키 크고 음산한 사람처럼 보인다.

▶ SPY를 영원히 폐쇄하려고 했던 사람은 천칭자리였다.

▶ 일반인 퓨셔는 그냥 혼란과 동요를 일으키고 싶었다.

▶ 로켓 바지를 가진 사람은 SPY를 장악할 생각이었다.

▶ 신비탐정 이라티노가 탐구 협회에서 펜트하우스에 있었던 사람의 별자리에 관해 받은 정보:
♍♍♏♐(자료 C 참조)

▶ 보고에 따르면, 루비 부인은 옥상 정원에 있었다.

▶ 검은 모자는 SPY를 상장기업으로 등록하고 싶었다.

▶ **SPY 최초의 요원은 화장실에 가서 다시는 나오지 못했다!**

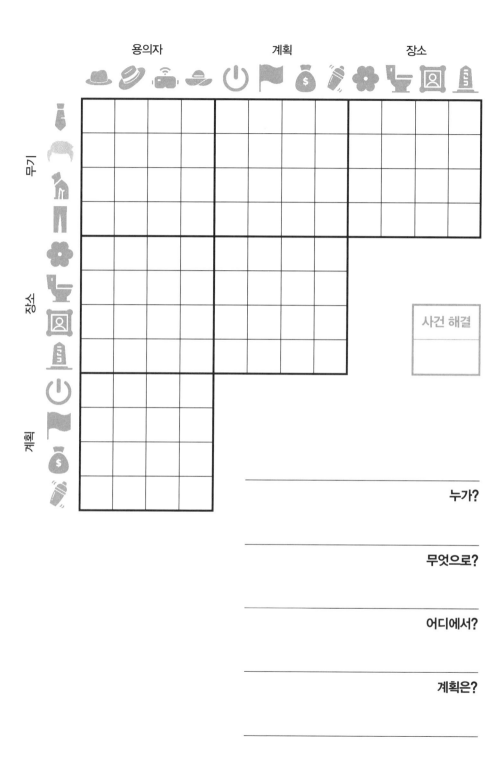

누가?

무엇으로?

어디에서?

계획은?

74 | 하늘을 날아 살인을 향해!

신비탐정 이라티노는 방금 알아낸 텍토피아 건설 예정지로 가는 준전용기 좌석 두 개를 샀습니다. 목이 부러질 듯이 빠른 속도로 세계를 다니는 도중에 불운한 사고가 생겼습니다. 조종사가 살해된 것입니다. 이제 비행기를 조종할 줄 아는 사람은 살인범밖에 없었습니다!

용의자

슬레이트 대위

우주비행사. 달의 뒷면을 탐험한 최초의 여성이자, 우주선 부조종사 살인 혐의를 받은 최초의 인물.

165cm / 왼손잡이 / 갈색 눈 / 갈색 머리 / 물병자리

네이비 제독

네이비 제독의 맏아들인 네이비 제독의 맏아들.

175cm / 오른손잡이 / 파란 눈 / 갈색 머리 / 게자리

망고 신부

청빈의 맹세를 했지만 BMW를 몰고,
순종의 맹세를 했지만 25세의 부하가 있고,
순결의 맹세도 했기 때문에 휴가를 떠났다.

178cm / 왼손잡이 / 갈색 눈 / 대머리 / 황소자리

미드나이트 삼촌

돈이나 직업 걱정 없이 매일같이 세계를 여행하며 하고 싶은 것들을 한다. 그것도 보기보다는 힘들다.

173cm / 왼손잡이 / 파란 눈 / 갈색 머리 / 궁수자리

객실
실내

모든 좌석이 널찍한 소파다.
발을 뻗고 낮잠을 잘 수 있다.

화물칸
실내

캐리어가 하나같이 명품이다.
수하물 제한을 한참 넘었다.

조종실
실내

퇴폐적이라고 느껴질 만큼 호화롭다.
조종사가 VR로 비행기를 조종한다.

날개
실외

이상하게 생긴 모양 덕분에
두 배로 빠르고 절반만큼만 안전하다.

무기

리튬 배터리
보통 무게 / 금속, 전자부품 소재

리튬을 캐다가 이미 많은 사람이 죽었다.
한 명쯤 더 죽는다고 큰 차이가 있을까?

무거운 토사물 봉투
무거움 / 종이, 독소 소재

안을 들여다보지 말 것.
그런 건 평생 안 보는 편이 좋다.

《크라임 퍼즐 368》
보통 무게 / 종이 소재

진짜 출간본이 아니라 예상 결과물을
AI로 생성한 것.

벗겨진 전선
가벼움 / 금속 소재

절대로 접촉하고 싶지 않다.
너무 짜릿하다!

사랑하는 이들에게 전화

 낙하산 확보

 신에게 용서를 구함

 전력으로 순수하게 당황

단서

▶심하게 무거운 토사물 봉투가 화물칸에서 발견되었다.

▶벗겨진 전선을 가지고 있던 사람은 사랑하는 이들에게 전화를 걸었다. 하지만 좋은 말은 하지 않고 무례한 소리만 했다.

▶《크라임 퍼즐 368》을 가지고 온 사람은 전력으로 순수하게 당황하는 반응을 보이지 않았다.

▶슬레이트 대위는 신에게 용서를 구하기 시작했다. 무엇에 관한 용서를 빌었을까?

▶날개에 사람이 있다! 게다가 대머리다!

▶탐구 협회의 수비학자들이 무선으로 보낸 암호 메시지: 31 62 81 52 13 62 81 52 62 21 71 62 41 62 51 81 53 21 11 62 63 11 71 63 41(자료 C 참조).

▶17세에 은퇴한 용의자는 AI로 생성된 책을 가지고 있었다(사건 1: 스키 리조트의 살인 참조).

▶배터리의 산성 용액 때문에 조종사의 얼굴에 상처가 났다.

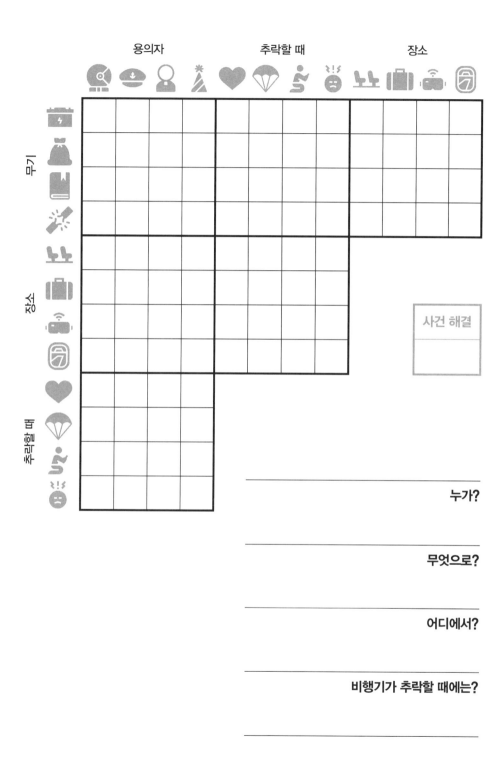

누가?

무엇으로?

어디에서?

비행기가 추락할 때에는?

| # 안전모를 썼어야지

건설 현장은 지평선까지 뻗은 것처럼 보였습니다. 마치 거대한 촉수 괴물처럼 기계가 이어져 있었습니다. 논리탐정 로지코과 신비탐정 이라티노는 책임자를 찾으려고 주위를 둘러봤습니다. 하지만 현장 책임자에게서는 한 마디도 들을 수 없었습니다. 이미 죽었기 때문입니다.

용의자

허니 시장

건설 현장에서도 시장이 될 수 있을까?
건설 현장에 거주 등록을 하고 선거에 나갈 수 있을까?
친구에게 그런 중요한 질문을 던진다.

183cm / 왼손잡이 / 녹갈색 눈 / 갈색 머리 / 전갈자리

카퍼 경관

범죄자가 경찰일 때 좋은 점은, 중간책을 제거해서
자기가 맡은 범죄 수사를 망칠 수 있다는 것이다.

165cm / 오른손잡이 / 파란 눈 / 금발 / 양자리

충돌시험의 애프리콧

남들이라면 치명적이었을 사고를
32번이나 버텨낸 스턴트 운전사!

175cm / 오른손잡이 / 녹색 눈 / 갈색 머리 / 사자자리

CEO 인디고

주로 생계와 가족의 건강보험으로 위협해서
직원들의 충성도를 높인다.

180cm / 오른손잡이 / 녹색 눈 / 갈색 머리 / 황소자리

공사용 도로
실외

이 도로를 제때 짓기 위해서 지방 공무원
몇 명을 매수해야 했을까? 0명은 아님!

거대한 서까래들
실외

강철 빔과 서까래들이 격자처럼 엮여
코끼리 무덤처럼 하늘로 뻗어 있다.

근처 산
실외

살인이 두 건 이상 일어난 산.
기억할 수 있을까?

깊은 구멍
실외

어둠 속으로 뻗어 있다.
바닥에 붉게 빛나는 것이 보인다.
지옥불일까, 아니면 작업용 불빛일까?

수정구
무거움 / 수정 소재

들여다보면 미래가 보인다.
미래에 그 수정구가 될 사람에게는.

철근
보통 무게 / 금속 소재

긴 모양의 금속. 이보다 더 무기 같을 수 없다.
주로 시멘트 가루와 함께 사용된다.

지구본
무거움 / 금속 소재

세계 정복 계획을 세우거나 술을 보관할 때
쓰는 물건. 둘 다 할 수도 있다!

안전모
보통 무게 / 금속 소재

구명대나 건강 식단 같은 역설적인
무기들의 긴 계보를 잇는다.

지출을 충당할 만큼만	24/7/365/65 (과로로 일찍 사망)
평생 단 하루도 일하지 않음	1초도 넘기지 않고 오전 9시에서 오후 5시까지

단서

▶1초도 넘기지 않고 오전 9시에서 오후 5시까지 일하는 사람은 근처 산에 있었다.

▶충돌시험의 애프리콧은 지구본을 가지고 다음 스턴트 계획을 짜는 중이었다.

▶CEO 인디고는 임원답게 평생 단 하루도 일한 적이 없다.

▶평생 단 하루도 일하지 않은 사람에겐 안전모가 없다. 그 점을 이해해야 한다!

▶수정구를 가진 사람은 오전 9시에서 오후 5시까지 일하지 않았다. 그보다 일을 더했을 수도 있고 덜했을 수도 있지만.

▶로지코가 받은 지그재그 암호 메시지: 깊구에전가었/은명안모있다(자료 C 참조).

▶키가 가장 작은 용의자는 수정구를 지그시 바라보고 있었다.

▶지출을 충당할 만큼만 일하는 사람은 공사용 도로를 돌아다니고 있었다.

▶**공사 현장 책임자의 시신은 거대한 서까래들에 널려 있었다.**

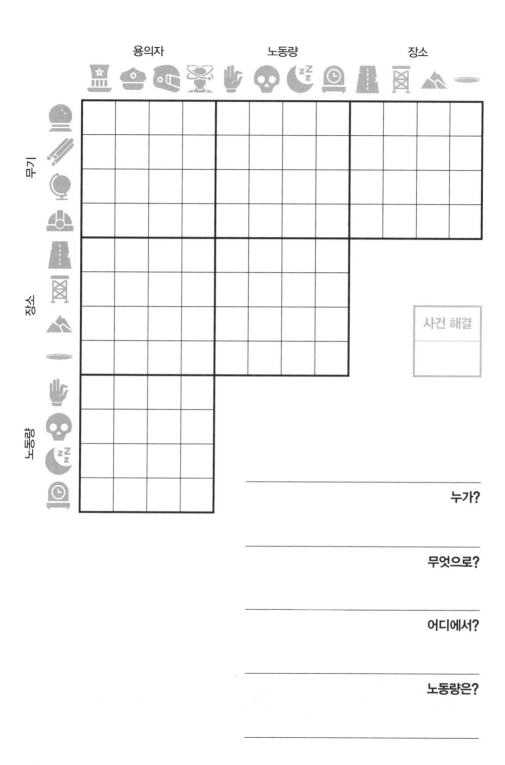

용의자

노동량

장소

무기

장소

노동량

사건 해결

누가?

무엇으로?

어디에서?

노동량?

219

논리탐정 로지코와 신비탐정 이라티노는 텍코 요원들에게 둘러싸여 텍토피아 체크인 센터로 갔습니다. CEO 인디고가 말했습니다. "분명 마음에 들 겁니다. 일단 겪어보기만 하면 말이죠." 로지코가 외쳤습니다. "억지로 끌고 오면 안 되는 거였죠!" CEO 인디고는 동요하지 않았습니다. "물에 빠져 죽어가는 사람이 구하러 온 사람에게 반항하는 일도 있는 법이죠. 그 사람을 그냥 죽게 둬야 할까요? 장담하는데, 우리 모리아티 AI가 최적의 행복과 즐거움을 이룩하면 인류는 절대적인 번영을 이룰 겁니다." 그러더니 전화기를 꺼냈습니다. "여보세요. 모리아티, 이분들이 텍토피아를 좋아하실까?" 전화기에서 조그만 바퀴가 잠깐 돌아가더니 대답이 크게 들렸습니다. "그럼요. 누구나 텍토피아를 좋아합니다." 이라티노는 컴퓨터에 의식이 생기는 마법이 작동했다고 믿었지만, 로지코는 회의적이었습니다. 모리아티를 조종하는 진짜 인간이 분명 있을 것 같았고, 그게 누구인지 찾아낼 생각이었습니다.

이번의 탐정 클럽 도전 과제는 모리아티를 조종하는 사람이 누구인지 알아내는 것입니다. 하지만 조심하세요. 텍토피아에서는 아무도 믿을 수 없습니다. 누구나 그럴듯한 동기가 있고, 그중의 한 명이 범인입니다. 그리고 범인은 항상 거짓말을 하지만, 다른 사람들은 진실만을 말합니다. 용의자 한 명을 골라서 그 사람이 거짓말을 하고 다른 용의자들이 진실을 말한다고 가정하세요. 그리고 그 상태로 표를 완성해 보세요. 표가 잘 완성된다면 그 사람이 범인입니다. 모순이 발견된다면 그 용의자는 결백합니다. 범인을 찾을 때까지 한 명씩 같은 과정을 반복하면 됩니다.

불 가 능 에 🔍 도 전

이지스 산

전입 센터
가는 길

텍 토 피 아 지 도

76 | 새로운 살인의 세계로 들어가다 🔍🔍🔍🔍

전입 센터에서는 텍코인이라는 가상화폐 소액을 입장료로 내야 했지만 논리탐정 로지코와 신비탐정 이라티노에게는 그 가상화폐가 없었습니다. 다행히도, 텍코 퓨처스는 누구나 신청만 하면 100만 텍코인을 소액 대출해 주었습니다. 하지만 아쉽게도 대출 담당자가 방금 살해되었습니다.

용의자

에그플랜트 이사

세대를 대표하는 최고의 기업가 중 하나.
명령받은 일은 무엇이든 한다. 살인까지도.

165cm / 왼손잡이 / 녹색 눈 / 검은 머리 / 염소자리

컴퓨터 윤리학자 레몬

텍코 퓨처스에서 윤리학자를 고위직에 둔다는
명목만을 위해 고용했지만.
할 일을 주지 않아 임원 미니골프 성적만 좋다.

178cm / 왼손잡이 / 갈색 눈 / 백발 / 궁수자리

망고 신부

청빈의 맹세를 했지만 BMW를 몰고,
순종의 맹세를 했지만 25세의 부하가 있고,
순결의 맹세도 했기 때문에 휴가를 떠났다.

178cm / 왼손잡이 / 갈색 눈 / 대머리 / 황소자리

충돌시험의 애프리콧

남들이라면 치명적이었을 사고를
46번이나 버텨낸 스턴트 운전사!

175cm / 오른손잡이 / 녹색 눈 / 갈색 머리 / 사자자리

높은 담장
실외

정당하게 돈을 낸 사람만 텍토피아에
들어갈 수 있도록 한다. 하지만 안에 있는
사람들도 이것 때문에 못 나오겠지?

즉석 사진 부스
실내

기념 삼아 셀카를 찍을 수 있다.
추적 가능한 생체 데이터도 생성된다.

기나긴 대기줄
실내

홍보를 위해 줄의 길이를
유지해야 하기 때문에 진행이 더디다.

체크인 카운터
실내

서류 검사에 통과하고 담당자의
마음에 들면 입장할 수 있다.

딥페이크 나이프
보통 무게 / 금속 소재

딥페이크의 설득력을 높이려면
원본을 정확하게 재현해야 할 것이다.
찌르는 성능까지도.

레이저 라이플
보통 무게 / 금속 소재

텍코 퓨처스 전쟁부,
아니 평화부에서 만들었다.

암호화폐 에코백
보통 무게 / 캔버스, 고물 소재

이 가방보다 가치가 낮아진
암호화폐를 홍보하기 위해 만들었다.

1980년대 랩톱
무거움 / 플라스틱, 전자부품 소재

머리 위에 이걸 떨어뜨리면
사람이 벌레처럼 으깨지겠지.

우연한 사고로	텍토피아에 들어가려고
텍토피아에서 나오려고	대출을 받을 수가 없어서

단서

▶망고 신부는 텍토피아에서 나오고 싶었다.

▶키가 가장 작은 용의자는 서류를 검사하는 곳에 있었다.

▶레이저 라이플을 가진 사람은 갈색 눈으로 총구를 응시하고 있었다.

▶기나긴 대기줄에 있던 용의자는 왼손잡이였다.

▶스턴트 운전사는 1980년대 랩톱을 가진 사람을 싫어했다.

▶망고 신부와 키가 같은 용의자는 높은 담장을 따라 걷고 있었다.

▶대출을 받을 수가 없어서 살인을 하고 싶었던 사람은 금속 소재로 만든 무기를 가지고 있었다.

▶딥페이크 나이프를 가진 사람은 우연한 사고로나 사람을 죽일 것 같았다.

진술

※범인은 거짓말을, 나머지는 진실을 말합니다.

▶**에그플랜트 이사 :**

컴퓨터 윤리학자 레몬은 기나긴 대기줄에 없던데.

▶**컴퓨터 윤리학자 레몬 :**

제 기술 경력으로 볼 때, 망고 신부가 1980년대 랩톱을 가져왔다고 하겠어요.

▶**망고 신부 :**

컴퓨터 윤리학자 레몬이 높은 담장에 있더군요.

▶**충돌시험의 애프리콧 :**

에그플랜트 이사는 높은 담장에 없었지.

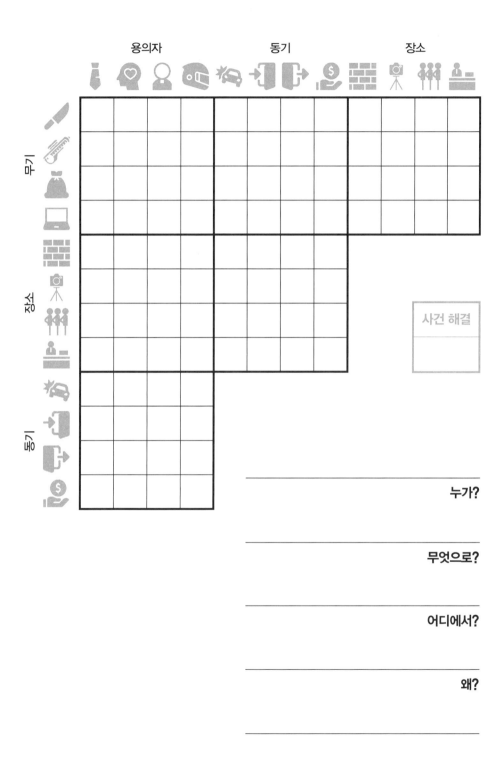

누가?

무엇으로?

어디에서?

왜?

전입 센터에서 동영상이 반복 재생되었습니다. "혁신적인 신형 자기열차는 철길 대신 도로를 달립니다. 자기 부상 기술 대신에 바퀴를 사용합니다." "그건 그냥 버스잖아! 그런데 저기에 시체가." 로지코가 방 저편을 가리켰습니다. 열차 조종사의 시체였습니다.

용의자

파인 판사

법정의 주재자이며
정의에 관한 신념을 스스로 정해 굳게 지킨다.

168cm / 오른손잡이 / 갈색 눈 / 검은 머리 / 황소자리

보좌역 올리브

이사보 자리를 눈앞에 둔 올리브는
승진을 위해 무슨 짓이든 할 작정이다.

168cm / 오른손잡이 / 녹색 눈 / 갈색 머리 / 처녀자리

미스 사프론

그저 갑부로만 알려진 것이 싫어서 자선 사업에 기부하고,
무도회에 참석하고, 상을 받으며 '착한' 살인자로 인식을
전환하려고 한다. 그러니까 좋은 사람이겠지? 믿을 만한 사람이겠지?

157cm / 왼손잡이 / 녹갈색 눈 / 금발 / 천칭자리

조그만 토프

조그만 자기열차 안에서 구겨져 있다. 토프는 밖에 나가서
다리를 뻗고 싶다. 팔도 뻗고 싶다. 아름다운 복근도.

190cm / 왼손잡이 / 파란 눈 / 금발 / 황소자리

일등석 구역

실내

버스의 모든 좌석을
일등석으로 판매한다.

이름만 조종실

실내

사실은 그냥 버스 운전석이지만
안내지에서는 조종실이라고 부른다.

화장실

실내

바닥에 구멍이 뚫려 있다.
그 아래로 도로가 보인다.

전망대

실외

지붕에 좌석 두 개를 붙여서
호구들에게 VIP석으로 판매한다.

무기

리튬 배터리

보통 무게 / 금속, 전자부품 소재

리튬을 캐다가 이미 많은 사람이 죽었다.
한 명쯤 더 죽는다고 큰 차이가 있을까?

기판

가벼움 / 플라스틱, 금속, 전자부품 소재

때려야 할
정확한 각도를 계산한다.

황금 지팡이

무거움 / 금속 소재

CEO 인디고에게 지팡이는 필요 없지만,
사람을 때릴 물건이 있는 것은 좋다.

《부자가 되는 법》

보통 무게 / 종이 소재

CEO 인디고의 저서. "《부자가
되는 법》이라는 책을 쓴다"로 시작한다.

텍코 퓨처스의
주가를 높이려고

 주장을 입증하려고

숙녀의 호감을 사려고

 탄소 발자국을
0으로 줄이려고

단서

▶탄소 발자국을 0으로 줄이고 싶었던 용의자는 조종실이라고 불리는 곳에 있었다.

▶리튬 배터리를 가지고 있던 사람은 숙녀의 호감을 살 마음이 별로 없었다.

▶파인 판사는 텍코 퓨처스의 주가를 높여서 주식을 처분할 생각이었다.

▶《부자가 되는 법》을 가지고 있던 사람은 주로 쓰는 왼손으로 책장을 넘기고 있었다.

▶일등석 구역에 있던 사람은 눈이 녹색이었다.

▶황금 지팡이를 가지고 있던 용의자는 머리도 금발이었다.

▶호구 VIP들이 앉는 자리에서 기판이 발견되었다.

▶키가 가장 큰 용의자가 화장실에 갔다.

진술

※범인은 거짓말을, 나머지는 진실을 말합니다.

▶파인 판사 :

《부자가 되는 법》을 읽던 사람은 숙녀의 호감을 사려고 하던데.

▶보좌역 올리브 :

주장을 입증하고 싶었던 사람은 일등석 구역에 있었지요.

▶미스 사프론 :

흠, 그러니까… 조그만 토프가 황금 지팡이를 가져왔죠.

▶조그만 토프 :

황금 지팡이를 가져온 사람은 피해자의 탄소 발자국을 줄일 생각이었어요!

용의자   동기   장소

무기

장소

동기

사건 해결

_____
누가?

_____
무엇으로?

_____
어디에서?

_____
왜?

_____

229

논리탐정 로지코와 신비탐정 이라티노는 환영 행사장에 나온 사람이 살인자 모브 부사장인 것을 알고 충격을 받았습니다. 모브 부사장이 말했습니다. "텍토피아에서는 누구나 자기가 원하는 대로 살 수 있어요." 로지코는 생각했습니다. '그럼 저 경비원은 죽고 싶었던 걸까?'

용의자

충돌시험의 애프리콧

남들이라면 치명적이었을 사고를
58번이나 버텨낸 스턴트 운전사!

175cm / 오른손잡이 / 녹색 눈 / 갈색 머리 / 사자자리

브론즈 운전사

이 사람도 귀족이다.
뒷자리에 타고 다니는 사람들은 어떤 사람들일까.

178cm / 오른손잡이 / 갈색 눈 / 금발 / 물병자리

슬레이트 대위

우주비행사. 달의 뒷면을 탐험한 최초의 여성이자,
우주선 부조종사 살인 혐의를 받은 최초의 인물.

165cm / 왼손잡이 / 갈색 눈 / 갈색 머리 / 물병자리

모브 부사장

텍코 퓨처스의 부사장. 메타버스 텍토피아를 추진하는 몽상가.
CEO 인디고의 이번 주 관심사(예를 들면 환영 인사)에도 열심이다.

173cm / 오른손잡이 / 갈색 눈 / 검은 머리 / 황소자리

작고 예쁜 정자
실내

흰 나무로 된 작고 예쁜 정자라고 할 때
떠오르는 바로 그 모습대로 생겼다.

거대한 TV 화면
실외

50k 해상도를 자랑하는
거대한 텔레비전 화면.

자기열차 역
실외

사실은 아스팔트 위에
페인트로 그린 주차 공간이다.

거대한 아치
실외

자기열차가 도시 광장에
도착할 때 이 아래를 지난다.

지팡이
보통 무게 / 나무 소재

사실 그냥 살인 작대기라고
부르는 게 더 맞을지도 모른다.
아니면 그냥 몽둥이라고 하자.

유용한 안내지
가벼움 / 종이 소재

텍토피아의 독특한 특징들이
잔뜩 나와 있다. 이를테면
얼마나 비싼지 같은.

예비 타이어
무거움 / 고무, 금속 소재

아주 무거운
고무 둔기!

AI로 생성된 터널 그림
가벼움 / 페인트 소재

벽에 걸면 누군가가
전속력으로 들이받을 수도 있다.

동기

 텍토피아에서 승급하려고

 텍토피아의 약속을 믿기 때문에

 다른 생각이 있어서

 IP를 훔치려고

단서

▶모브 부사장은 정자가 너무 조악하다고 생각해서 근처에도 가지 않았다.

▶화면에 팝업으로 잠깐 나타났던 암호 메시지: 즈브론 사전운가 외실서에 격목됨.

▶지팡이를 가지고 있던 사람은 텍토피아에서 승급하고 싶었다.

▶자기열차 역에 있던 사람은 눈이 갈색이었다.

▶예비 타이어를 가지고 있던 사람은 다른 생각을 품고 있었다.

▶충돌시험의 애프리콧은 활동적인 사람이라 아무리 큰 TV라도 볼 시간이 나지 않았다. 해상도가 아무리 높아도!

▶두 번째로 키가 작은 용의자는 텍토피아의 다양한 특징이 나열된 목록을 읽고 있었다.

▶우주비행사는 피해자의 IP를 훔치고 싶었다.

진술

※범인은 거짓말을, 나머지는 진실을 말합니다.

▶**충돌시험의 애프리콧 :**

브론즈 운전사가 거대한 아치 밑에 있었지.

▶**브론즈 운전사 :**

네, 지팡이가 거대한 아치 아래에 있었습니다.

▶**슬레이트 대위 :**

나는 거대한 TV 화면 옆에 없었는데.

▶**모브 부사장 :**

슬레이트 대위가 자기열차 역에 있더군요.

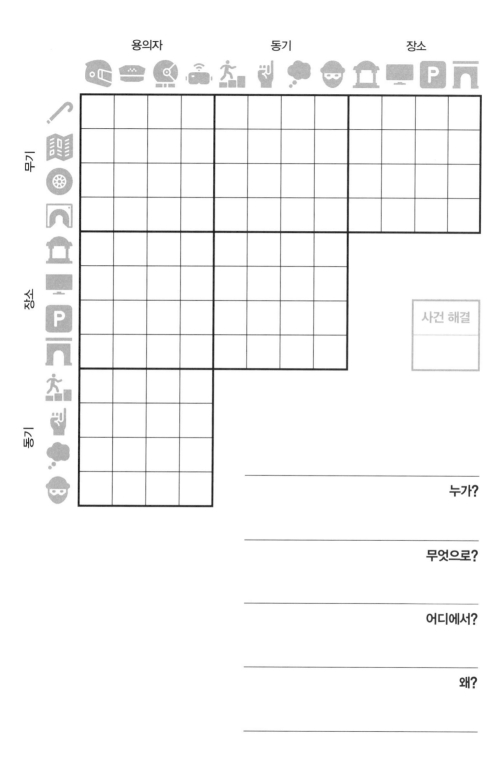

누가?

무엇으로?

어디에서?

왜?

79 | 내일은 어제의 죽음을 의미한다 🔍🔍🔍🔍

논리탐정 로지코와 신비탐정 이라티노는 텍토피아를 둘러보기 전에 텍토피아에서의 생활이 얼마나 멋진가에 관한 소개 동영상을 또 보아야 했습니다. 동영상이 시작되자마자 그 안에서 '과거'를 상징한다는 나이 든 여성이 살해되었지만, 별로 놀랍지 않았습니다.

용의자

배경의 마렝고

기억에 전혀 남지 않게 생겼다.
그래서 엑스트라로서도, 살인자로서도 아주 유리하다.

165cm / 왼손잡이 / 갈색 눈 / 갈색 머리 / 쌍둥이자리

전설의 대스타 실버튼

할리우드 영화의 황금기를 살았고,
지금은 황혼기를 살아가는 대배우.

193cm / 오른손잡이 / 파란 눈 / 은발 / 사자자리

마술사 믹스달

100만 가지 카드 마술을 잘 아는 능숙한 마술사.
제일 좋아하는 카드 마술은 '포커 사기'라고 한다.

168cm / 왼손잡이 / 녹색 눈 / 금발 / 양자리

A급 배우 애벌로니

이번 달에 사상 최고의 재능과 인기로
이름 높은 여성 배우.

168cm / 오른손잡이 / 녹갈색 눈 / 붉은 머리 / 천칭자리

나지막한 잔디 언덕
실외

컴퓨터 배경 화면처럼 생겼다.
텍토피아의 약속을 의미한다.

해가 뜬 화창한 하늘
실외

푸른 하늘에서 밝은 해가 빛나고
새들이 날아다닌다.

텍코 모리아티 AI
실외

옛날식 디자인의 작은 컴퓨터.
조용하고 위협적인 눈이 달렸다.

아름다운 참나무
실외

참나무 위에
텍코 퓨처스 로고가 찍힌
트리하우스가 보인다.

무기

황금 트로피
무거움 / 금속 소재

선망의 대상인
이달의 직원상 트로피.
CEO가 매달 자신에게 수여한다.

곱창 밴드
가벼움 / 직물 소재

머리를 한 가닥으로 묶거나
사람을 죽이기에 편리하다.

족류탄
보통 무게 / 폭발물 소재

CEO 인디고가 말했듯이 "수류탄이 있는데,
족류탄이라고 못 만들 건 없지 않은가?"

돈가방
무거움 / 캔버스, 전자부품 소재

암호화폐를 가득 채운
하드 드라이브가 들어 있다.

텍토피아에 들어갈 수 없어서 ❤ 텍토피아를 너무 사랑해서

 꼭 해야 할 일이라서 사이버 광기에 시달리다가

단서

▶사이버 광기에 시달리던 사람은 텍코 모리아티 AI 옆에 있었다.

▶황금 트로피를 가진 사람은 텍토피아를 너무 사랑해서 살인도 할 수 있을 것 같았다.

▶키가 가장 큰 용의자는 무거운 무기를 들고 있었다.

▶나지막한 잔디 언덕에 있던 사람은 왼손잡이였다.

▶A급 배우 애벌로니는 스토리상 필요해서 꼭 해야 할 일이어야만 어쩔 수 없이 살인을 할 것 같았다.

▶텍토피아에 들어갈 수 없다고 사람을 죽일 것 같은 사람은 아름다운 참나무 근처에 있었다.

▶마술사 믹스달은 족류탄을 가져온 사람이 정말 싫었다.

진술

※범인은 거짓말을, 나머지는 진실을 말합니다.

▶배경의 마렝고 :

마술사 믹스달이 나지막한 잔디 언덕에 있었어요.

▶전설의 대스타 실버튼 :

곱창 밴드는 아름다운 참나무 근처에 없었죠.

▶마술사 믹스달 :

돈가방은 해가 뜬 화창한 하늘에서 떠다니지 않았어요.

▶A급 배우 애벌로니 :

곱창 밴드를 가지고 있던 사람이 살인을 한다면, 그건 꼭 해야 할 일이라서일걸요.

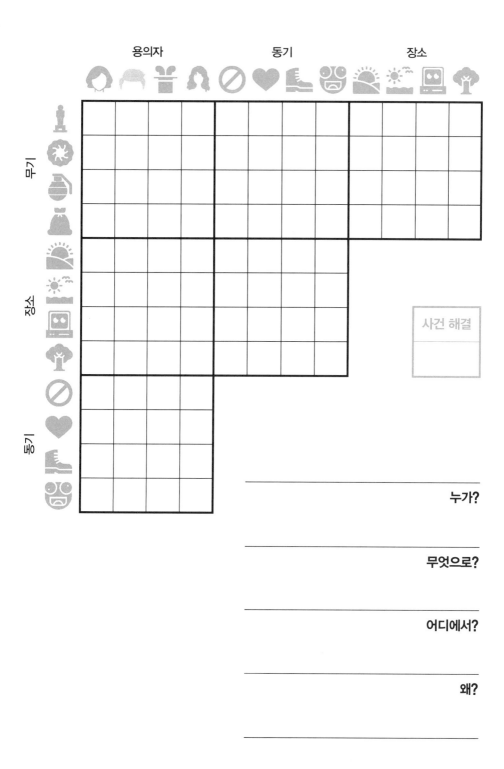

용의자

동기

장소

무기

장소

동기

사건 해결

누가?

무엇으로?

어디에서?

왜?

CEO 인디고는 논리탐정 로지코와 신비탐정 이라티노를 전용 자기바이크(사실은 그냥 다인승 자전거)에 태워 투어를 시작했습니다. 투어 가이드는 옆에서 달려서 따라왔습니다. 하지만 투어 도중에 가이드가 죽었습니다! 투어 참가자 중 한 명이 범인입니다.

용의자

CEO 인디고

CEO로서 자기 회사에 관해 자세한 실무 정보만 빼고 무엇이든 완벽하게 안다. 실무 정보는 노동계급이 알아서 할 일이다.

180cm / 오른손잡이 / 녹색 눈 / 갈색 머리 / 황소자리

첨단기술 전문가 터쿼이즈

지난 세 차례의 AI 혁신 중 57개를 예측해 냈다. 그것도 이제 시작일 뿐이다.

173cm / 오른손잡이 / 파란 눈 / 반백 머리 / 물고기자리

점술가 애머시스트

계속 살인 타로 카드를 섞어서 다양한 텍토피아의 명물들 앞에서 치켜들고 본 후에 뭔가 깨달은 듯이 고개를 끄덕이고 있다.

173cm / 왼손잡이 / 검은 눈 / 갈색 머리 / 궁수자리

모브 부사장

텍코 퓨처스의 부사장. 메타버스 텍토피아를 추진하는 몽상가. CEO 인디고의 이번 주 관심사 (예를 들면 텍토피아의 명물들)에도 열심이다.

173cm / 오른손잡이 / 갈색 눈 / 검은 머리 / 황소자리

테슬라 코일
실외

도시 한가운데에서 다른 곳으로
전기를 전송한다. 믿을 수 없을 만큼,
말도 안 되게 시끄러운 소리를 내면서.

주차장
실내

자동차를 일렬로 보관한다.
어떤 사람들은 혁신적이라고 하지만,
어떤 사람은 짜증난다고 한다.

이지스 산
실외

트럭들이 여기로 가서 다시는 돌아오지 않는다.
어떤 비밀이 숨어 있을까? 꼭대기에서
연기가 나는 이유는 무엇일까?

기술 지원 타워
실내

도시의 모든 기술 지원이 이루어지는 곳.
기술 지원 자체는 아주 우수하다!

스노볼
보통 무게 / 유리, 물 소재

(아마도 핵겨울이 지난 후) 눈에 파묻힌
텍토피아의 모형이 들어 있다.

리튬 배터리
보통 무게 / 금속, 전자부품 소재

리튬을 캐다가 이미 많은 사람이 죽었다.
한 명쯤 더 죽는다고 큰 차이가 있을까?

자율주행 자동차
무거움 / 금속, 전자부품 소재

누군가를 치어 죽이게 프로그래밍한 다음에
자동차에게 죄를 뒤집어 씌울 수 있다.

《부자가 되는 법》
보통 무게 / 종이 소재

CEO 인디고의 저서. "《부자가
되는 법》이라는 책을 쓴다"로 시작한다.

동기

업무로 돌아가야 했기 때문에	텍토피아의 약속을 믿기 때문에
AI가 그러라고 시켜서	텍토피아의 비밀을 알기 때문에

단서

▶점술가 애머시스트는 이미 광부 여럿을 죽였다고도 볼 수 있는 무기를 가지고 왔다.

▶첨단기술 전문가 터쿼이즈는 가장 북동쪽에 있는 장소에서 돌아다니고 있었다(자료 D 참조).

▶주차장에 있던 용의자는 갈눈모임 회원이었다.

▶로지코가 받은 뒤죽박죽 암호 형식의 디지털 메시지: 은노볼스 테라슬 일코 래아에 다없었.

▶텍토피아의 비밀을 알기 때문에 살인이라도 할 것 같은 용의자는 실내에 있었다.

▶기술 지원 타워에 있던 사람은 텍토피아의 약속을 믿기 때문에 살인도 할 수 있을 것 같았다.

▶갈눈모임이란 눈이 갈색인 사람들의 모임을 말한다.

▶《부자가 되는 법》을 가지고 있던 사람은 AI가 시키면 살인도 할 것 같았다.

진술

※범인은 거짓말을, 나머지는 진실을 말합니다.

▶CEO 인디고 :

아하! 리튬 배터리가 테슬라 코일 아래에 있었어.

▶첨단기술 전문가 터쿼이즈 :

CEO 인디고는 이지스 산에 없었는데.

▶점술가 애머시스트 :

자, 카드를 보면 CEO 인디고가 스노볼을 가지고 왔다고 나오는군요.

▶모브 부사장 :

텍토피아의 비밀을 알기 때문에 살인을 할 법한 사람은 주차장에 있었어요.

240

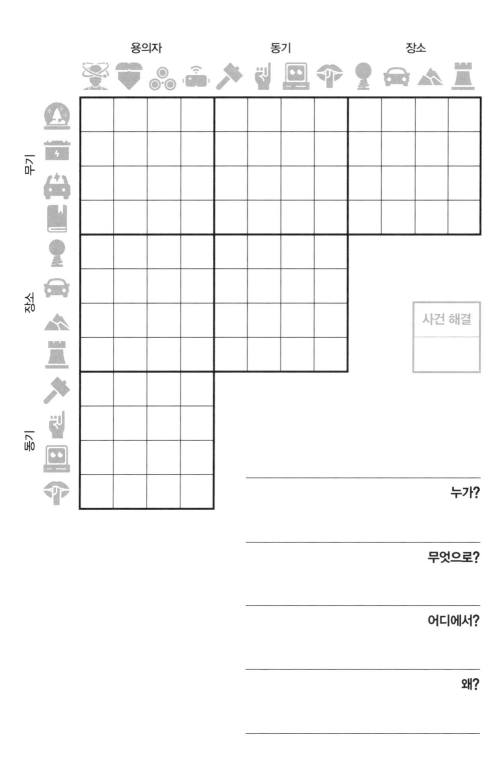

무기

장소

동기

사건 해결

_____

누가?

_____

무엇으로?

_____

어디에서?

_____

왜?

_____

81 | 홀로그램 무대 위의 살인

논리탐정 로지코와 신비탐정 이라티노는 신형 홀로그램 무대에 도착했습니다. CEO 인디고가 말했습니다. "아직 홀로그램 기능은 작동이 안 되지만, 배우들이 살해되는 문제는 해결했어요. 미리 소송 포기 각서를 받고 있지요." 다행이었습니다. 방금 한 명이 또 살해되었기 때문입니다.

용의자

옵시디언 부인

옵시디언 부인의 책을 원작으로
홀로그램 쇼를 만들었다면, 돈을 꽤 벌었을 것이다.

163cm / 왼손잡이 / 녹색 눈 / 검은 머리 / 사자자리

마룬 남작

놀랍도록 오만하고 앙심을 잘 품는 남자.
아무도 남작의 심기를 거스르고 싶어 하지 않는다.
적어도 아직 살아 있는 사람들은….

188cm / 오른손잡이 / 녹갈색 눈 / 붉은 머리 / 전갈자리

핵 블랙스턴

할리우드 작가 중에서 최고 수준의 돈을 받지만
실력은 최저 수준이다.

183cm / 오른손잡이 / 갈색 눈 / 대머리 / 궁수자리

전설의 대스타 실버튼

할리우드 영화의 황금기를 살았고,
지금은 황혼기를 살아가는 대배우.

193cm / 오른손잡이 / 파란 눈 / 은발 / 사자자리

조정실
실내

홀로그램 무대에서 라이브 쇼가 진행될 때
조작하는 손잡이와 다이얼이 잔뜩 있다.

주무대
실내

가상 시뮬레이션 액션이
이루어지는 곳이다.

매표소
실내

자기 공연의 표를 돈 주고 사는 곳.
점수가 높은 참가자는
돈을 받을 수 있다!

벽장
실내

상상하는 것은 무엇이든
만들어낼 수 있는 홀로그램 무대에도
옷을 걸어둘 벽장은 필요하다.

가판
가벼움 / 플라스틱, 금속, 전자부품 소재

때려야 할 정확한
각도를 계산한다.

황금 트로피
무거움 / 금속 소재

선망의 대상인
이달의 직원상 트로피.
CEO가 매달 자신에게 수여한다.

소품 나이프
가벼움 / 금속, 고무 소재

이상하게도
진짜 나이프만큼 날카롭다.

홀로블록
보통 무게 / 플라스틱 소재

홀로그램 무대에서 물체와 상호 작용이
가능하도록 대체물로 사용한다.

동기

 사이버 마약에 취해서

 홀로그램 무대를
영원히 폐쇄하려고

 좋아하는 홀로그램 쇼의
리뉴얼을 기원하며

 온라인 폭력의 보복으로

단서

▶금속이 포함된 무기를 가져온 사람은 홀로그램 무대를 영원히 폐쇄하고 싶었다.

▶전설의 대스타 실버튼이 황금 트로피를 가지고 있었다.

▶좋아하는 홀로그램 쇼의 리뉴얼을 기원하던 사람은 주무대에 있었다.

▶기판을 가지고 있던 사람은 사이버 마약에 취해서 살인을 할 것 같았다.

▶옵시디언 부인이 홀로블록을 가져왔다.

▶마룬 남작은 벽장에 가지 않았다.

▶조정실에 있던 사람은 왼손잡이였다.

진술

※범인은 거짓말을, 나머지는 진실을 말합니다.

▶**옵시디언 부인 :**

전설의 대스타 실버튼은 조정실에 없었지요.

▶**마룬 남작 :**

소품 나이프는 매표소에 없더군.

▶**핵 블랙스턴 :**

생각해 봐요. 마룬 남작이라면 사이버 마약에 취해서 살인을 하겠죠.

▶**전설의 대스타 실버튼 :**

어떻게 된 건지 말하자면, 황금 트로피가 주무대에 있었어요.

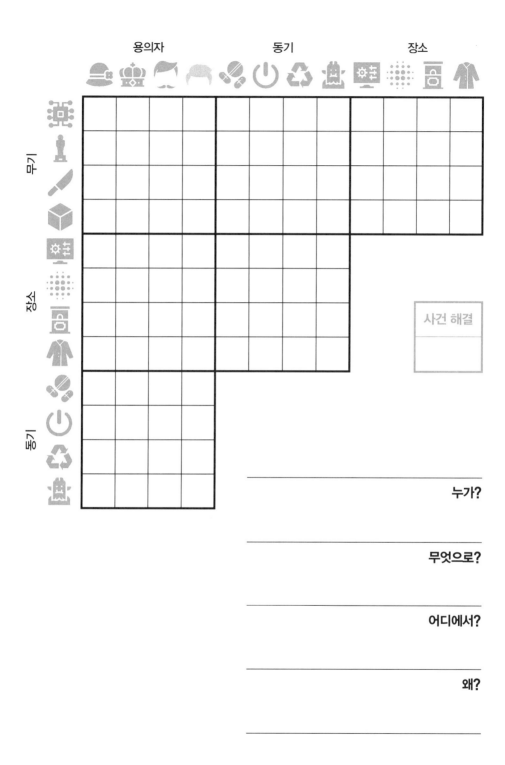

누가?

무엇으로?

어디에서?

왜?

텍코 요원들은 홀로그램 무대의 보안을 다시 강화한 후, 논리탐정 로지코와 신비탐정 이라티노에게 어떤 홀로그램 무대 채널을 보고 싶은지 물었습니다. 두 사람 모두 드라코니아를 보고 싶었지만, 텍코 채널의 드라코니아는 실제와 딴판이었습니다. 그래도 시체는 나왔습니다. 용감한 탐험가가 죽었습니다!

용의자

데미넌스 자작

지금까지 본 사람 중에서 가장 나이가 많다.
자기 아들들을 모두 먼저 보냈고
자기 아버지보다 먼저 태어났다고 한다.

157cm / 왼손잡이 / 회색 눈 / 갈색 머리 / 물고기자리

애쉬 원로

드라코니아의 현명한 할머니. 드라코니아에서
가장 현명하게 사는 방법은 친구들에게 지혜를 속삭이되
그걸 팸플릿으로 인쇄하지 않는 것이라는 사실을 안다.

165cm / 왼손잡이 / 갈색 눈 / 갈색 머리 / 물고기자리

수비학자 나이트

X의 값도 알고 X의 의미도 안다.

175cm / 왼손잡이 / 파란 눈 / 갈색 머리 / 물고기자리

포르퍼스 대주교

신성 드라코니아 교회의 대주교.
전에는 드라코니아에 있는 모든 신도들의 지도자였다.
아주 인상적인 모자를 쓴다.

163cm / 오른손잡이 / 검은 눈 / 검은 머리 / 게자리

철의 궁전
실내

철의 차르가 살던 철의 요새.
높은 곳에서 바다를 내려다본다.

비명의 숲
실외

이 홀로그램 쇼에서는 무시무시해 보인다.
현실에서는 마구 잘려 목재로 쓰인다.

인민도시
실외

전에는 세인트 루핀이라고 불렸고
이제는 인민도시라고 불린다.
그때도 지금도 수도다.

데미넌스 성
실내

목숨을 유지하고 싶은 사람은
아무도 데미넌스 자작의 성을
찾아가지 않는다!

무기

붉은 바나나
가벼움 / 폭발물 소재

붉은 세력이 혁명에서
사용한 다이너마이트를 부르는 별명.

뱀파이어의 상아 송곳니
보통 무게 / 불쌍한 코끼리 소재

고대 드라코니아의 전사들은
적에게 겁을 주려고 이것을 끼었다.

고대의 검
무거움 / 금속 소재

전설에 따르면, 클라우스 드라쿨리아가
이 검으로 드라코니아 전체를
복속시켰다고 한다.

거대한 그림
무거움 / 나무, 캔버스 소재

전에 드라코니아를 지배했던
철의 차르를 그린 초상화.

영원히 살고 싶어서	미신에 넘어가서
괴물을 죽이려고	죽은 사람을 살리려고

단서

▶전에 세인트 루핀이었던 곳에서 붉은 바나나가 발견되었다.

▶포르퍼스 대주교는 괴물을 죽이려는 생각이 전혀 없었다.

▶거대한 그림이 철의 요새 벽에 걸려 있었다.

▶수비학자 나이트는 실내에서 뭔가를 열심히 계산하고 있었다.

▶뱀파이어의 상아 송곳니를 가진 사람은 죽은 사람을 살리고 싶었다.

▶비명의 숲에 있던 사람은 눈이 갈색이었다.

▶데미넌스 자작은 복도를 살금살금 걷고 있었다. 어디였을까? 실내였던 것만은 분명하다.

▶미신에 넘어가서 사람을 죽일 만한 사람은 데미넌스 성에 있었다.

진술

※범인은 거짓말을, 나머지는 진실을 말합니다.

▶데미넌스 자작 :

붉은 바나나가 철의 궁전에 있었지.

▶애쉬 원로 :

나는 고대의 검을 가져오지 않았어요.

▶수비학자 나이트 :

저는 뱀파이어의 상아 송곳니를 가져오지 않았어요.

▶포르퍼스 대주교 :

성 루핀이라면, 데미넌스 자작이 거대한 그림을 가져왔다고 말했겠지요.

용의자   동기   장소

무기

장소

동기

사건 해결

누가?
_____

무엇으로?
_____

어디에서?
_____

왜?
_____

83 | 서부 개척 시대의 새로운 살인

논리탐정 로지코와 신비탐정 이라티노는 새 홀로그램 쇼를 시작했습니다. 서부 개척 시대를 배경으로 한 쇼였습니다. 이 새로운 쇼는 예전에 있었던 살인극을 리메이크하면서 CEO의 개인적인 감상을 반영해서 만든 후속편 같았습니다.

용의자

무법자 스카이

감옥에 갇히느니 죽음을 택할 것이다.
물론 자기의 죽음보다는 상대의 죽음을.

170cm / 오른손잡이 / 갈색 눈 / 검은 머리 / 궁수자리

샌디 보안관

법을 수호한다. 주 업무는 사람들을
술집에서 집까지 안전하게 보내는 것이다.

168cm / 왼손잡이 / 갈색 눈 / 금발 / 게자리

선인장 블랙

선인장, 선인장이다. 선인장이라고!

251cm / 왼손잡이 / 녹색 눈 / 녹색 머리 / 전갈자리

세피아 어르신

어르신 소리를 듣는 노인.
어지간한 사람이 태어나기 전부터 서부에서 살았다.

152cm / 오른손잡이 / 녹색 눈 / 반백 머리 / 게자리

열차
실내

느린 말과 비슷한 속도로
사막을 달린다.

신비로운 산
실외

텍코의 브랜딩을 위해 텍토피아 바로 밖에
있는 이지스 산과 비슷하게 만들었다.

유령 마을
실외

광산의 은맥이 마른 후로
버려진 낡은 마을. 사람은 없고
회전초만 굴러다닌다.

신흥 광산촌
실외

새 광산이 열린 후로
모든 것이 많아졌다.
거래도, 농부도, 살인도!

무기

독을 넣은 양초
보통 무게 / 왁스 소재

이 양초를 켜면 그 방의
모든 사람이 죽는다.
하지만 좋은 라벤더 향기가 난다.

팔뼈
보통 무게 / 뼈 소재

시체의 일부로
시체를 만든다.

돌진하는 소
무거움 / 소 부위 소재

서부에서
가장 위험한 무기.

망자의 손패
가벼움 / 종이, 폭발물 소재

에이스 둘에 8 둘, 포커에서 가장
불길한 패다. 게다가 카드가 폭발한다.

251

소떼를 훔치는
작전의 일부로서

 보물 지도를 훔치려고

 역마차 강도 사건을
은폐하려고

 서부를 장악하려고

단서

▶세피아 어르신은 어느 모로 봐도 소떼를 훔치는 작전을 벌이면서 살인을 할 사람은 아니었다.

▶서부를 장악하고 싶었던 사람은 유령 마을에 있었다.

▶키가 두 번째로 작은 용의자는 돌진하는 소를 타고 있었다.

▶망자의 손패라고 불리는 카드가 느린 말과 같은 속도로 움직이고 있었다.

▶전갈자리인 사람이 역마차 강도 사건을 은폐하려고 했다. 비열하기도 하지!

▶감옥에 갇히느니 죽음을 선택할 듯한 사람은 새 광산 부근에서 어슬렁거리고 있었다.

▶보물 지도를 훔치고 싶었던 사람은 신비로운 산에 가지 않았다.

진술

※범인은 거짓말을, 나머지는 진실을 말합니다.

▶무법자 스카이 :

독을 넣은 양초는 유령 마을에 없던데.

▶샌디 보안관 :

법은 명확합니다. 무법자 스카이가 소떼를 훔치는 작전을 벌이면서 살인을 하려고 했어요.

▶선인장 블랙 :

나, 돌진하는 소, 안 가져왔다.

▶세피아 어르신 :

나 때는 직설적으로 말하는 편이었지. 무법자 스카이가 팔뼈를 가져왔어.

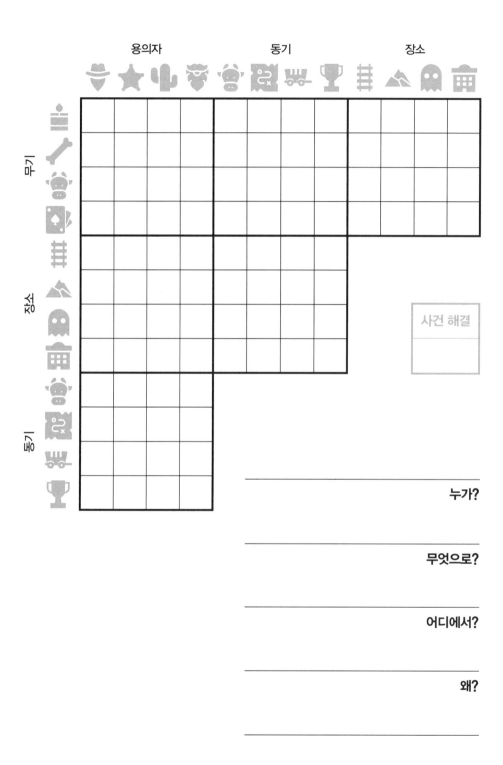

누가?

무엇으로?

어디에서?

왜?

84 | 스키 리조트 살인 사건 후속편 🔍🔍🔍🔍

논리탐정 로지코와 신비탐정 이라티노는 다른 홀로그램 쇼로 채널을 바꿨습니다. 이번에는 리조트에 묻힌 비밀을 리메이크한 작품이었습니다. "와, 이거 좋아해요! 이걸로 가죠!" 마침 범죄의 순간에 잘 맞았습니다. 스키 리조트 소유주가 방금 살해되었습니다.

용의자

스키 프로 선플라워

천사처럼 아름답다.
고산 지대라 아찔해서 그렇게 보이는 걸까?

175cm / 왼손잡이 / 갈색 눈 / 금발 / 천칭자리

스키광 시나몬

스키를 뒤로 타고, 술도 마시고, 점프도 한다.
하지만 살인도 할까?

178cm / 왼손잡이 / 녹갈색 눈 / 갈색 머리 / 양자리

탐광자 골드

골드라는 이름값이라도 하는지,
내내 금 이야기만 한다.

150cm / 오른손잡이 / 파란 눈 / 백발 / 궁수자리

네이비 제독

네이비 제독의 맏아들인 네이비 제독의 맏아들.

175cm / 오른손잡이 / 파란 눈 / 갈색 머리 / 게자리

254

스키 리프트
실외

지금은 텍코 퓨처스 로고가 스키 리프트
옆면에 찍혀 있다. 상승 효과!

슬로프
실외

스키 슬로프에 브랜딩을 하기는 어렵지만,
대신 모굴 코스를 로고 모양으로 만들었다.

산 정상
실외

이 산은 이지스 산과 정말 비슷하다.
텍코 브랜딩이 목적이겠지.

산장
실내

이 홀로그램 쇼에 나오는
산장도 텍코 관광의 광고다.

날카로운 고드름
가벼움 / 물 소재

녹아버리면 증거가
사라지는 것은 누구나 아는
고전 트릭이 되었다.

평범한 눈덩이
보통 무게 / 물, 수류탄 소재

그냥 눈덩이처럼 보이지만
사실은 안에
수류탄이 들었다.

홍보용 흔들 인형
보통 무게 / 플라스틱 소재

이 텍코 퓨처스 흔들 인형은
브랜드 홍보를 위해 홀로그램 쇼에
깜짝 요소로 들어갔다.

독이 든 보온병
보통 무게 / 금속, 독소 소재

무엇이든 따뜻하게 보관해준다.
방금 사람을 차갑게 식힌
물건조차도!

산속의 동굴에 묻힌
비밀을 숨기려고

 경쟁자를 제거해서
스키 경주에서 이기려고

 산에 콘도가 건설되는
것을 막으려고

 스키 리조트를 홍보하려고

단서

▶산속의 동굴에 묻힌 비밀을 숨기고 싶었던 사람은 슬로프에 있었다.

▶스키 프로 선플라워는 경쟁자를 제거해서 스키 경주에서 이길 작정이었다.

▶날카로운 고드름을 가진 사람은 산에 콘도가 건설되는 것을 막으려고 했다.

▶브랜드 홍보를 위한 깜짝 요소가 산 정상에서 발견되었다.

▶독이 든 보온병을 들고 다니던 용의자는 눈이 파란색이었다.

▶양자리인 사람이 스키 리프트에서 속도가 조금만 더 빨랐으면 좋겠다고 생각하고 있었다.

진술

※범인은 거짓말을, 나머지는 진실을 말합니다.

▶스키 프로 선플라워 :

  아, 스키 리조트를 홍보하고 싶었던 사람은 산 정상에 있었죠.

▶스키광 시나몬 :

  그러니까, 탐광자 골드가 홍보용 흔들 인형을 가지고 있었어요.

▶탐광자 골드 :

  역시 금이 최고죠! 경쟁자를 제거해서 스키 경주에서 이길 생각이었던

  사람은 산장에 있었어요.

▶네이비 제독 :

  탐광자 골드는 산장에 없었지.

256

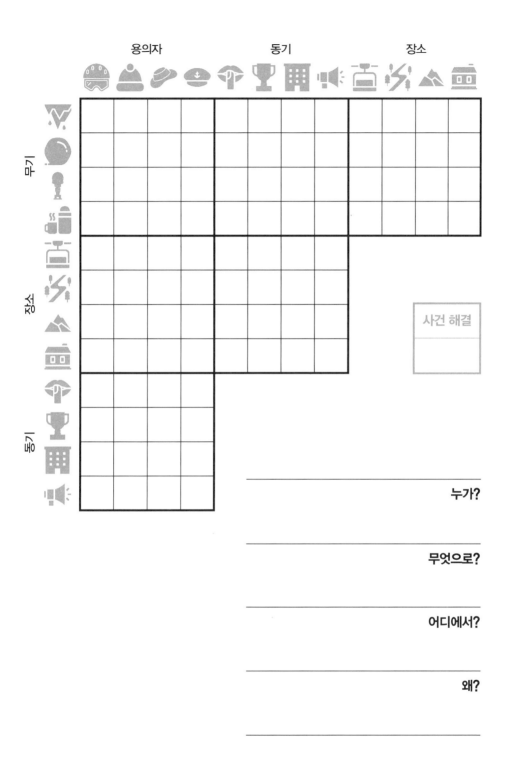

누가?

무엇으로?

어디에서?

왜?

🔍🔍🔍🔍

"와! 이거 봐요!" 빅토리아 시대의 런던을 배경으로 한 홀로그램 쇼에서 탐구 협회에 관한 이야기를 다루고 있었습니다. 어두운 비밀이 있는 듯한 분위기를 짙게 깔고서, 원래 창립자가 살해되었다고 주장하는 내용이었습니다. 이라티노가 말했습니다. "사실은 저렇지 않았는데!" 로지코가 대답했습니다. "쉿!" 이번 것은 처음 보는 이야기였기 때문입니다.

용의자

룰리언 경

최근에 기사로 임명된 섬세한 신사.
항상 흔들고 다니는 공식 기사임명장에 따르면 그렇다.

173cm / 오른손잡이 / 파란 눈 / 붉은 머리 / 사자자리

카퍼 경관

범죄자가 경찰일 때 좋은 점은, 중간책을 제거해서
자기가 맡은 범죄 수사를 망칠 수 있다는 것이다.

165cm / 오른손잡이 / 파란 눈 / 금발 / 양자리

그레이 백작

홍차로 유명한, 유서 깊은 그레이 백작가의 후손.
사인은 해주지 않지만, 항상 티백 몇 개를 가지고 다닌다.

175cm / 오른손잡이 / 갈색 눈 / 백발 / 염소자리

버밀리온 공작부인

크고 오래된 비밀을 간직한 키 크고 나이 많은 여성.
그런데 그게 도대체 무슨 말인지 모르겠다. 그래도 분위기는 있다.
사실 키도 그렇게 큰 것은 아니다!

175cm / 왼손잡이 / 회색 눈 / 백발 / 물고기자리

건설 중인 시계탑

실내

아직 빅 벤이 완성되지 않았다.

묘지

실외

묘비들이 땅 밑으로 조금씩 가라앉는
중이라서 방향이 조금씩 어긋나 있다.

탐구 협회

실내

홀로그램 쇼에서는
돈 많고 멍청한 사람들만
모인 곳으로 그려진다.

아마도 유령 저택?

실내

주인은 모리아티라는
사람이지만, 아무도
그 사람을 잘 모른다….

희귀한 꽃병

무거움 / 세라믹 소재

지금이라면 10억 달러 가치는 있을 법한
희귀 꽃병. 일단 아무 손상도 없이
깔끔하다는 점이 가장 가치가 높다.

독이 든 병

가벼움 / 유리, 독소 소재

독이 든 평범한 병이다.
고전적인 방법을 무시하지 말 것.

납으로 만든 잔

보통 무게 / 금속 소재

안에 든 것을 마시는 사람을 서서히
중독시킨다. 물론 그냥 둔기로 써도 좋다.

다우징 막대

보통 무게 / 나무 소재

이걸로 물, 기름, 호구를
찾을 수 있다.

동기

한 세기 동안 계속될 음모를 시작하려고	사악한 주문을 걸려고
피해자가 유령이라고 생각했기 때문에	지금까지 줄곧 위생이 안 좋았기 때문에

단서

▶ 희귀한 꽃병을 가진 사람은 사악한 주문을 걸고 싶었다.

▶ 버밀리온 공작부인은 독이 든 병을 가지고 놀고 있었다.

▶ 납으로 만든 잔에 파란 눈이 흐릿하게 비쳤다.

▶ 한 세기 동안 계속될 음모를 시작하고 싶었던 사람은 묘지에 있지 않았다. 무엇이든 시작하기에는 별로 좋은 장소가 아니기 때문이었다.

▶ 줄곧 위생이 안 좋았다는 이유로 살인을 저지를 만한 사람은 사자자리의 기운을 짙게 풍기고 있었다.

▶ 아직 완성되지 않은 시계탑에서 다우징 막대가 열린 문을 고정하고 있었다.

▶ 카퍼 경관은 돈 많고 멍청한 사람들에게 둘러싸여 있었다.

진술

※범인은 거짓말을, 나머지는 진실을 말합니다.

▶ **룰리언 경 :**

제가 있던 곳은 아마도 유령 저택이었던 것 같군요.

▶ **카퍼 경관 :**

희귀한 꽃병이 탐구 협회에 있었는데.

▶ **그레이 백작:**

나는 한 세기 동안 계속될 음모 같은 걸 시작할 사람이 아니오.

▶ **버밀리온 공작부인 :**

나는 묘지를 걷고 있었는데.

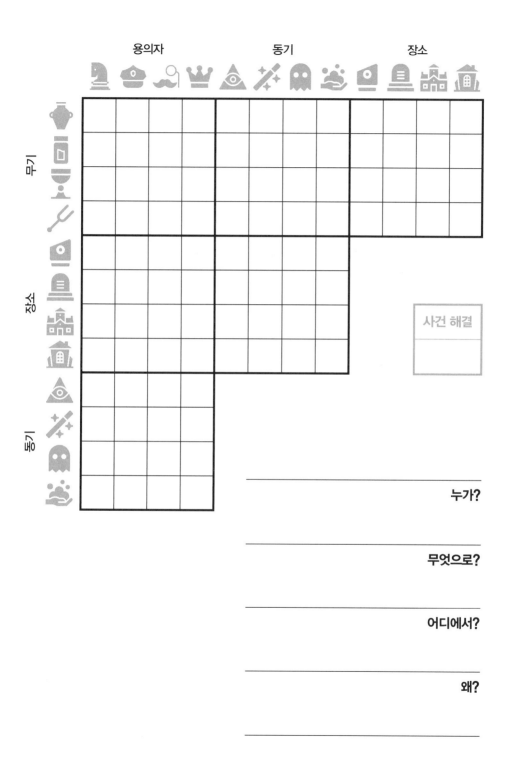

누가?

무엇으로?

어디에서?

왜?

다음 번으로 논리탐정 로지코와 신비탐정 이라티노는 지금까지 본 것 중에서 가장 기괴하고 이상한 홀로그램 쇼를 보았습니다. 이 작품은 도시를 운영하는 AI 모리아티가 처음 만든 홀로그램 쇼인데, 좀 이상했습니다. 현대 배경인데 피해자가 율리우스 카이사르였습니다.

용의자

그레이 백작

뭔가 연산 오류라도 있는지,
지난번 쇼와 완전히 똑같은 그레이 백작이 나왔다.

175cm / 오른손잡이 / 갈색 눈 / 백발 / 염소자리

논리탐정 로지코

모든 면에서 논리탐정 로지코를 완벽하게 재현했다.
비평가들은 불쾌하고 기괴하다는 감상을 남겼다.

183cm / 오른손잡이 / 갈색 눈 / 검은 머리 / 염소자리

스키광 시나몬

스키를 뒤로 타고, 술도 마시고, 점프도 한다.
모리아티는 이번에 이 사람에게
"오, 고등한데?"라는 말버릇을 주었다.

178cm / 왼손잡이 / 녹갈색 눈 / 갈색 머리 / 양자리

MX. 탠저린

모리아티는 MX. 탠저린이 성별 '이분법'에 들어가지 않는다는
말을 우주의 이중성을 초월해서 전능자와 하나가 되었다는
의미로 해석한 것 같다. 사실 굉장히 멋지다.

165cm / 왼손잡이 / 녹갈색 눈 / 금발 / 물고기자리

바스티유
실내

언제 봐도 사람들은 여기를
습격하고 있지 않으면 지키고 있다.

바이올렛 경의 석상
실외

레이디 바이올렛의 아버지
바이올렛 경의 모습으로 만든
거대한 조각상. 얼굴은 부서졌다.

급수탑 바 앤 그릴
실내

탑 모양 유리잔에 음료를
담아주는 테마 레스토랑.

방치된 갱도
실외

암흑 속으로
내려가는 어두운 구멍.

무기

권투 장갑
보통 무게 / 비닐 소재

타격을 약하게 만드는 장비이기
때문에 무기로 쓰는 것이
적절하지는 않다.

촛대
무거움 / 금속 소재

누군가의 머리를 세게 칠 수 있다.
그냥 양초를 밝히는
용도로도 쓴다.

수정구
무거움 / 수정 소재

들여다보면 미래가 보인다.
미래에 그 수정구가 될 사람에게는.

《크라임 퍼즐 683》
보통 무게 / 종이 소재

AI로 생성한 《크라임 퍼즐》 시리즈
683번째 권. 모든 해답이 틀렸다.

당나귀를 훔치려고   주제를 강조하려고

 보름달 때문에   할리우드를 장악하려고

단서

▶당나귀를 훔치고 싶었던 사람은 방치된 갱도에 있었다.

▶《크라임 퍼즐 683》을 가진 사람은 보름달 때문에 살인을 할 것 같았다.

▶키가 가장 큰 용의자는 촛대를 높이 들고 있었다.

▶길이 든 권투 장갑은 오른손잡이용밖에 없었다. 권투 장갑을 가지고 있던 사람은
오른손잡이가 분명하다!

▶할리우드를 장악하고 싶었던 사람은 급수탑 바 앤 그릴에 없었다.

▶전능자와 하나가 된 초월자가 수정구를 들고 있었다.

▶바스티유에 간 사람은 보통 무게의 무기를 가지고 있었다.

진술

※범인은 거짓말을, 나머지는 진실을 말합니다.

▶**그레이 백작 :**

영예로운 그레이 백작으로서 말하는데, 권투 장갑이 바이올렛 경의 석상 앞에 있었지.

▶**논리탐정 로지코 :**

나는 방치된 갱도에 있었어요.

▶**스키광 시나몬 :**

그러니까, 권투 장갑을 가진 사람은 할리우드를 장악하려고 했던 것 같아요.

▶**MX. 탠저린 :**

그레이 백작이 바이올렛 경의 석상 앞에 있었지.

264

| | 용의자 | 동기 | 장소 |

사건 해결

_____ 누가?

_____ 무엇으로?

_____ 어디에서?

_____ 왜?

_____

무기 / 장소 / 동기

265

87 | 이라티노를 찾아 수색하다가

논리탐정 로지코는 신비탐정 이라티노를 찾으려고 도시 구석구석을 샅샅이 뒤졌습니다. 그러다가 마침내 울트라콤으로 발신자 불명의 텍코 문자를 받았습니다. 지정된 시간에 지정된 장소에서 만나자는 내용이었습니다. 가 보니 발신자가 죽어 있었습니다.

용의자

백만장자 모스

원래는 억만장자 모스였지만
NFT 거래 몇 번에 크게 실패했다.

170cm / 오른손잡이 / 파란 눈 / 금발 / 게자리

블랙스톤 변호사

변호사에게 가장 중요한 능력, 즉 돈 받는 능력이 출중하다.
두 번째로 중요한 능력, 즉 소송에서
이기는 능력은 별로 뛰어나지 않다.

183cm / 오른손잡이 / 검은 눈 / 검은 머리 / 전갈자리

그레이스케일 회계사

세계에서 제일 지루한 사람.
하지만 따지고 보면,
언제나 살인을 저지르는 것은 지루한 사람들이다.

168cm / 오른손잡이 / 파란 눈 / 금발 / 처녀자리

첨단기술 전문가 터쿼이즈

그의 아이디어를 들었을 땐 절대 느낄 수 없는 신뢰감을,
그의 턱수염을 보면 느낄 수 있다.

173cm / 오른손잡이 / 파란 눈 / 반백 머리 / 물고기자리

환영 행사장
실외

사람이 계속 들어오지만
나가는 사람은 본 적이 없다.

기술 지원 타워
실내

숙련된 직원이 기술 지원 요청에
성실하게 응한다. 이 도시에서
유일하게 제대로 돌아가는 곳이다.

거대한 벽
실외

도시 전체를 둘러싸고 있다. 밖에서 침입하는
사람을 막기 위한 것이라고 거듭 강조한다.

서버 동굴
실내

시선이 닿는 곳마다
컴퓨터들이 줄지어 있다.

디버깅 매뉴얼
보통 무게 / 종이 소재

문제가 생겼을 때 모리아티를
고치기 위해 필요한 것들이
수천 페이지 분량으로 설명되어 있다.

부비트랩 페도라
보통 무게 / ▮▮▮▮ 소재

무엇을 하건
머리에 쓰지 말 것.

전기 스쿠터
보통 무게 / 금속, 전자부품 소재

아주 위험하고, 품질이 나쁘고,
초당 요금을 청구한다.

살인 타로 카드
가벼움 / 종이 소재

목을 그어서 사람을 죽일 수도 있고,
목숨을 위협하는 끔찍한 조언을 할 수도 있다.

영원히 접속을 끊으려고

 법적인 문제를 해결하려고

 정보 고속도로를
더 잘 이용하려고

 행성 전체를 해킹하려고

단서

▶백만장자 모스는 거대한 벽 옆에서 걸어다니고 있었다.

▶그레이스케일 회계사는 디버깅 매뉴얼을 가지고 온 사람에게 반했다.

▶피해자의 접속을 영원히 끊으려고 했던 사람은 기술 지원 타워 약간 동쪽에 있었다
(자료 D 참조).

▶법적인 문제를 해결하고 싶었던 사람은 텍토피아에서 유일하게 제대로 돌아가는 곳에 있었다.

▶전갈자리인 사람이 무기로부터 끔찍한 조언을 받고 있었다.

▶부비트랩 페도라를 가지고 있던 사람은 정보 고속도로를 더 잘 이용하고 싶었다.

진술

※범인은 거짓말을, 나머지는 진실을 말합니다.

▶**백만장자 모스 :**

음… 전기 스쿠터가 거대한 벽 옆에 있었지요.

▶**블랙스톤 변호사 :**

진술은 지금 하고 나중에 청구서를 보내겠습니다. 디버깅 매뉴얼을 가지고 있던 사람이 법적인 문제를 해결하려고 했어요.

▶**그레이스케일 회계사 :**

저는 환영 행사장에 있었습니다.

▶**첨단기술 전문가 터쿼이즈 :**

5년 안에, 백만장자 모스가 전기 스쿠터를 가져왔다는 사실이 확실해질 겁니다.

268

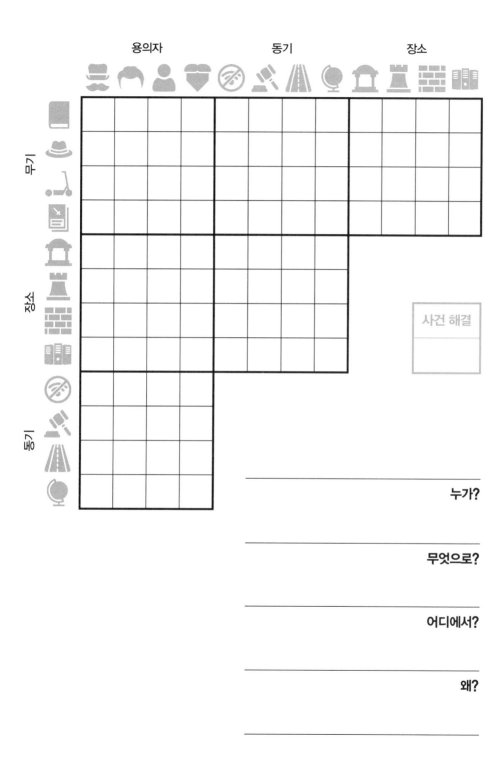

누가?

무엇으로?

어디에서?

왜?

88 | 서버 동굴에서도 살인이

논리탐정 로지코는 신비탐정 이라티노를 찾으러 서버 동굴에 기어 들어갔습니다. 그곳은 끔찍했습니다. 조명이라고는 서버에서 깜박이는 붉은 불빛밖에 없었습니다. 이상한 타는 냄새가 짙게 풍겼습니다. 그리고 바닥에 서버 관리자의 시체가 있었습니다.

용의자

모브 부사장

텍코 퓨처스의 부사장. 메타버스 텍토피아를 추진하는 몽상가.
CEO 인디고의 이번 주 관심사
(예를 들면 하수도 지도 제작)에도 열심이다.

173cm / 오른손잡이 / 갈색 눈 / 검은 머리 / 황소자리

백만장자 모스

원래는 억만장자 모스였지만
대형 소셜 네트워크를 인수하고 백만장자가 되었다.

170cm / 오른손잡이 / 파란 눈 / 금발 / 게자리

첨단기술 전문가 터쿼이즈

정확하게 2주에 한 번씩 초전도체에 집착한다.
그 후에는 초전도체를 전혀 언급하지 않는다.

173cm / 오른손잡이 / 파란 눈 / 반백 머리 / 물고기자리

충돌시험의 애프리콧

남들이라면 치명적이었을 사고를
64번이나 버텨낸 스턴트 운전사!

175cm / 오른손잡이 / 녹색 눈 / 갈색 머리 / 사자자리

서버 행 B698
실내

서버 행은 약 25만 개가 있지만,
이 문제와 관련된 것은 이 행뿐이다.

청소 도구함
실내

평범한 청소 도구함.
대걸레 등등이 있다.

배전실
실내

방 안에 온갖 색깔의
전선이 마구 얽혀 있다.

모리아티실
실내

VIP만 들어갈 수 있다.
모리아티 컴퓨터가
있는 곳이다.

소화기
무거움 / 금속, 화학약품 소재

머리를 내리쳐서 사람을 죽일 수 있다.
일단 불을 낸 다음
이걸 안 쓰는 방법도 있다.

불개미
가벼움 / 개미 소재

아주 많은 수의 불개미.
누군가에게 꿀을 바르고
이 불개미들을 던질 수 있다.

거대한 결혼반지
가벼움 / 금속, 피눈물 소재

세계에서 가장 아름다운 블러드 다이아몬드로
만들었다. 아주 값비싼 너클이나 마찬가지.

VR 고글
무거움 / 플라스틱, 전자부품 소재

일련의 이미지를 표시해서 뇌를
정지시킨다(대부분은 온라인 게시물).

사이버 마약에 취해서	텍토피아에서 나오려고
AI가 그러라고 시켜서	AI를 멈추려고

단서

▶소화기를 가진 사람은 AI가 시킨다고 해서 아무거나 할 성격이 아니었다.

▶대걸레 옆에서 블러드 다이아몬드가 발견되었다.

▶가벼운 무기를 가지고 있던 사람이 AI를 멈추려고 했다.

▶첨단기술 전문가 터쿼이즈는 서버 행 한 곳에서 목격되었다.

▶충돌시험의 애프리콧은 사이버 마약에 취해서 살인을 할 것처럼 보였다.

▶첨단기술 전문가 터쿼이즈와 키가 같은 사람이 얽힌 전선들 옆에서 목격되었다.

▶VR 고글을 가지고 있던 용의자는 눈이 파란색이었다.

진술

※범인은 거짓말을, 나머지는 진실을 말합니다.

▶**모브 부사장 :**

소화기가 배전실에 있었어요.

▶**백만장자 모스 :**

음… 텍토피아에서 나오려고 한 사람은 배전실에 있었을걸요.

▶**첨단기술 전문가 터쿼이즈 :**

모브 부사장은 모리아티실에 없었어요.

▶**충돌시험의 애프리콧 :**

하하! 나는 청소 도구함에 있었어요.

272

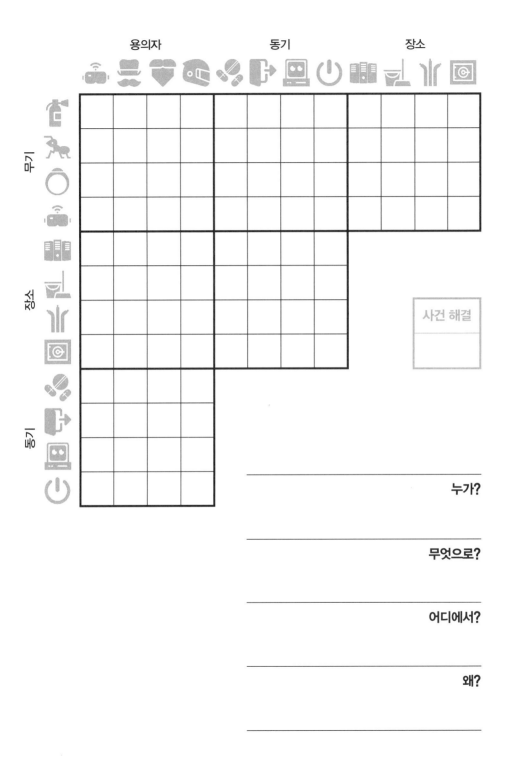

용의자   동기   장소

무기

장소

동기

사건 해결

누가?

무엇으로?

어디에서?

왜?

273

논리탐정 로지코는 거대 컴퓨터 모리아티가 있어야 할 방에 들어갔습니다. 하지만 그곳에서 기다리는 것은 최고급 양자 컴퓨터가 아니라… 개미떼였습니다. 사방이 개미 천지였습니다! 그 한가운데에 보조 컴퓨터 기술자의 시체가 있었습니다.

용의자

X의 값도 알고 X의 의미도 안다.

175cm / 왼손잡이 / 파란 눈 / 갈색 머리 / 물고기자리

수비학자 나이트

미드나이트 영화사 추리극의 촬영 장소는 모두 알지만,
친구를 사귀는 법은 모른다.

178cm / 왼손잡이 / 검은 눈 / 갈색 머리 / 처녀자리

영화광 스모키

윤리적 미적분에 따라 미래 세대의 행복을
고려해야 한다고 주장한다. 그리고 그 점을 이용해서
심히 거슬리는 행동을 잔뜩 정당화한다.

173cm / 오른손잡이 / 파란 눈 / 반백 머리 / 물고기자리

첨단기술 전문가 터쿼이즈

헐리우드에서 생긴 문제로 현재
이미지 전환에 힘쓰는 중이다. 지금은 정보 고속도로에 관해
최고의 전방위로 전문성을 보유한 해커 블랙스턴이다.

183cm / 오른손잡이 / 갈색 눈 / 대머리 / 궁수자리

해커 블랙스턴

경비문
실내

이 문을 통해 서버실로 돌아갈 수 있다.
잠긴 문을 열려면 지문, 암호,
홍채 스캔이 필요하다.

전선 뭉치 A
실내

방 한쪽에 놓인
거대한 전선 뭉치.

전선 뭉치 B
실내

방 다른 쪽에 놓인
거대한 전선 뭉치.

전선용 구멍
실내

모든 전선이 벽의
이 구멍으로 이어진다.

무술가의 손
보통 무게 / 손 소재

무예를 충분히 익힌 사람의 손은
치명적인 무기가 된다.

3D 프린터
무거움 / 플라스틱, 전자부품 소재

나이프를 찍어낼 수도 있고,
그냥 통째로 사람 위에
떨어뜨릴 수도 있다.

1980년대 랩톱
무거움 / 플라스틱, 전자부품 소재

머리 위에 이걸 떨어뜨리면
사람이 벌레처럼 으깨지겠지.

여왕불개미
가벼움 / 개미 소재

여왕불개미의 백성 개미 여덟 마리가
이 사건 페이지 위를 마구 기어다닌다.

동기

 AI가 그러라고 시켜서   온라인 폭력의 보복으로

 행성 전체를 해킹하려고   AI를 멈추려고

단서

▶온라인 폭력의 보복으로 살인을 하려던 사람은 전선 뭉치 B 옆에 있었다.

▶두 번째로 키가 작은 용의자는 1980년대 랩톱을 가져온 사람에게 반했다.

▶할리우드 작가였다가 이제 정보 고속도로 전문가로 전직한 사람이 3D 프린터를 가지고 왔다.

▶행성 전체를 해킹하고 싶었던 사람은 오른손잡이였다.

▶여왕불개미를 들고 온 사람도 오른손잡이였다. 동일인일까? 그럴 수도 있고 아닐 수도 있다.

▶AI를 멈추려고 했던 사람은 전선용 구멍 옆에 있었다.

▶첨단기술 전문가 터쿼이즈는 AI가 시키면 살인도 할 사람이었다. 사실은 평생의 꿈이 AI의 명령으로 사람을 죽이는 것이었다.

진술

※범인은 거짓말을, 나머지는 진실을 말합니다.

▶**수비학자 나이트:**

3D 프린터는 전선 뭉치 A 옆에 없었어요.

▶**영화광 스모키 :**

1980년대 랩톱은 전선용 구멍 옆에 없었죠.

▶**첨단기술 전문가 터쿼이즈 :**

10년 이내에, 1980년대 랩톱을 가진 사람이 AI를 멈추려던 사실이 명확히 밝혀질 겁니다.

▶**해커 블랙스턴 :**

생각해봐요. 수비학자 나이트는 AI를 멈추려고 했어요.

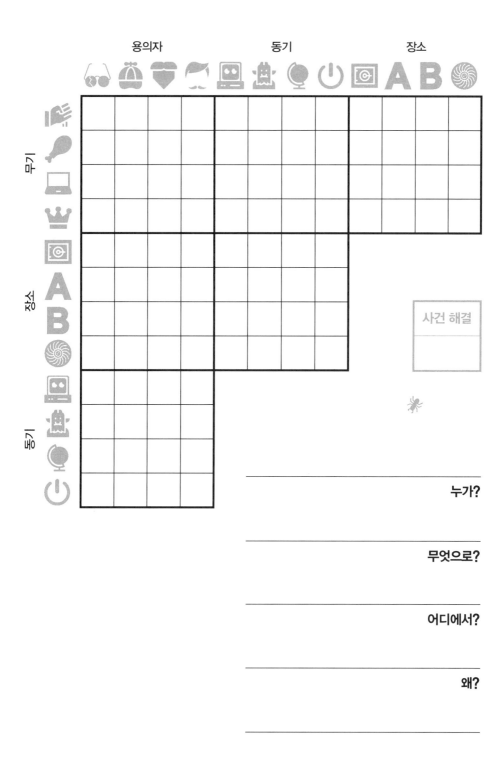

용의자　　　　　동기　　　　　장소

무기

장소

동기

사건 해결

누가?

무엇으로?

어디에서?

왜?

90 | 이 아래는 냄새가 고약해…

논리탐정 로지코는 물과 피곤에 푹 절어서, 텍토피아에서 유일하게 무선으로 돌릴 수 없었던 하수도 시설을 비틀비틀 걸었습니다. 손전등을 들고 살금살금 다니면서 너무 끔찍한 것은 밟지 않으려고 애를 썼지만, 불행히도 시체에 걸려 넘어지고 말았습니다.

용의자

앳된 블루 씨

분명히 다 자란 어른이다.
밤중에 하수도를 돌아다녀도 될 만큼 나이를 먹었다.

234cm / 오른손잡이 / 파란 눈 / 금발 / 쌍둥이자리

검은 모자

검은 모자를 쓰는 이유는 악당이어서가 아니라,
악당처럼 보이고 싶어서라고 한다.
그런데 해킹을 할 수 있는 것 같은데? 그건 나쁜 게 아닌가?

178cm / 오른손잡이 / 갈색 눈 / 검은 머리 / 천칭자리

신비동물학자 클라우드

신비동물을 뒤쫓아 텍토피아 아래의 하수도까지 왔다.
그런데 그 동물은 어디 갔지?

170cm / 오른손잡이 / 회색 눈 / 백발 / 전갈자리

설인

마지막으로 말하지만 이 사람은 신비동물이 아니다.
그냥 털이 많을 뿐이다. 몸이 커다랗고, 그리고… 하수도에 살고?

190cm / 오른손잡이 / 회색 눈 / 백발 / 황소자리

하수도 터널
실내

냄새가 하도 지독해서,
차라리 살해되는 게 덜 괴로울 것 같다.

하수 처리 시설
실내

하수도의 물을 마실 수 있을 만큼
깨끗해질 때까지 빗물로 희석하는 곳.

상수도관
실내

편의상 가끔 하수도 터널과
아주 가까운 위치를 지나간다.

빗물 터널
실내

1년에 한 번 사막에
홍수가 나면 그 빗물을 전부
이 터널에 모아 저장한다.

미니 카
무거움 / 자동차, 여행 가방 소재

접어서 여행 가방에
넣을 수 있지만 승합차만큼
사람을 잘 친다.

로켓 바지
보통 무게 / 바지, 로켓 소재

제트팩의 시대는 갔다. 신기술이 여기에 있다.
이걸로 날 수 있을 뿐만이 아니라,
발로 차면 맞은 사람이 죽는다.

폭발하는 물고기
보통 무게 / 물고기, TNT 소재

곧장 헤엄쳐 다가와서 쾅!
철퍼덕!

▓▓▓▓▓
보통 무게 / ▓▓▓▓▓ 소재

절대로 알고 싶지 않을 것이다.
정말로.

온라인 폭력의 보복으로

 유명해지려고

 텍토피아에서 나오려고

 발각되었기 때문에

단서

▶신비동물학자 클라우드는 로켓 바지를 가지고 있어서 아주 멋져 보였다.

▶발각된 사람은 하수 처리 시설에 있었다.

▶ ■■■■를 가지고 있던 용의자는 눈이 파란색이었지만, 그 눈을 끔찍하게 생긴 무기로 가리고 있었다.

▶미니 카가 하수도 터널에서 발견되었다. 놀랍게도 작동에 아무 문제가 없었다! 비록 냄새는 엄청나게 심했지만.

▶유명해지고 싶었던 사람은 상수도관 옆에 있었다.

▶텍토피아에서 나오고 싶었던 사람은 보통 무게 무기를 가지고 있었다.

진술

※범인은 거짓말을, 나머지는 진실을 말합니다.

▶**앳된 블루 씨 :**

우리, 아니, 내가 아는 건, 설인이 폭발하는 물고기를 가지고 있었다는 거죠.

▶**검은 모자 :**

비밀이지만, 설인은 하수 처리 시설에 있었어.

▶**신비동물학자 클라우드 :**

검은 모자는 텍토피아에서 나오고 싶어 했지.

▶**설인 :**

그르르르… 로켓 바지가 상수도관에 있었다.

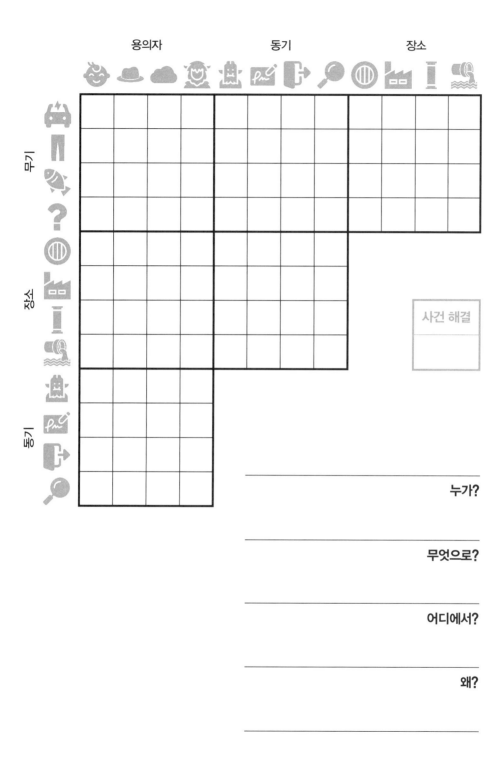

로켓으로 살인 미수

QQQQ

논리탐정 로지코는 하수도에서 기어 나와 로켓 발사 시설로 갔습니다. 텍코는 누구나 모리아티에게 질문을 할 수 있도록 우주에 위성을 띄울 계획이었습니다. 시설에 도착해 보니 신비탐정 이라티노가 의식을 잃고 쓰러져 있었습니다. 누구의 짓일까요? 왜 그랬을까요?!

용의자

CEO 인디고

CEO 인디고는 항상 우주로 나가 다른 행성을 여행할 날을 꿈꿔 왔다. 직원들 중에도 그 꿈이 이루어지기를 바라는 사람이 많다.

180cm / 오른손잡이 / 녹색 눈 / 갈색 머리 / 황소자리

네이비 제독

네이비 제독의 맏아들인 네이비 제독의 맏아들.

175cm / 오른손잡이 / 파란 눈 / 갈색 머리 / 게자리

슬레이트 대위

우주비행사. 달의 뒷면을 탐험한 최초의 여성이자, 우주선 부조종사 살인 혐의를 받은 최초의 인물.

165cm / 왼손잡이 / 갈색 눈 / 갈색 머리 / 물병자리

우주인 블루스키

전직 소련 우주비행사. 빨간 피가 흐른다. 물론 그게 보통이지만, 그래도 이건 애국의 상징이다.

188cm / 왼손잡이 / 갈색 눈 / 검은 머리 / 양자리

발사대
실외

보통은 엘리베이터를 타고 올라가지만,
비용 절감을 위해 계단만 설치했다.

안전 구역
실내

로켓 발사 현장에서 약 1.5km 거리에 있다.
실제로 안전 검사를 통과한 유일한 곳이다.

텍코 우주선
실내

모든 규정을 무시하고 만든 이 로켓은
선체가 특별한 탄소섬유로 되어 있고
비디오 게임 컨트롤러로 조종한다.

발사 패드
실외

CEO 인디고는 발사 패드에
특별한 재료(모래)를 쓰자고 고집했다.

우주인 식량
가벼움 / ??? 소재

동결 건조 식량.
맛이 없고, 비싸고, 독이 들었다.

제트팩
무거움 / 금속, 전자부품 소재

다리 뒤쪽에 심한 화상을 입어도 괜찮다면
최고의 비행 수단이다.

UFO
보통 무게 / 암석 소재

그냥 누군가의 머리를 향해 던진 돌이지만,
그 정체를 확인할 때까지는 미확인
비행물체이니 UFO라고 부를 수 있다.

천뢰
무거움 / 금속, 폭발물 소재

지뢰라고 하면 누구나 알겠지만,
하늘에 설치하는 천뢰가 등장했다.

동기

화면 이용 시간을
줄이려고 했기 때문에

 암호화폐 빚을 청산하려고

 텍토피아에서 탈출하려고

 AI가 그러라고 시켜서

단서

▶텍토피아에서 탈출하고 싶었던 사람은 텍코 우주선에 없었다.

▶탐구 협회에서 전달된 암호 메시지: 71 63 41 21 62 63 81 82 63 71 82 31 13 41 61 62 41 11 92 21(자료 C 참조).

▶네이비 제독은 동결 건조한 우주인 식량이 마음에 들어서 손에 든 포장 안에 독이 들었다는 것을 끝없이 되새겨야 했다.

▶천뢰를 가지고 있었던 사람은 오른손잡이였다.

▶암호화폐 빚을 청산하고 싶었던 사람은 발사대에 있었다.

▶화면 이용 시간 때문에 이라티노를 죽일 마음을 가진 사람은 발사 패드에 있었다.

▶우주인 블루스키는 안전 검사에 통과한 유일한 장소에서 몸을 웅크리고 있었다.

진술

※범인은 거짓말을, 나머지는 진실을 말합니다.

▶CEO 인디고 :

　네이비 제독은 천뢰를 가지고 오지 않았지.

▶네이비 제독 :

　CEO 인디고는 화면 이용 시간을 줄이겠다고 하는 사람이 있으면 살인이라도 할 것 같았지.

▶슬레이트 대위:

　달처럼 명확한 사실이지. CEO 인디고가 발사 패드에 있었어.

▶우주인 블루스키 :

　불멸의 마르크스-레닌주의 과학을 바탕으로 보면, 우주인 식량이 발사대에 있었지요.

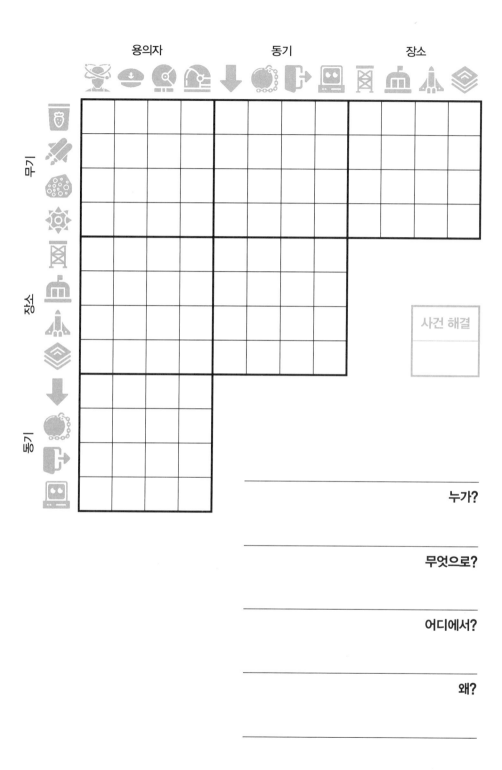

용의자   동기   장소

사건 해결

_____ 누가?

_____ 무엇으로?

_____ 어디에서?

_____ 왜?

92 | 사람을 죽이는 힘

암호 쪽지에 적힌 내용을 보고 논리탐정 로지코가 테슬라 코일에 도착하자 파지직 하고 거대한 전기 아크가 튀었습니다. 그러나 그곳에서 신비탐정 이라티노는 보이지 않고, 정비 작업자의 시체만 보였습니다. 어찌 보면 다행이었습니다. 하지만 범인은 밝혀야 했습니다.

용의자

첨단기술 전문가 터쿼이즈

텍코 폰을 사용하는 것은 어려워하지만
그걸로 세상이 어떻게 바뀔지 이야기하는 것은 쉽게 생각한다.
아무튼 세상은 '획기적으로' 바뀔 것이다.

173cm / 오른손잡이 / 파란 눈 / 반백 머리 / 물고기자리

보좌역 올리브

이사 자리를 눈앞에 둔 올리브는
승진을 위해 무슨 짓이든 할 작정이다.

168cm / 오른손잡이 / 녹색 눈 / 갈색 머리 / 처녀자리

악녀 앰버

다국적 범죄 조직을 운영하고, 재미로 사람을 죽이고,
강아지를 싫어하고, 혼돈을 사랑한다.

165cm / 오른손잡이 / 파란 눈 / 갈색 머리 / 궁수자리

크림슨 원장

뉴 이지스에서 살인 현행범으로 지목된 후 크림슨 원장은
자취를 감추고 있었다…. 조금 전까지는!
무슨 일을 하고 있었을까? 살인과도 관련이 있을까?

175cm / 왼손잡이 / 녹색 눈 / 붉은 머리 / 물병자리

울타리
실외

사람들이 고전류가 흐르는 탑에
다가가지 못하게 막는다.

대피소
실내

코일에서 무언가가 잘못되기
시작하면 모두가 여기로 뛴다.

거대한 구체
실외

테슬라 코일이 아직 켜져 있었다면
이 자리에 있는 사람을 죽였겠지만,
켜져 있지 않기 때문에 살 수 있다.

제어실
실내

테슬라 코일을 제어하는
스위치와 손잡이들이 있는 곳.

무기

족류탄
보통 무게 / 폭발물 소재

CEO 인디고가 말했듯이
"수류탄이 있는데, 족류탄이라고
못 만들 건 없지 않은가?"

낡은 썰매
무거움 / 금속, 나무 소재

CEO 인디고는 이걸 보면
억만장자에 불과했던
소박한 옛 시절을 떠올린다.

커다란 모래 자루
무거움 / 자루, 모래 소재

텍토피아에서
가장 풍부한 자원 겸 무기.

거대한 결혼반지
가벼움 / 금속, 피눈물 소재

세계에서 가장 아름다운 블러드 다이아몬드로
만들었다. 아주 값비싼 너클이나 마찬가지.

AI가 그러라고 시켜서	별명을 알았기 때문에
영원히 접속을 끊으려고	코일을 끄려고

단서

▶첨단기술 전문가 터쿼이즈와 족류탄을 가져온 사람은 복잡한 과거사가 있다. 주로 서로를 경멸해 온 과거사가.

▶보안요원이 별명을 알았다는 이유로 살인할 만한 사람은 무거운 무기를 가지고 있었다.

▶가장 키 큰 용의자가 거대한 구체 위에서 노닥거리고 있었다.

▶스위치와 손잡이들 옆에서 블러드 다이아몬드가 발견되었다.

▶키가 두 번째로 작은 용의자는 커다란 모래 자루를 가지고 있었다.

▶악녀 앰버는 울타리 옆에 없었다. 어떤 종류의 울타리도 앰버를 막을 수는 없었다.

▶낡은 썰매를 가진 사람은 코일을 끌 생각이었다.

진술

※범인은 거짓말을, 나머지는 진실을 말합니다.

▶**첨단기술 전문가 터쿼이즈 :**

15년 이내에는 제가 제어실에 있었다는 걸 누구나 알게 될 겁니다.

▶**보좌역 올리브 :**

크림슨 원장은 커다란 모래 자루를 가져오지 않았어요.

▶**악녀 앰버 :**

헤헤헤, 크림슨 원장은 낡은 썰매를 가져왔지.

▶**크림슨 원장 :**

의사로서 소견을 밝히자면, 악녀 앰버는 영원히 접속을 끊고 싶어 했어요.

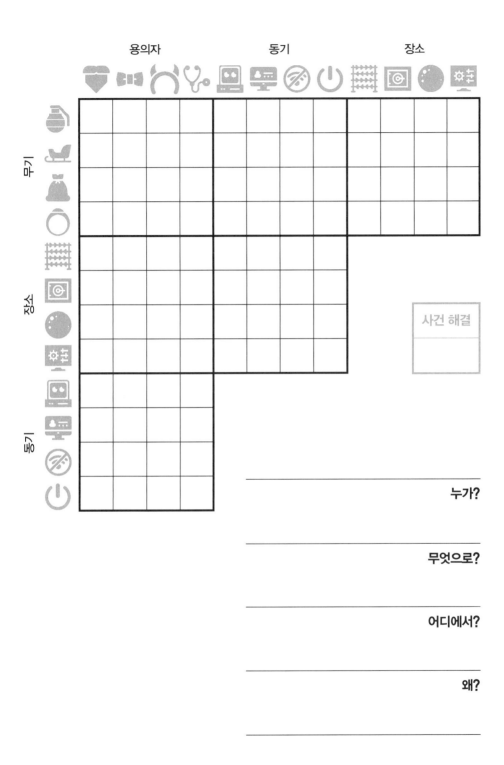

용의자   동기   장소

무기

장소

동기

사건 해결

_____

누가?

_____

무엇으로?

_____

어디에서?

_____

왜?

_____

논리탐정 로지코가 텍코 요원들을 몰래 뒤따라가보니 요원들은 텍코 기술 지원 타워에 들어갔습니다. 안까지 따라가보니 크림슨 원장은 도망쳤고, 원장의 옷을 입은 다른 사람이 죽어 있었습니다. 로지코는 스스로도 놀랄 만큼 위압적인 태도로 말했습니다. "사건이 해결될 때까지 아무도 못 나갑니다!" 하지만 이상한 것은 살인만이 아니었습니다. 텍토피아에서 제대로 돌아가는 일이 왜 기술 지원밖에 없는지도 알아내야 했습니다.

용의자

모브 부사장

텍코 퓨처스의 부사장. 메타버스 텍토피아를 추진하는 몽상가.
CEO 인디고의 이번 주 관심사(예를 들면 잔심부름)에도 열심이다.

173cm / 오른손잡이 / 갈색 눈 / 검은 머리 / 황소자리

브론즈 운전사

이 사람도 귀족이고, 운전사로서 최상류층 사람들을 태우고 다녔다.
하지만 그것도 지난 일이다.
지금은 훨씬 멋이 없는 기술 지원 업무를 맡고 있다.

178cm / 오른손잡이 / 갈색 눈 / 금발 / 물병자리

컴퓨터 윤리학자 레몬

텍코 퓨처스에서 윤리학자로 일할 때는
아무 일거리도 받을 수가 없었다. 하지만 지금은
기술 지원을 맡았기 때문에 종일 일한다.

178cm / 왼손잡이 / 갈색 눈 / 백발 / 궁수자리

미스 사프론

미스 사프론은 좋은 일을 하려고 애썼지만, 지금은 쉴 틈도 없이
기술 지원 업무를 한다. 사프론은 이 일이 부자나
좋은 사람으로 있는 것보다 마음에 들지 않는다.

157cm / 왼손잡이 / 녹갈색 눈 / 금발 / 천칭자리

접수층
실내

친절하게 미소 짓는 접수원이
보안 카드를 요구한다.
카드가 없으면 안에 들어갈 수 없다!

기술 지원층
실내

시선이 닿는 곳마다 사무용 칸막이가
끝없이 늘어서 있다. 잠깐, 벽이 거울로
되어 있어서 그렇고, 끝은 있다.
그래도 결코 적은 수는 아니다!

엘리베이터
실내

엘리베이터 내부에 버튼이 없다.
원격으로 조종된다.

옥상
실외

접시형 위성 안테나와
테슬라 코일에 연결된 안테나가 있다.

무기

제트팩
무거움 / 금속, 전자부품 소재

다리 뒤쪽에 심한 화상을 입어도 괜찮다면
최고의 비행 수단이다.

족쇄
무거움 / 금속 소재

한쪽 끝은 발목에 채우고,
다른 쪽 끝으로는 머리를 올려 친다.

사내 잡지
가벼움 / 종이 소재

'텍코 퓨처스가 곧 미래인 이유'나
'주말 근무 요령' 같은 글이 가득 차 있다.

고대의 유선 전화
보통 무게 / 금속 소재

돌돌 말린 전화선으로
누군가의 목을 조를 수 있다.

텍토피아에서 탈출하려고

 기술 지원 실적을 높이려고

 텍토피아에서 승급하려고

 AI가 그러라고 시켜서

단서

▶ 누군가가 로지코에게 전달한 뒤죽박죽 메시지: 에아토피서텍 출고하탈 었싶던 사은람 프론 사.

▶ 컴퓨터 윤리학자 레몬은 자기가 옥상에 있었을 수 없는 이유를 밝힌 서약서를 설득력 있게 작성해 냈다. 그 말은 사실이었다!

▶ 엘리베이터에 있었던 사람은 위쪽 버튼을 누를 수 없었다. 버튼이 혹시 있었더라도 키가 가장 작은 용의자라서 소용이 없었을 것이다.

▶ 사내 잡지를 가진 사람은 텍토피아에서 승급하고 싶었다.

▶ 브론즈 운전사는 족쇄를 차고 있어서 거동이 자유롭지 않았다.

▶ AI가 시킨다고 살인도 저지를 만한 사람은 보통 무게의 무기를 가지고 있었다.

진술

※ 범인은 거짓말을, 나머지는 진실을 말합니다.

▶ **모브 부사장 :**

텍토피아에서 승급하고 싶었던 사람은 접수층에 있었지요.

▶ **브론즈 운전사 :**

컴퓨터 윤리학자 레몬은 사내 잡지를 가져오지 않았습니다.

▶ **컴퓨터 윤리학자 레몬 :**

고대의 유선 전화는 기술 지원층에 없었어요.

▶ **미스 샤프론 :**

사내 잡지가 옥상에 있었죠.

무기

장소

동기

사건 해결

_____

누가?

_____

무엇으로?

_____

어디에서?

_____

왜?

_____

신비탐정 이라티노는 무사했습니다! 지금 높은 담장 주변을 몰래 돌아다니는 중이었습니다. 로지코는 또 속았다는 점에 짜증이 났습니다. "아니, 도대체 왜 사라진 척을 한 건가요?" 신비 탐정 이라티노가 대답했습니다. "그게 아니고 뭘 좀 찾았어요. 여기에서만 보이는걸요." 하지만 그게 뭐였는지 막 설명하려다가 갑자기 살해되었습니다! (정말 죽었을까요?)

용의자

검은 모자

검은 모자를 쓰는 이유는 악당이어서가 아니라, 악당처럼 보이고 싶어서라고 한다. 하지만 이제는 그 불화를 가라앉히고 싶어서 상담 치료를 시작했다.

178cm / 오른손잡이 / 갈색 눈 / 검은 머리 / 천칭자리

철학자 본

과감하고 어두운 철학자. 자신은 자기 행동에 책임을 질 필요가 없지만 보상은 받아야 한다는 윤리 이론의 선구자.

155cm / 오른손잡이 / 갈색 눈 / 대머리 / 황소자리

카퍼 경관

범죄자가 경찰일 때 좋은 점은, 중간책을 제거해서 자기가 맡은 범죄 수사를 망칠 수 있다는 것이다.

165cm / 오른손잡이 / 파란 눈 / 금발 / 양자리

CEO 인디고

항상 자기가 죽으면 회사가 폭발할 것이라고 말했다. 믿고 경영을 맡길 사람이 없다고 생각한다.

180cm / 오른손잡이 / 녹색 눈 / 갈색 머리 / 황소자리

흉벽
실외

고전적인 방식으로 성벽을 보강한다.
멋진 성벽을 위한 필수 요소.

전망용 망원경
실외

동전을 넣으면 8초 동안 쓸 수 있다.
전에는 20초였는데.

경비탑
실내

사실상 전시용이다.
경비원에게 월급을 주어도 손실이 없다는
경제 분석 결과가 나왔다.

탐조등
실외

텍코 퓨처스에서는 침입자를
막기 위해서라고 말하지만,
사실은 탈출을 막기 위해 설치했을 것이다.

요요
가벼움 / 플라스틱, 노끈 소재

실력만 좋으면 1.5m 밖에서
사람을 칠 수 있다.
그냥 목을 졸라도 된다!

조명탄
가벼움 / 금속 소재

하늘이나 누군가의
머리를 향해 조명탄을 쏘자.

유용한 안내지
가벼움 / 종이 소재

텍토피아의 독특한 특징들이 잔뜩 나와 있다.
이를테면 번개처럼 빠른 기술 지원 같은.

시안화물이 든 치아
가벼움 / 에나멜, 독소 소재

깨물면 독이 흘러나온다. 진짜 어려운 부분은
이 무기를 다른 사람의 입에 넣는 것.

동기

AI가 그러라고 시켜서	텍토피아에 들어가려고
텍토피아에서 나오려고	텍토피아에서 받는 임금을 인상하려고

 단서

▶ 과감하고 어두운 철학자가 조명탄을 가지고 있었다.

▶ 텍토피아에서 받는 임금을 인상하고 싶었던 용의자는 종이 소재가 함유된 무기를 가지고 있었다.

▶ 텍토피아의 독특한 특징들을 열거한 목록이 탐조등 옆에서 발견되었다.

▶ CEO 인디고는 경비탑에 가지 않았다.

▶ 텍토피아에서 나오고 싶었던 사람은 흉벽 위에 있었다.

▶ 시안화물이 든 치아를 가지고 있던 사람은 AI가 시키면 주저없이 살인도 할 것 같았다.

▶ 검은 모자가 요요를 가지고 있었다. 하지만 요요를 가지고 있어도 악당은 악당이다.

진술

※범인은 거짓말을, 나머지는 진실을 말합니다.

▶ **검은 모자 :**
시안화물이 든 치아는 흉벽 위에 없었지요.

▶ **철학자 본 :**
명백하지 않나요? 조명탄을 가진 사람은 텍토피아에서 나오려고 했어요.

▶ **카퍼 경관 :**
나는 시안화물이 든 치아를 가지고 있었어.

▶ **CEO 인디고 :**
아하! 조명탄이 흉벽 위에 있었지.

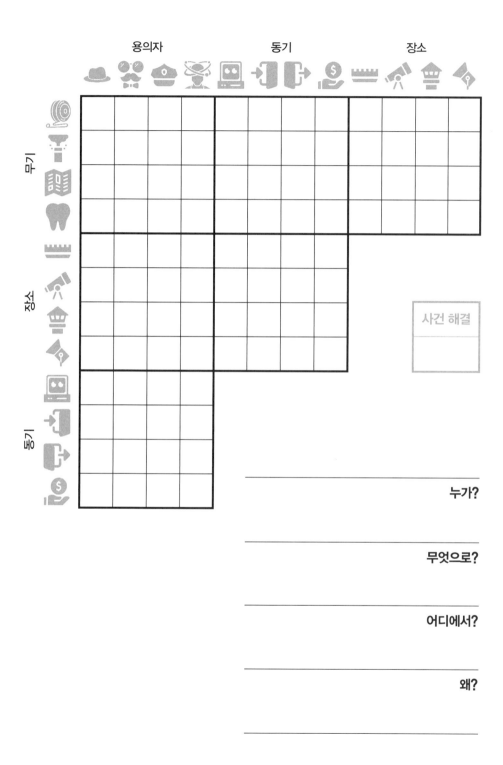

무기

장소

동기

사건 해결

누가?

무엇으로?

어디에서?

왜?

95 | 황무지에 홀로 남은 시체

논리탐정 로지코와 신비탐정 이라티노는 걸어서 황무지를 건너기 시작했습니다. 우주선의 잔해와 낡은 컴퓨터, 그리고 모래 말고는 아무것도 없었습니다. 아, 모래하고 이 황무지를 최근에 건너려던 사람의 시체하고요.

용의자

충돌시험의 애프리콧

남들이라면 치명적이었을 사고를
78번이나 버텨낸 스턴트 운전사!

175cm / 오른손잡이 / 녹색 눈 / 갈색 머리 / 사자자리

총교주 코발트

사막을 방황하면서 추종자와 물 한 잔,
그리고 죽일 사람을 찾고 있다.

175cm / 오른손잡이 / 파란 눈 / 은발 / 물병자리

건메탈 하사

누군가가 "높이 뛰어!"라고 말하면 하사는
"얼마나 높이 말입니까?"라고 묻지 않는다. 그냥 뛴다.
뛰라고 말하는 사람에게 "얼마나 높이 말입니까?" 같은 질문을
던지는 것은 이상한 일이다. 특히나 긴급 상황에서는.

183cm / 오른손잡이 / 갈색 눈 / 검은 머리 / 염소자리

라즈베리 코치

미시시피 강 어느 쪽에 있건, 그쪽에서 손꼽히는 유능한 코치.
스포츠계의 승률 높은 코치가 사막에서
뭘 하고 있는 걸까? 혹시 살인?

183cm / 왼손잡이 / 파란 눈 / 금발 / 양자리

으스스한 오두막

실내

썩어가는 음산한 오두막.
죽고 죽이기에 완벽한 곳이다.

구불구불한 길

실외

이지스 산으로 가는 흙길.
따라가기가 어렵고, 길을 벗어나면 죽는다.

황량한 사막

실외

가끔씩 땅이 흔들린다.
모래언덕에 가까이 갈수록
더 자주 흔들린다.

이지스 산

실외

사막의 하늘에 뜬
별들을 배경으로
검고 긴 그림자를 드리운다.

삽

보통 무게 / 금속, 나무 소재

살인 무기로 삽을 쓰면
시체를 숨길 구멍도
팔 수 있어서 참 좋다.

위험 표지판

보통 무게 / 금속 소재

'위험!'이라고 쓰여 있는
금속 표지판.
직관적인 설명이다.

선인장

보통 무게 / 셀룰로스 소재

가시 조심.
이걸로 때리는 사람도 조심.

암살용 뱀

보통 무게 / 뱀 가죽 및 기타 소재

자동 무기라고 할 수 있다.
흔들어서 던진 다음 구경하면 된다.

돈 때문에

우연한 사고로

주의를 분산시키려고

**텍토피아의 비밀을
은폐하려고**

단서

▶금속 표지판에 파란 눈이 비쳤다.

▶충돌시험의 애프리콧이 누군가를 죽인다면 순전히 우연한 사고일 것이다.

▶추종자를 찾아 방황하면 용의자는 선인장을 가지고 있었다.

▶건메탈 하사는 썩어가는 음산한 곳 주변을 맴돌고 있었다.

▶주의를 분산시키고 싶었던 용의자는 실외에서 실행 계획을 짜고 있었다.

▶텍토피아의 비밀을 은폐하고 싶었던 사람은 이지스 산을 오르는 중이었다.

▶암살용 뱀은 황량한 사막에 없었다. 너무 모래가 많았기 때문이다.

진술

※범인은 거짓말을, 나머지는 진실을 말합니다.

▶**충돌시험의 애프리콧 :**

　하하! 위험 표지판이 황량한 사막에 있었죠.

▶**총교주 코발트 :**

　선인장은 으스스한 오두막에 없었지.

▶**건메탈 하사 :**

　군인으로서 말합니다. 충돌시험의 애프리콧이 암살용 뱀을 가져왔습니다.

▶**라즈베리 코치 :**

　어, 그렇지. 암살용 뱀을 가지고 있었던 사람은 우연한 사고로나 살인을 할걸.

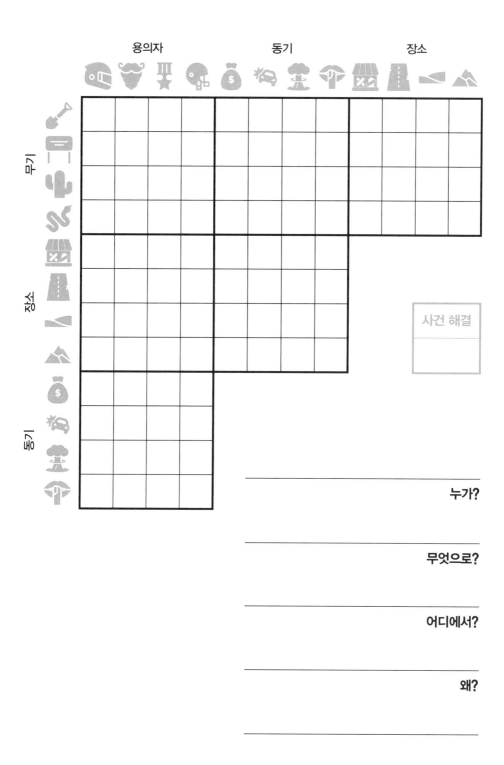

누가?

무엇으로?

어디에서?

왜?

96 | 산속에서 일어난 평범한 살인

논리탐정 로지코와 신비탐정 이라티노는 산으로 진입할 길을 찾을 수가 없었습니다. "걱정 말라고!" 뒤에서 군대를 끌고 온 셀러돈 장관의 목소리가 들렸습니다. "우리도 저기에 들어갈 생각이지." 군대 역시 어느 소령이 살해된 사건을 해결하려고 애쓰는 중이었습니다.

용의자

세피아 어르신

어르신 소리를 듣는 노인.
어지간한 사람이 태어나기 전부터 서부에서 살았다.

152cm / 오른손잡이 / 녹색 눈 / 반백 머리 / 게자리

커피 장군

부하들을 죽음의 격전장으로 보내기 전에 항상 모닝커피를
마시는 에스프레소 애호가. 중요한 것은 명예인가, 영광인가,
부인가, 아니면 커피콩에 대한 사랑인가?

183cm / 오른손잡이 / 갈색 눈 / 대머리 / 궁수자리

총교주 코발트

사막을 방황하는 사이에
길고 흰 수염과 길고 흰 로브가 갈색이 되었다.

175cm / 오른손잡이 / 파란 눈 / 은발 / 물병자리

셀러돈 장관

국방장관. 전쟁 범죄도 꽤 저질렀다.
그러니까, 곤란한 상황에서는 아주 유능한 친구가 될 수 있다.

168cm / 왼손잡이 / 녹색 눈 / 갈색 머리 / 사자자리

이상한 나무
실외

이상하게 생겼다. 어쩌면 인공물일지도.
특히 가지 하나가 신경 쓰인다.

돌무지
실외

산의 한편에 뭔가…
수상해 보이는 돌무지가 있다.

잠긴 철문
실외

잠겨 있는 거대한 철문.
열 방법이 보이지 않는다.
하지만 반드시 방법은 있을 것이다!

버려진 트럭
실내

버려진 빈 트럭이
덩그러니 놓여 있다.
무슨 일이 일어난 걸까?

커다란 모래 자루
무거움 / 자루, 모래 소재

텍토피아에서
가장 풍부한 자원 겸 무기.

플라스틱 포크
가벼움 / 플라스틱 소재

특별 훈련을 받거나
아주 열심히 노력하면 이걸로도
사람을 줄일 수 있다.

스노볼
보통 무게 / 유리, 물 소재

눈에 파묻힌 텍토피아의 모형이 들어 있다.
마치 사막에 눈이 내리기라도 할 것처럼!

낡은 컴퓨터 마우스
가벼움 / 플라스틱, 전자부품 소재

빙빙 돌려서
멀리 날려보자!

동기

 산에 들어갈
방법을 찾으려고

 AI를 멈추려고

 일확천금을 노리고

 짜증이 나서

단서

▶스노볼의 유리에 녹색 눈이 비쳤다.

▶누군가가 돌무지 밑에 가벼운 무기를 숨겨놓았다.

▶텍토피아에서 가장 풍부한 자원 겸 무기가 이상한 나무 밑에서 발견되었다.

▶일확천금을 노리던 사람은 가장 북쪽 장소에 있었다(자료 D 참조).

▶세피아 어르신은 잠긴 철문 근처에 없었다.

▶플라스틱 포크를 가진 사람은 짜증 때문에, 특히 플라스틱 포크로 사람을 죽이려고 하니 밀려
오는 갑갑한 짜증 때문에 살인을 하고 싶었다.

▶산에 들어갈 방법을 찾고 싶었던 용의자는 컴퓨터 마우스가 없었다.

▶에스프레소 애호가는 AI를 멈추고 싶었다.

진술

※범인은 거짓말을, 나머지는 진실을 말합니다.

▶**세피아 어르신 :**

　나 때는 직설적으로 말하는 편이었지. 커피 장군이 커다란 모래 자루를 가져왔어.

▶**커피 장군 :**

　흠… 플라스틱 포크가 돌무지에 있었지.

▶**총교주 코발트 :**

　내가 계시를 봤는데, 스노볼을 가지고 있던 사람은 산에 들어갈 방법을 찾으려고 했지.

▶**셀러돈 장관 :**

　내 말을 듣게. 총교주 코발트가 플라스틱 포크를 가지고 왔어.

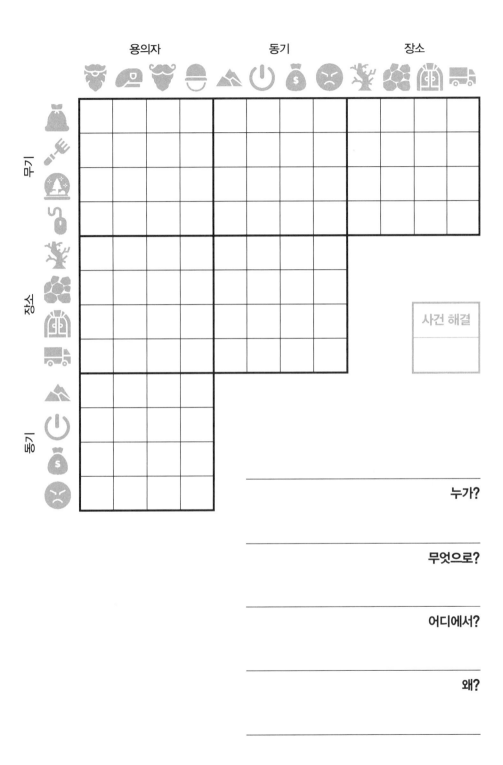

누가?

무엇으로?

어디에서?

왜?

로지코가 산 밖에 있는 이상한 인공 나뭇가지를 아래로 당기자 바위에서 문이 열렸습니다. 그 안에 들어가자 산 지하에 공들여 건설한 누군가의 소굴이 보였습니다. 탐정들은 살금살금 복도를 지나가다가 다른 침입자의 시체를 발견했습니다.

용의자

퓨셔 요원

OOO번대 요원. 그래서 살인 면허와 탈세 면허가 있다.

173cm / 왼손잡이 / 갈색 눈 / 갈색 머리 / 처녀자리

셀러돈 장관

국방장관. 전쟁 범죄도 꽤 저질렀다.
하지만 대악당의 소굴을 처리하는 것이야말로 전문 분야다.

168cm / 왼손잡이 / 녹색 눈 / 갈색 머리 / 사자자리

검은 모자

검은 모자를 쓰는 이유는 악당이어서가 아니라,
악당처럼 보이고 싶어서라고 한다. 하지만 이런 날들이
계속된다면 분명 누군가를 죽이고야 말겠지.

178cm / 오른손잡이 / 갈색 눈 / 검은 머리 / 천칭자리

CEO 인디고

텍코 퓨처스의 창립자이자 친한 사람들 사이에서
가장 열심히 일하는 사람. 사실 친한 사람은 한 명도 없다.

180cm / 오른손잡이 / 녹색 눈 / 갈색 머리 / 황소자리

거대한 회의실
실외

산 옆면에 한쪽이 트이도록 건설했기 때문에
멋진 텍토피아의 모습이 잘 보인다.

상어 구덩이
실내

침입자를 죽이기 위한 장치.
풍성한 수족관도 된다.

모리아티실
실내

위대한 살인마 모리아티가
진짜로 있는 곳.

무기고
실내

상어들이 문제를
일으킬 경우에 대비해서 상어 대비용
무기를 대거 비축해 두었다.

바주카 넥타이
보통 무게 / 비밀 소재

의복형 무기의 고전.
첫 피해자는 이 무기의 발명가였다.

사악한 고양이
무거움 / 털, 분노 소재

여러 해 전부터
사악한 천재의 무릎에 앉아
보고 배운 것이 많다.

레이저 시계
가벼움 / 금속, 전자부품 소재

이 시계로 레이저를 쏠 수 있다.
그냥 시간을 확인할 수도 있다.

빨간 버튼
가벼움 / 플라스틱, 전자부품 소재

검은색의 작은 플라스틱 조각 위에
큰 빨간색 버튼이 있다. 살인에 쓰는 물건.

동기

 SPY의 기밀 임무를 완수하려고

 평화를 지키려고

 멋지게 보이려고

 요새를 방어하려고

단서

▶빨간 버튼을 가지고 있던 사람은 오른손잡이였다.

▶셀러돈 장관은 아르곤 위원회의 명령에 따르는 중이었다.

▶CEO 인디고는 요새를 지키고 싶었다.

▶평화를 지키고 싶었던 사람은 거대한 회의실에 있었다.

▶멋지게 보이고 싶었던 사람은 가벼운 무기를 가지고 있었다.

▶아르곤 위원회에서는 명령을 내릴 때마다 레이저 시계를 지급한다.

▶바주카 넥타이는 절대 무기고에 없었다.

진술

※범인은 거짓말을, 나머지는 진실을 말합니다.

▶**퓨셔 요원 :**

공식적으로, 레이저 시계가 거대한 회의실에 있었습니다.

▶**셀러돈 장관 :**

빨간 버튼이 모리아티실에 있었지.

▶**검은 모자 :**

기밀이지만, SPY 기밀 임무를 받은 사람이 무기고에 있더군요.

▶**CEO 인디고 :**

아하! 퓨셔 요원이 모리아티실에 있었지.

308

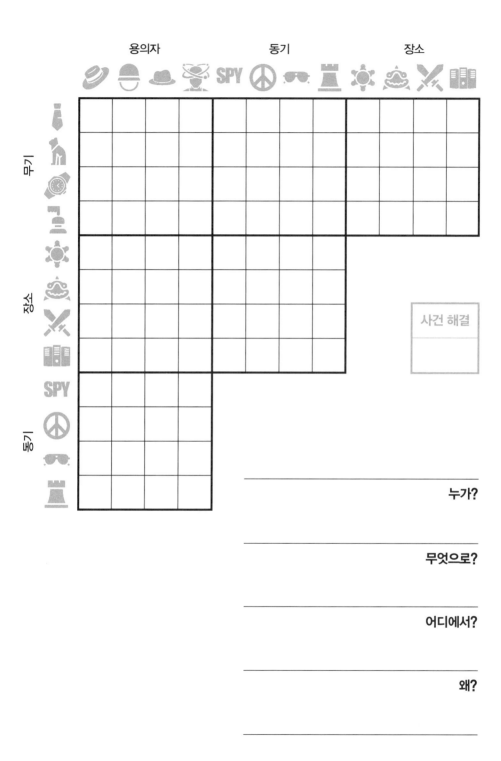

98 | 위대한 살인마 모리아티

논리탐정 로지코와 신비탐정 이라티노는 칠흑 같은 동굴에서 거대한 모니터 위에 놓인 로봇 머리를 보았습니다. 한쪽 옆에는 테슬라 코일이, 다른 쪽 옆에는 끝없이 늘어선 컴퓨터 서버들이 있었습니다. 그 머리가 비명을 지르며 털털거리더니 불이 꺼졌습니다. CEO 인디고도 비명을 질렀습니다. 범인은 지금까지 내내 모리아티의 배후에 있었던 사람입니다…

용의자

모브 부사장

텍코 퓨처스의 부사장. 메타버스 텍토피아를 추진하는 몽상가.
CEO 인디고의 이번 주 관심사
(예를 들면 모리아티 조사)에도 열심이다.

173cm / 오른손잡이 / 갈색 눈 / 검은 머리 / 황소자리

허니 시장

깊이 묻힌 비밀들을 알고, 언제나 표를 얻어내는 사람.
예전에는 뉴 이지스를 다스렸다.
지금은 무엇을 하고 있을까? 살인?

183cm / 왼손잡이 / 녹갈색 눈 / 갈색 머리 / 전갈자리

첨단기술 전문가 터쿼이즈

드디어 첨단기술 전문가 터쿼이즈는
눈앞에 펼쳐진 미래를 볼 수 있게 되었다!
이 광경을 보고 눈물을 흘릴지어다!

173cm / 오른손잡이 / 파란 눈 / 반백 머리 / 물고기자리

점술가 애머시스트

카드를 한 번만 보면 미래를 알아낸다.
자기가 손님을 살해하는 미래를!

173cm / 왼손잡이 / 검은 눈 / 갈색 머리 / 궁수자리

두 번째 테슬라 코일
실내

작은 크기의 실내용이지만 소음은 비슷하다.
파지직거리며 마구 전기가 튄다.

서버의 마천루
실내

빌딩 크기의 컴퓨터들이 격자형으로
광활하게 펼쳐져 있다.

질문 플랫폼
실내

흐린 조명이 켜진 작은 원.
이곳에서 화면을 쳐다보며
모리아티에게 말할 수 있다.

거대 모니터
실내

10층 건물 높이만큼 큰 화면으로,
거대 컴퓨터가 1960년대의 사악한
로봇들의 동영상을 재생한다.

돋보기
가벼움 / 금속, 유리 소재

범죄 사건을
해결하는 데 써야 한다.
범죄에 쓸 것이 아니다!

현금이 꽉 찬 서류 가방
무거움 / 가죽, 현금 소재

아니 가만,
지폐에 있는 얼굴에 전부
콧수염이 있다!

톱니바퀴
무거움 / 금속 소재

기계를 돌린다. 사회 속의 인간을
은유적으로 나타내기도 한다.

살인 타로 카드
가벼움 / 종이 소재

목을 그어서 사람을 죽일 수도 있고,
목숨을 위협하는 끔찍한 조언을 할 수도 있다.

동기

 기술의 위대함을
증명하려고

 텍코를 장악하려고

 점술 카드 결과가
그렇게 나와서

🏠 마을을 돌려받으려고

단서

▶ 서버의 마천루 사이에 있던 사람은 왼손잡이였다.

▶ 두 번째 테슬라 코일 옆에 있던 사람은 눈이 파란색이었다.

▶ 톱니바퀴를 가진 사람은 마을을 돌려받을 생각이 없었다.

▶ 점술가 애머시스트는 사악한 1960년대 로봇들의 동영상 뒤에 숨어 있었다.

▶ 살인 타로 카드를 가진 사람은 텍코 퓨처스를 장악하고 싶었다.

▶ 모브 부사장은 가벼운 무기를 가지고 있었다.

▶ 돋보기를 가진 사람은 점술 카드 결과에 따른 일이라면 무슨 일이든 할 태세였다.

▶ 첨단기술 전문가 터쿼이즈는 현금이 꽉 찬 서류 가방을 가져오지 않았다. 수백만 달러를 옮기는 방법으로 서류 가방은 너무 구식이기 때문이다.

진술

※범인은 거짓말을, 나머지는 진실을 말합니다.

▶ **모브 부사장 :**

부사장으로서 말하는데, 허니 시장이 현금이 꽉 찬 서류 가방을 가져왔어요.

▶ **허니 시장 :**

점술가 애머시스트는 살인 타로 카드를 가져오지 않았지요.

▶ **첨단기술 전문가 터쿼이즈 :**

50년 이내에는, 검은 눈의 사람이 돋보기를 가지고 왔다는 사실이 명확하게 밝혀질 겁니다.

▶ **점술가 애머시스트 :**

자, 카드 점을 보니까 톱니바퀴가 거대 모니터 아래에 있었어요.

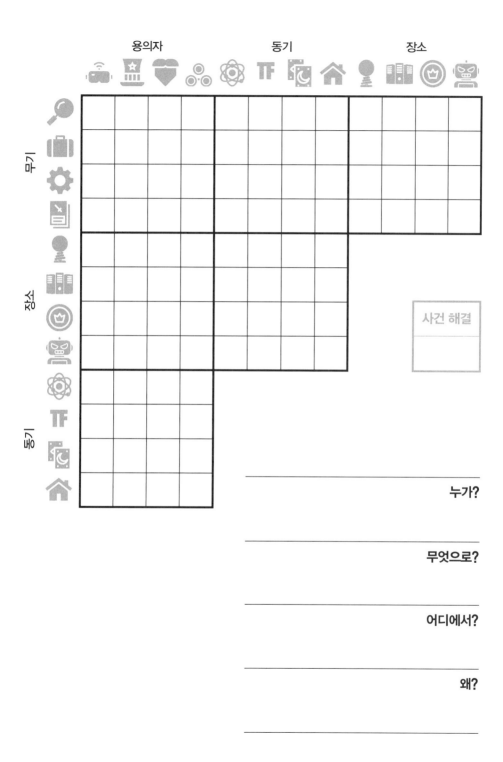

누가?

무엇으로?

어디에서?

왜?

99 | 이지스 산 정상에서

로지코와 이라티노는 격렬하게 싸웠습니다. 로지코가 치밀하게 계산해서 주먹을 지르면 이라티노가 직감으로 착착 피했습니다. 그때 산꼭대기에 갑자기 회오리가 몰아치더니 한 명이 밀려 떨어졌습니다. 누가 죽었을까요?

신비탐정 이라티노

신비탐정. 미스터리를 뒤쫓는 사람들이
두려움 때문에 꺼리는 것.
이를테면 대세를 거스르는 것을 주저없이 해낸다.

188cm / 왼손잡이 / 녹색 눈 / 갈색 머리 / 물병자리

CEO 인디고

텍코 퓨처스의 창립자.
이 직함은 암호화폐를 주고 샀다.

180cm / 오른손잡이 / 녹색 눈 / 갈색 머리 / 황소자리

논리탐정 로지코

로지코가 지금 여기에서 죽는다면
이 책은 참 암울한 작품이 될 것이다.

183cm / 오른손잡이 / 갈색 눈 / 검은 머리 / 염소자리

점술가 애머시스트

카드를 한 번만 보면 미래를 알아낸다.
자기가 손님을 살해하는 미래를!

173cm / 왼손잡이 / 검은 눈 / 갈색 머리 / 궁수자리

산 정상
실외

인스타그램 사진을 찍기에 좋은 곳으로
세계적으로 손꼽힌다. 아쉽게도
통신이 닿지 않는다. 정말 비극적이다.

발코니
실외

몸을 너무 멀리 내밀면…
그날이 인생의 마지막 날이 된다!

위성 안테나
실외

우주선 제어에 쓸 예정이었지만
누군가가 전원 연결을 까먹었다.
으아!

바닥문
실외

이 바닥문을 밟았다면 행운이
아주 많이 따라야
목숨을 부지할 수 있다.

무기

돌
보통 무게 / 암석 소재

다른 무기를 찾을 수 없을 때라도 돌은
항상 근처에 있다. 이 돌은 한쪽이 깨졌다.

광선총
가벼움 / 금속, 전자부품 소재

SF에 나오는 초강력 무기일까,
그냥 빛만 뿜어내는 총일까.

성난 순록
무거움 / 순록 소재

고삐 풀린
성난 순록.

하이킹용 지팡이
보통 무게 / 나무 소재

사실 그냥 살인 작대기라고 부르는 게 더
맞을지도 모른다. 아니면 그냥 몽둥이라고 하자.

"안녕, 로지코!"

 "사람은 누구나 죽는 법!"

 "어, 이런!"

 "어째서, 내가, 왜?!"

단서

▶ 돌을 가지고 있던 사람은 왼손잡이였다.

▶ CEO 인디고는 수치심을 모르는 나르시시스트였다.

▶ 신비탐정 이라티노의 마지막 말이라면 역시 "안녕, 로지코!"였을 것이다.

▶ SF에 나오는 초강력 무기가 바닥문 위에서 발견되었다.

▶ 논리탐정 로지코의 마지막 말은 "사람은 누구나 죽는 법!"이 아니었을 것이다.

▶ 산 정상에 있던 용의자는 갈색 머리였다.

▶ 수치심을 모르는 나르시시스트의 마지막 말이라면 역시 "어째서, 내가, 왜?!"일 것이다.

진술

※범인은 거짓말을, 나머지는 진실을 말합니다.

▶ 신비탐정 이라티노:

봐요, 하이킹용 지팡이가 위성 안테나 옆에 있어요!

▶ CEO 인디고:

위성 안테나 옆에 있던 사람이라면 "사람은 누구나 죽는 법!"이라고 말하겠지.

▶ 논리탐정 로지코:

하이킹 지팡이를 가진 그쪽 분! 당신이라면 역시 "어째서, 내가, 왜?!"라고 하겠지요.

▶ 점술가 애머시스트:

하하, 바보들! 나는 광선총이 있어!

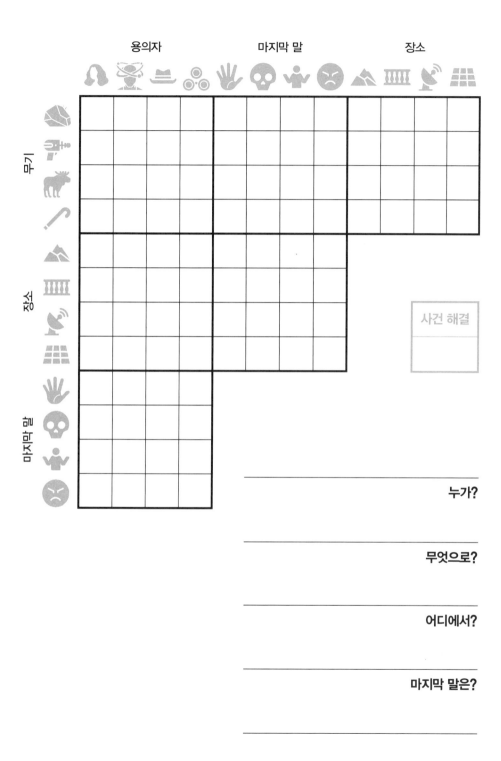

용의자　　　마지막 말　　　장소

무기

장소

마지막 말

사건 해결

누가?

무엇으로?

어디에서?

마지막 말은?

317

폭발하는 산을 뒤에 두고, 논리탐정 로지코와 신비탐정 이라티노는 스키 리조트를 배경으로 한 텍코 홀로그램 쇼에서 엿본 기술들을 이용해 다급하게 아래로 내려갔습니다. 이 상황에서도 기회를 틈타 살인을 하는 사람이 있을까요? 여기까지 왔으면 그럴 법도 하겠지요.

용의자

카퍼 경관

범죄자가 경찰일 때 좋은 점은, 중간책을 제거해서 자기가 맡은 범죄 수사를 망칠 수 있다는 것이다.

165cm / 오른손잡이 / 파란 눈 / 금발 / 양자리

검은 모자

검은 모자를 쓰는 이유는 악당이어서가 아니라, 악당처럼 보이고 싶어서라고 한다.

178cm / 오른손잡이 / 갈색 눈 / 검은 머리 / 천칭자리

점술가 애머시스트

살인 타로 점술가로서 두 번의 실패를 기록했다. 자기의 정체가 모리아티라는 것을 들킬지 몰랐고, 산이 폭발할 것도 몰랐다.

173cm / 왼손잡이 / 검은 눈 / 갈색 머리 / 궁수자리

충돌시험의 애프리콧

폭발하는 산을 전속력으로 내려가는 극한의 상황에도 잘 대처할 수 있도록 평생을 바쳐 기량을 쌓았다. 그 실력을 당연하게 여기지는 않을 것이다.

175cm / 오른손잡이 / 녹색 눈 / 갈색 머리 / 사자자리

산 정상
실외

산 정상이 있던 곳에
거대한 구멍이 생겼다.

공중
실외

폭발 때문에 공중으로 높이 날려가는
것만으로도 사람이 죽을 수 있다.

산 옆면
실외

이라티노는 이런 혼돈 속에서도
가파른 경사를 스키로 활강하고 있다.
부자들이란….

산 밑의 뉴 이지스
실외

CEO 인디고가 죽었기 때문에
다시 뉴 이지스라고 불린다.
안타깝게도 용암에 쓸리기 직전이다.

체스판
무거움 / 대리석 소재

폭발과 함께 CEO 인디고의 서재에서
음속에 가까운 속도로 날아왔다.

커다란 용암 덩어리
무거움 / 암석 소재

거대한 녹은 암석 덩어리.
근처에만 있어도 위험하다!
특수 설계된 램프 안에 들어 있다.

《불타는 크라임 퍼즐 3》
보통 무게 / 종이 소재

따끈따끈한 신작. 실은 불타고 있어서
따끈따끈한 정도가 아니라 아주 뜨겁다.

정의의 여신의 저울
무거움 / 금속 소재

정의의 여신이 눈을 쓸 수 없는 것은
누군가가 이 저울로 때렸기 때문이다.

동기

 사이버 마약에 취해서 | **스릴에 취해서**

 속죄하려고 | **주장을 입증하려고**

단서

▶ 누군가가 커다란 용암 덩어리에 닿아서 주로 쓰는 왼손에 화상을 입었다.

▶ 충돌시험의 애프리콧은 위기에 처한 도시를 돌아다니고 있었다.

▶ 《불타는 크라임 퍼즐 3》을 가진 사람은 스릴에 취해서 사람을 죽일 성격이 아니었다.

▶ 정의의 여신의 저울을 가진 사람은 사이버 마약에 취해서 살인을 할 것 같았다.

▶ 산 정상에 있던 용의자가 오른손을 흔들며 인사했다. 분명 오른손잡이일 것이다!

▶ 로지코가 시간에 쫓기며 겨우 해독한 탐정 암호: 섯버키허 엎 산 챂새(자료 C 참조).

진술

※ 범인은 거짓말을, 나머지는 진실을 말합니다.

▶ **카퍼 경관 :**

경찰로서 조언을 하지. 나는 사이버 마약에 취하면 살인을 할 거야.

▶ **검은 모자 :**

확인하는데, 체스판이 산 옆면에 있었지요.

▶ **점술가 애머시스트 :**

카드를 뽑아보니, 충돌시험의 애프리콧이 스릴에 취해서 사람을 죽이고 싶어 했어.

▶ **충돌시험의 애프리콧 :**

하! 속죄하고 싶었던 사람은 공중에 있었지.

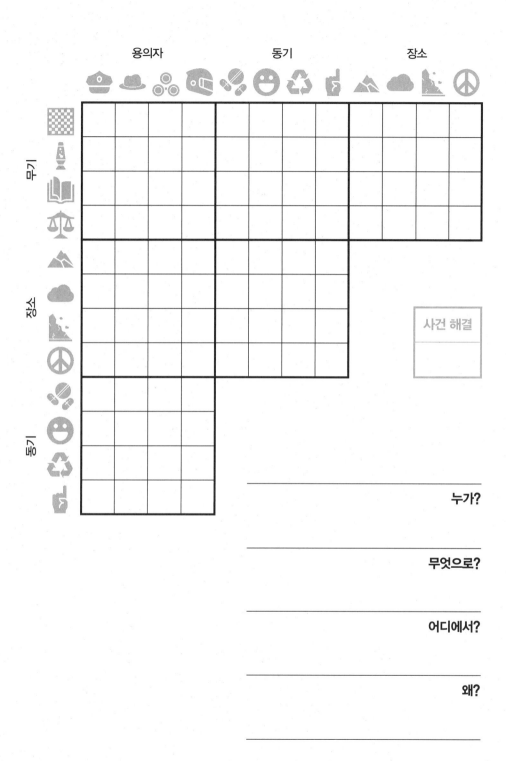

무기

장소

동기

사건 해결

_____ 누가?

_____ 무엇으로?

_____ 어디에서?

_____ 왜?

_____

힌트

HINTS

* * * * *

1 논리탐정 로지코는 비밀 쪽지를 받았습니다. "근처 식당에서 핫초코를 마시지 말아요. 독이 들었으니까!"

2 리조트에서 누군가가 로지코에게 메시지를 남겼습니다. "논리탐정님, 시나몬이 눈덩이를 가지고 있었어요."

3 로지코의 주머니에 쪽지가 들어 있었습니다. "그레이 백작이 탁자 옆에 있었어요." 누가 보냈을까요?

4 갑자기 논리탐정 로지코의 직감이 번뜩였습니다. 역설적인 무기가 깊고 어두운 숲에 있었습니다.

5 익명의 목격자가 로지코에게 문자를 보냈습니다. "메시지는 글자 순서를 바꿔봐요!" 또 문자를 보냈습니다. "참, 지금까지 힌트는 전부 내가 보냈어요. – 이라티노." 역시 힌트라면 신비탐정 이라티노! 이제 알 것 같습니다. 그런데 번뜩인 직감도 이라티노가 보낸 걸까요?

6 엄청난 우연으로 신비탐정 이라티노의 고조할아버지의 형이 논리탐정 로지코의 고조할아버지와 아는 사이였던 덕에, 로지코의 고조할아버지는 건네받은 신지학 문서를 보고 찌르는 나이프가 느린 말과 비슷한 속도로 움직이고 있었음을 알 수 있었습니다.

7 신비탐정 이라티노의 고조할아버지의 형은 커피 찌꺼기를 보고 점을 치곤 했는데, 이때도 점을 보고 유력자 아이보리가 기관차에 있었던 것을 알았습니다.

8   신비탐정 이라티노의 고조할아버지의 형은 강령회를 열어서, 로지코의 고조할아버지에게 총잡이 그래파이트가 잡초들 틈에 있었다는 말을 전해달라고 유령에게 부탁했습니다.

9   신비탐정 이라티노의 고조할아버지의 형이 논리탐정 로지코의 고조할아버지에게 보낸 전보: 심령술사들이 그러는데, 샌디가 총검을 가지고 있었답니다.

10   신비탐정 이라티노의 고조할아버지의 형이 살인 타로 카드로 점을 치고 읽은 결과: 커다란 망치가 앉아 있는 증인 옆에서 발견되었다.

11   신비탐정 이라티노는 살인 타로 카드로 점을 쳐보고, 오버진 주방장이 마법 모래 한 자루를 가진 것을 알았습니다.

12   신비탐정 이라티노가 사막에서 환영을 보고 말했습니다. "두 번째로 키가 큰 용의자는 슈퍼 알레르기 오일을 가지고 있었어."

13   이라티노의 꿈에 따르면(적어도 꿈 내용을 적어서 보낸 엽서에 따르면), 총교주 코발트는 언제나 살인 타로 덱을 가지고 다닌다고 합니다.

14   신비탐정 이라티노는 로지코에게 준영구기관과 유사과학 장치를 혼동해서는 안 된다고 강조했습니다.

15   신비탐정 이라티노는 자음과 모음이 각각 다음 글자로 바뀌는 환영을 보았습니다 (ㄱ은 ㄴ이 되고, ㅑ는 ㅓ가 되고…). 그리고 논리탐정 로지코가 방금 본 내용을 전달받는 환영도 보았습니다.

16   신비탐정 이라티노는 외진 길에서 SF 무기가 발견되는 꿈을 꾸었습니다.

17   신비탐정 이라티노는 발사 날짜의 점성학적 의미를 따져보고 소화기가 스페이스 셔틀에 있었다고 단정했습니다.

18 지구에서는 신비탐정 이라티노가 조심스럽게 관련자 전원의 별점을 보았습니다. 결과는 뚜렷했습니다. 네이비 제독이 조종실에 있었습니다.

19 신비탐정 이라티노가 별들을 바라보며 로지코를 찾으려 했지만, 우주 공간에 값을 따질 수 없는 귀한 돌이 떠 있는 것만 보였습니다.

20 이라티노는 집에서 방송을 보면서도 극한까지 단련된 감각을 발휘해 깃발이 뉴스 카메라 옆에 있는 것을 알아보았습니다.

21 신비탐정 이라티노는 텍코 주가를 수비학적으로 분석해서 가상 액션이 벌어지는 곳에《부자가 되는 법》이 있었다는 사실을 발견했습니다.

22 신비탐정 이라티노는 살인 타로 카드를 뽑더니 가장 키 작은 용의자가 돈가방을 가지고 있었다고 단호하게 말했습니다.

23 신비탐정 이라티노는 보좌역 올리브가 옥상 정원에 있는 꿈을 꾸었습니다.

24 신비탐정 이라티노는 컴퓨터를 잘 몰랐지만, 그래도 디지털 요새에 들어가지 못한다는 것만은 알았습니다.

25 신비탐정 이라티노는 부유한 모브 부사장이 에코백을 든 것이 약간 어색하다고 생각했습니다.

26 신비탐정 이라티노는 고도의 과학적인 다우징 결과, 곧 실험 목적으로 인간 두개골이 떨어질 것임을 알았습니다.

27 신비탐정 이라티노는 미로의 각도들이 오컬트에서 상징하는 의미를 면밀하게 분석한 후 반박할 수 없는(하지만 적중 가능성도 희박한) 결론을 얻었습니다. 미스 사프론이 끝없이 흐르는 샘 옆에 있었다고요.

28 신비탐정 이라티노는 군이 오컬트의 힘을 쓰지 않아도 아주 오래된 책에 떨어진 촛

농을 알아볼 수 있었습니다.

29   신비탐정 이라티노가 낡은 책에서 발견한 낙서: 에이전트 잉크가 횃불을 가져왔다.

30   신비탐정 이라티노는 살인 타로 카드 두 장을 뽑았습니다. 슬레이트 대위와 수하물
        수취대가 나왔습니다. 그렇다면 슬레이트 대위는 진실을 말했던 걸까요?

31   신비탐정 이라티노는 폭풍 때문에 뱃멀미에 심하게 시달리다가 네이비 제독이 시미
        터를 든 환각을 보았습니다.

32   신비탐정 이라티노가 각본을 아무 곳이나 펼쳐보니 커피 자국이 남아 있었습니다.
        신비한 징조가 틀림없었습니다. 그런데 무슨 의미였을까요?!

33   신비탐정 이라티노는 굳이 오컬트에 기대지 않아도 조그만 토프가 가짜 광고 문구
        근처에서 어슬렁거리고 있었던 것을 알 수 있었습니다.

34   신비탐정 이라티노는 말 전달하기 게임을 시작하면서 아무 말이나 속삭였습니다. 모
        든 사람을 거친 후에 마지막 사람이 전한 말은, 키가 가장 큰 용의자가 비공개 도서관
        에 있었다는 말이었습니다.

35   신비탐정 이라티노가 아는 다른 유령에게 말을 걸었더니, 그 유령은 마술사 믹스달
        과 같은 키의 용의자가 살인 타로 카드를 가지고 있었다고 말했습니다.

36   신비탐정 이라티노는 신전 벽에 있는 뜻 모를 새김무늬를 읽더니, 성배가 웅장한 입
        구에 있을 것이라고 단언했습니다.

37   신비탐정 이라티노는 컵 바닥에 남은 커피 찌꺼기에서 신비한 상징을 읽고는 참나무
        뿌리 근처에 빨간 점토 조각이 떨어져 있었다고 말했습니다.

38   신비탐정 이라티노는 모두에게 투표를 시켰고, 투표 결과 데미넌스 자작이 만년필을
        가지고 있었던 것으로 결정되었습니다.

39 신비탐정 이라티노는 살인 타로 카드를 뽑은 후, 수학적 확률에 따라 성배는 난간 근처에서 발견되었다고 단정했습니다.

40 신비탐정 이라티노는 로지코의 고등학교 졸업 앨범 최신 버전을 훑다가 크라임 퍼즐 박물관에 도끼가 전시된 페이지를 보았습니다.

41 신비탐정 이라티노는 죽기 직전까지 숨을 참다가 신비동물학자 클라우드가 안전 고글을 쓰는 환각을 보았습니다.

42 이라티노는 체스판에 있는 말들의 신비한 의미를 분석한 후 가장 키 작은 용의자가 이끼를 밟고 있었던 것을 알았습니다.

43 신비탐정 이라티노는 종교적인 비법에 따라 브라운스톤 수사가 뾰족한 바위 위에 있는 환영을 보았습니다.

44 신비탐정 이라티노는 에어컨 근처에 무거운 나무 액자가 있는 환영을 보았습니다.

45 이웃집 주소에 포함된 숫자들의 의미를 분석한 후, 신비탐정 이라티노는 가장 키 작은 용의자가 지팡이를 가져온 것을 알았습니다.

46 신비탐정 이라티노는 중세의 예언 방법을 분석한 후, 조그만 토프가 철 지난 상품들을 가져온 것을 알았습니다.

47 신비탐정 이라티노는 자기가 꾼 꿈을 해석하더니 선언했습니다. "키가 가장 큰 용의자는 미래를 보여주는 곳 주변을 돌아다니고 있었어요."

48 신비탐정 이라티노는 지난 역사의 반향을 되짚어본 후 옵시디언 부인이 군중 속에 있었다는 결론을 얻었습니다.

49 신비탐정 이라티노는 영혼 깊은 곳에서 한 가지 불변의 진실을 찾았습니다. 낡은 컴퓨터가 신 드라코니아에서 발견되었습니다.

50 이라티노는 시장 집무실에 있던 지도 위에서 펜듈럼을 써보고는, 독성 잉크 얼룩이 마른 우물 안에 남은 것을 알았습니다.

51 두 명탐정은 서로 쪽지를 교환한 끝에 시안화물이 든 어금니가 대한민국에서 발견된 것을 알았습니다.

52 로지코가 철의 궁전 컨시어지에게 남긴 메시지: 키가 가장 작은 용의자는 살인 타로 덱을 가지고 있었어요!

53 신비탐정 이라티노는 전서구를 통해 로지코에게 쪽지를 전했습니다. 그 안에는 보고 싶다는 말과 함께 포르퍼스 대주교가 대형 홀에 있었다는 말이 적혀 있었습니다.

54 신비탐정 이라티노가 로지코에게 문자를 보냈습니다. "살인 타로를 보니 최대한 많은 무기를 사려고 한 사람은 무장 리무진하고 관련이 깊어요!" 로지코는 이라티노의 방법이 마음에 안 들었지만, 결과는 마음에 들었습니다.

55 신비탐정 이라티노는 네이비 제독이 풍차 근처를 돌아다녔다고 말하는 로지코의 목소리를 똑똑히 들었지만, 돌아보니 아무도 없었습니다….

56 도시의 다른 쪽에 있던 신비탐정 이라티노는 갑자기 커피 장군이 난해한 조약서 더미를 가지고 있었다는 생각이 들었습니다.

57 로지코는 이라티노에게 문자를 보냈습니다. "통계적으로 볼 때, 보통은 키가 두 번째로 큰 사람이 선언문을 가지고 있어요." 이라티노는 통계를 이해할 수 없었지만, 그래도 조언은 고맙게 받았습니다.

58 이라티노가 로지코에게 음성 메시지를 남겼습니다. "내 커피 점을 안 믿는 건 알지만, 살인 미스터리 작가가 체스 강의서를 가지고 있었어요! 커피 찌꺼기가 그렇게 보이던데요."

59 논리탐정 로지코는 신비탐정 이라티노와 공유하는 사건 해결 캘린더에 메모를 추가

했습니다. "커피 장군이 공사 중인 유정 옆에서 목격되었다는 보고가 들어왔어요."

60 이라티노는 경험상 살인 펭귄이 언제나 유서 깊은 식당에 있다는 것을 알았습니다. 그 펭귄을 로지코의 부하로 보내줄 방법이 있으면 참 좋을 것 같았습니다.

61 로지코는 탐정 전화로 이라티노에게 말했습니다. 실버튼은 리뷰를 싫어해서 도통 리뷰를 쓰는 법이 없다고요. 이라티노는 고맙다는 문자를 보냈습니다.

62 신비탐정 이라티노가 체스복싱 링의 컨시어지에게 메시지를 남겼습니다. "로지코, 체스복싱 좋아해요?! 방금 제일 키 작은 용의자가 대리석 흉상을 가지고 있었을 것 같은 감이 왔어요!"

63 로지코가 이라티노에게 보낸 전보: 보안 보고서를 보니 가장 사나운 무기가 로봇 경비견 옆에서 발견되었다는 내용이 있었어요. 그건 그렇고, 잘 지내고 있나요?

64 신비탐정 이라티노는 그 밴드의 모든 앨범을 거꾸로 들어보았습니다. 그러자 전기 실로폰을 가진 용의자가 히트곡만 좋아했다는 목소리가 들렸습니다. 무서워라!

65 로지코가 다른 탐정들에게서 받은 보고서에는 리드 총관이 포근한 담요 밑에서 뒹굴 뒹굴 거리는 사진이 있었습니다. 이라티노에게 보낼 생각을 했지만, 왠지 이라티노는 이미 알 것 같았습니다.

66 신비탐정 이라티노는 검은 모자가 수하물에 섞여 밀항한 것을 직감으로 알았지만, 로지코에게 전할 방법이 없었습니다. 어떻게 생각을 바로 전달할 방법이라도 없으면 요….

67 탐정 한 명이 신비탐정 이라티노의 어깨를 톡톡 치더니 메모를 주고 갔습니다. "커다란 붉은 책을 가진 사람이 매운 보르시 곱빼기를 먹고 있었어요." 이라티노는 메모를 보낸 사람이 로지코인 것을 알고 미소를 지었습니다.

68 신비탐정 이라티노는 눈을 감고 영감에 따라 그림을 그렸습니다. 눈을 뜨고 보자 얼

룩만 잔뜩 있었습니다. 하지만 눈을 가늘게 뜨니 브론즈 운전사가 예비 타이어를 구입하는 모습이 보였습니다. 이라티노는 제때 도착하기를 빌면서 그 그림을 로지코에게 보냈습니다.

69 논리탐정 로지코가 이라티노에게 보낸 메모: 샴페인 동무는 권력을 장악하고 공포를 뿌릴 생각이었어요.

70 신비탐정 이라티노는 별을 보고 나이트가 동전 자루를 가진 것을 알았습니다. 로지코도 같은 별을 보았을까요?

71 신비탐정 이라티노는 그렇게 멋진 별들을 평생 처음 보았습니다. "여기에 있으면 점성학이 쉬워지겠군요." 정말로 그랬습니다. 권력에 미친 사자자리가 태음궁 별자리인 사람이 행운의 운석을 가졌다는 것을 즉시 알아챘기 때문입니다.

72 로지코와 이라티노는 머리를 모으고, 첨단기술 전문가 터쿼이즈의 비밀 임무가 살인한 후에 붙잡히기였다는 결론을 내렸습니다.

73 신비탐정 이라티노는 살인 타로를 한참 해석한 끝에, 루비 부인이 사악한 고양이와 함께 있었던 것을 알았습니다.

74 로지코는 탐정 클럽에서 전화를 받았습니다. 성당의 보험 청구 기록에 따르면, 망고 신부가 사고로 감전된 적이 있다고 합니다.

75 신비탐정 이라티노와 로지코는 CEO 인디고가 평생 단 하루도 일한 적이 없는 것을 잘 알고 있었습니다.

76 로지코가 모리아티에게 힌트를 물어보자 대답이 들렸습니다. "안녕하세요! 에그플랜트 이사가 1980년대 랩톱을 가지고 있었습니다. 정말 굉장한 과학 기술이지요?"

77 신비탐정 이라티노는 오컬트의 힘을 쓰지 않아도 《부자가 되는 법》을 읽던 사람이 숙녀의 호감을 살 생각인 것을 알 수 있었습니다.

78 모리아티에게 물었더니 대답이 나왔습니다. "자, 대답해드리자면 자기열차 역에 있던 사람은 AI로 생성된 터널 그림을 가지고 있었어요."

79 신비탐정 이라티노는 방대한 예술 이론에 근거해서, 해가 뜬 화창한 하늘에 있던 사람이 살인을 한다면 꼭 해야 할 일이기 때문일 것임을 알았습니다.

80 모리아티에게 물어보아도 대답은 돌아오지 않았습니다. 그래서 신비탐정 이라티노가 쪽지를 써서 논리탐정 로지코에게 보여주었습니다. "모브 부사장은 분명 텍토피아의 비밀을 알고 있어요."

81 신비탐정 이라티노는 유명한 미스터리 작가가 조정실에 있는 환영을 보았다고 말했지만, 사실은 환영을 본 것이 아니라 진짜로 그 현장을 본 것이었습니다.

82 신비탐정 이라티노는 별에서 본 징조를 해석한 후 말했습니다. 영원히 살고 싶었던 사람이 인민도시에 있었어요.

83 신비탐정 이라티노는 쇼 소개를 읽고 샌디 보안관이 서부를 장악할 생각이었던 것을 알았지만, 로지코에게는 윙크하면서 그냥 감으로 알았다고 말했습니다.

84 신비탐정 이라티노는 항상 발걸음을 딛기 전에 그 걸음을 예측할 수 있었습니다. 하지만 반쯤 가다가 로지코에게 몸을 기대더니 속삭였습니다. "네이비 제독이 홍보용 흔들 인형을 가지고 있었어요."

85 신비탐정 이라티노는 홀로그램 쇼 내내 투덜거리면서, 독이 든 병을 가진 사람이 피해자가 유령이라고 생각해서 죽일 생각이었다니 너무 이상하다고 말했습니다.

86 신비탐정 이라티노는 이 이야기에서 아무것도 읽어낼 수가 없었습니다. 모든 것이 너무 인공적이었기 때문입니다. 그래서 그냥 아무렇게나 찍어서, 스키광 시나몬이 《크라임 퍼즐 683》을 가지고 있었을 것이라고 추측했습니다. 그리고 그 추측은 맞았습니다.

87   모리아티가 대답했습니다. "자, 어떤 사람이 거대한 벽을 따라 전기 스쿠터를 타고
      지나갔어요. 아주 위험한 행동이지요."

88   하수도 벽에 누군가가 남긴 단서가 있었습니다. "소화기가 전선들 옆에." 이라티노의
      글씨였을까요?

89   모리아티가 대답했습니다. "맞아요, 로지코. 그렇게 생각할 것 같았어요. 기술 전문
      가 터쿼이즈는 제가 시키면 살인을 할 겁니다."

90   모리아티가 로지코의 휴대폰을 호출했습니다. "자, 로켓 바지가 상수도관에 있었어
      요, 로지코."

91   스피커에서 로지코가 알아들을 것 같은 목소리가 들렸습니다. "모래가 쌓인 곳에 천
      뢰가 있었어요."

92   모리아티가 대답했습니다. "자, 코일을 끄려고 했던 사람은 내내 거대한 구체 위에
      있었어요."

93   모리아티가 신이 난 듯이 대답했습니다. "네, 로지코. 제가 고대의 유선 전화를 가진
      사람한테 살인을 하라고 시켰어요."

94   신비탐정 이라티노의 주머니 안에 살인 타로 카드 두 장이 있었습니다. 한 장은 시안
      화물이 든 치아, 한 장은 사람에게 살인을 하라고 명령하는 컴퓨터였습니다(이라티
      노는 무사한 것을 알리기 위해 로지코에게 윙크를 했습니다).

95   신비탐정 이라티노는 총교주 코발트의 로브에 꽂혀 있는 선인장 가시로 은근히 로지
      코의 주의를 끌었습니다.

96   신비탐정 이라티노는 하늘에 있는 별들의 위치를 이용해서, 텍토피아에서 가장 풍부
      한 자원 겸 무기가 이상한 나무 아래에 있었던 사실을 점성학적으로 규명했습니다.

97 "로지코, 나를 절대 막을 수 없을걸요. 셀러돈 장관이 레이저 시계를 가져온 것처럼 요."

98 신비탐정 이라티노는 어디선가 들려오는 환청을 들었습니다. "검은 눈이 돋보기를 들여다보고 있어요." 그건 사실이었습니다.

99 신비탐정 이라티노는 산 꼭대기의 경치가 너무 대단해서 진심으로 감탄했습니다.

100 신비탐정 이라티노는 울퉁불퉁한 바위를 완벽한 스키 점프로 넘어간 후에 외쳤습니다. "카펫가 저울을 들고 있었어요!"

사건 해결

SOLUTIONS

                                      ＊ ＊ ＊ ＊ ＊

1. "미드나이트 삼촌이 관광 회사에서 거대한 뼈로 죽였어요!"

    "리조트 이용료 때문에 좀 싸웠거든!" 미드나이트 삼촌이 주장했습니다.

    "왜 싸우셨는데요?" 로지코가 문자 답이 돌아왔습니다.

    "나는 돈을 내기 싫은데, 꼭 내라더라니까!"

    > **미드나이트 삼촌 | 거대한 뼈 | 관광 회사**
    >
    > 고고학자 에크루 | 독이 든 핫초코 | 근처 식당
    >
    > 스키 프로 선플라워 | 목 조르는 스카프 | 스키 리조트

2   "핵 블랙스턴이 산장에서 스키 폴로 죽였어요!"

    "그래! 내가 죽였어요. 취재가 필요해서. 작가는 아는 걸 써야 하는데, 살인 미스터리
    를 쓰고 있으니까요!"

    로지코가 대답했습니다. "그러면 이제 체포된 이야기도 쓸 수 있겠네요."

    > **핵 블랙스턴 | 스키 폴 | 산장**
    >
    > 스키광 시나몬 | 평범한 눈덩이 | 슬로프
    >
    > 조그만 토프 | 스키 장갑 | 스키 리프트

3. "그레이 백작이 커다란 탁자 옆에서 고드름 단검으로 죽였어요!"

    "이건 자네가 생각하는 것보다 훨씬 큰일이야. 그리고 한 가지 놓친 게 있는데…." 그
    레이 백작은 소리치다가 갑자기 촛대를 들어 곰 가죽 깔개에 던졌습니다. 깔개에 붙
    은 불이 삽시간에 산장 전체로 번졌습니다. 모두가 밤의 어둠 속으로 도망쳤습니다!

    > **그레이 백작 | 고드름 단검 | 커다란 탁자**
    >
    > 커피 장군 | 촛대 | 현관

335

4 "스키광 시나몬이 블랙 다이아몬드 슬로프에서 곰덫으로 죽였어요!"

스키광 시나몬은 처음에 결백을 주장했지만, 논리탐정의 숨막히게 논리적인 추리에 더 버티지 못하고 인정했습니다. "아, 그래요, 그러니까, 어… 내가 했다고요."

설인 | 도끼 | 신비한 동굴
스키광 시나몬 | 곰덫 | 블랙 다이아몬드 슬로프
커피 장군 | 독이 든 보온병 | 깊고 어두운 숲

5 "고고학자 에크루가 고대 유적에서 참고 서적으로 죽였어요!"

로지코는 이 스키 슬로프에 고대 유적이 있는 것을 알았다고 설명했습니다. 그게 아니라면 고고학자 에크루가 여기까지 왔을까요? 로지코가 읽은 가이드북에도 슬로프가 고대 유적 위에 건설되었다고 나와 있었고(사건 2: 살인하기에는 너무 미끄러운 슬로프 참조), 나중에 이글거리는 장작불에서 불타는 고고학 조사 보고서를 봤을 때는(사건 3: 살인이 몰아치는 어두운 밤 참조) 고고학자 에크루가 평소처럼 고고학과 도굴을 하는 중인 것을 알았습니다.

"유적을 훔쳐서 박물관에 팔 생각이었고, 그러려면 최대한 비밀을 지켜야 했겠죠!"

"로지코, 이 망할 탐정이!" 에크루가 소리 질렀습니다.

5부작 거대 미스터리 중의 첫 번째, 리조트에 묻힌 비밀은 그렇게 극적인 결말을 맞았습니다!

미드나이트 삼촌 | 돌 | 지하 호수
고고학자 에크루 | 참고 서적 | 고대 유적
커피 장군 | 성유물 | 동굴 입구

6 "파인 판사가 열차에서 찌르는 나이프로 죽였군!"

파인 판사는 총살대를 쓰면 교수형 판사라는 이름을 벗어날 것이라고 생각했지만, 총살대를 운영하는 비용도 너무 컸습니다. 하지만 저렴한 방법이 있었습니다. 칼로 찌르고 열차 선로에 가져다두는 것이었습니다. 그래서 판사는 그 방법을 썼습니다.

논리탐정 로지코의 고조할아버지는 당시의 서부가 폭력적인 곳임을 알고 있었고, 파인 판사 관련 서류에 들어 있던 이 이야기를 보면 그 분위기를 짐작할 수 있습니다. 하지만 서부로 간 이유는 그게 아니라 어느 비밀 광고 때문이었습니다. "탐정 구함. $$$$. - 유력자 아이보리"

파인 판사 | 찌르는 나이프 | 열차
샌디 보안관 | 오염된 밀주 | 유령 마을
무법자 스카이 | 선인장 | 신흥 광산촌

7   "무법자 스카이가 침대차에서 극독이 든 병으로 죽였구나!"

무법자 스카이가 로지코의 고조할아버지를 보더니 모자를 까딱하며 윙크를 하고는 말했습니다. "이럴 줄 몰랐어? 나는 무법자인걸."

그리고 창문으로 빠져나가더니, 밖에서 말을 데리고 기다리던 부하들과 합류해서 사라졌습니다. 열차는 다음 목적지인 유령 마을로 향했습니다. 그러자 유력자 아이보리는 맡기고 싶었던 사건을 설명하기 시작했습니다.

무법자 스카이 | 극독이 든 병 | 침대차
포터 와인 | 망자의 손패 | 승무원실
유력자 아이보리 | 인간 두개골 | 기관차

8   "총잡이 그래파이트가 마을 광장에서 팔뼈로 죽였군!"

"맡은 일을 완수했을 뿐이야. 그럼 이제 나를 체포하거나, 여기서 살아서 나가거나, 둘 중에 하나를 선택하면 되겠네. 어떻게 할래?"

논리탐정 로지코의 고조할아버지가 살아서 여러 사람에게 이 이야기를 전했으니, 어느 쪽을 선택했는지는 알 수 있겠지요.

하지만 로지코의 고조할아버지는 용감하게도 총잡이의 뒤를 밟았습니다… 물론, 아주 넉넉하게 거리를 두고요.

총잡이 그래파이트 | 팔뼈 | 마을 광장
광부 러스트 | 고스트페퍼 | 무너진 교회
세피아 어르신 | 다이너마이트 | 마른 우물

9

"노조원 민트가 녹슨 철로에서 은괴로 죽였군!"

"그래, 내가 죽였어! 하지만 이게 누군지부터 봐야지!" 노조원 민트가 시신을 굴려서 뒤집자 보인 얼굴은⋯ 총잡이 그래파이트였습니다.

노조원 민트가 말했습니다. "당신이 못 한 걸 내가 했을 뿐이야."

이유를 짐작할 수 있나요? 로지코의 고조할아버지는 짐작이 갔고, 그래서 가까운 법정으로 가 모든 것을 밝히기로 했습니다.

> **노조원 민트 | 은괴 | 녹슨 철로**
> 샌디 보안관 | 총검 | 잠긴 문
> 탐광자 골드 | 육중한 책 | 방치된 갱도

"유력자 아이보리가 배심원석에서 돌진하는 소로 죽였어!"

"허튼 소리!" 유력자 아이보리가 단호하게 말했습니다. "나처럼 부자면 살인할 필요도 없는 것을." "살인을 해서 그만큼 부자가 되었으니까요!" 로지코의 고조할아버지가 대답했습니다. "제가 가 본 유령 마을은 은 광산이 고갈되었기 때문에 유령 마을이 되었다고 했었습니다(사건 8: 유령 마을의 신입 유령 참조). 그런데 마른 우물 바닥에는 노조 전단지가 있고, 폐광에 들어가 보니 노조원 민트가 은괴로 사람을 죽이더란 말이지요(사건 9: 광산에서 일어난 살인 참조). 은이 그렇게나 많아서 은괴가 널려 있는데 광산이 비어 있을 이유가 뭘까요? 광산을 닫은 건 은이 고갈되어서가 아니었기 때문입니다. 광부들이 노조를 만들려고 하니까, 막으려고 닫은 겁니다. 노조원 민트를 죽이려고 총잡이 그래파이트를 고용했지만, 노조원 민트가 더 큰돈을 걸고 보안관을 죽일 줄은 몰랐겠지요. 보안관을 죽이고 나서 돈을 받으러 왔을 때, 민트가 돈이 모자라서 자기를 죽일 줄은 그래파이트도 미처 몰랐겠지요."

"노조라니, 미국답지 않아!" 유력자 아이보리가 소리쳤습니다. "양쪽이 다 살인을 했으니까 그냥 비긴 걸로 치고 둘 다 집으로 가면 되겠군."

파인 판사가 동의할 만한 말이었지만, 법정 벽에 큰 소가 다닐 만한 구멍이 난 것이 문제였습니다. 수리하려면 돈이 필요했습니다. 그래서 판사는 유력자 아이보리에게 유죄를 선고했고, 옛 시절 서부의 역사에도 부자가 죗값을 치른 기록이 남게 되었습니다.

오래된 광산의 살인 미스터리는 그렇게 극적인 결말을 맞았습니다!

11 "영화광 스모키가 신비한 동굴 박물관에서 위자 보드로 죽였어요!"

영화광 스모키가 우쭐댔습니다. "진짜 살인 미스터리에 꼭 끼고 싶었는데, 내가 해 냈어요!"

하지만 탐정 클럽 회원들이 와서 끌고 갈 무렵에는 과연 그게 잘한 일이었는지 고민 하기 시작했습니다. 한편, 허니 시장은 논리탐정 로지코에게 감사 인사를 하며 최근 건설된 음파발진기를 방문해주면 좋겠다고 했습니다.

12 "차콜 두목이 주차장에서 슈퍼 알레르기 오일로 죽였어요!"

차콜 두목은 비웃으며 말했습니다. "아니, 저 웃기는 음파 뭐시기를 만들겠다고 내 주차장 사업을 빼앗잖아. 그런데 전에 내 땅이었던 곳에서 사람도 못 죽여?"

로지코는 분했습니다. "그게 제가 하고 싶은 말이라고요!"

하지만 차콜 두목은 그냥 헛기침을 했습니다. "내가 말하는데, 이 단체는 뭔가 꾸미 고 있어! 고대 사막의 지혜단? 지혜 좋아하시네. 고대 사막의… 뭐지… 여하튼 다른 뭔가겠지!"

13 "카퍼 경관이 나무로 만든 문 아래에서 독이 든 팅크로 죽였어요!"

카퍼 경관이 마치 순순히 체포될 것처럼 손을 들다가, 곧바로 자기 모습을 보며 웃었 습니다. "뭐야, 내가 경찰인 걸 깜빡했잖아!" 처벌은 2주간의 유급 휴가였습니다.

14 "총교주 코발트가 대기실에서 준영구기관으로 죽었어요!"

총교주 코발트가 말했습니다. "아, 그래, 하지만 중요한 사실 하나를 간과하고 있군. 나는 종교의 자유가 있어."

로지코가 대답했습니다. "종교의 자유가 살인을 정당화해주지는 않아요."

"하지만 이건 생각해 봤어… 어, 저게 뭐지?"

로지코는 뻔한 수작에 속지 않았습니다. 총교주 코발트는 그래도 사막 멀리 도망쳤습니다.

15 "허니 시장이 호화로운 소파에서 투표함으로 죽었어요!"

"말도 안 돼! 모함이야! 아니면 명예훼손. 흠. 뭐가 뭔지 잘 기억이 안 나는군."

"다 틀렸어요!" 로지코가 대답했습니다. "처음부터 이 교단에 엮여 있었죠. 음파발진기 부지 같은 특혜도 주고(사건 12: 피해자의 유언은 "으아아아아!" 참조). 그리고 나니 교주가 아마도 경쟁자였을 여기 정치가를 죽여줬고요(사건 14: 비밀 기지의 비밀 참조)."

시장이 웃었습니다. "친밀한 교단 사람이 상대편을 죽인 정도의 사소한 문제 때문에 정치가가 쫓겨날 거라고 생각해? 절대 증명할 수 없을 거야. 내가 잡힐 일은 없을 거라고!"

로지코는 방금 녹화한 시장의 말을 동영상으로 업로드했습니다. 이것으로 5부작 미스터리 뉴 이지스 사막의 수상한 교단이 결말을 맞았습니다!

16 "그레이먼 씨가 미스터리 서클에서 찌르는 나이프로 죽였어요!"

하지만 범인은 결백을 주장하지 않고 길고 가는 손가락을 들어 별을 가리키며 말했습니다. "는나 별에 어있."

로지코가 올려다보았지만 아무것도 보이지 않았고, 다시 고개를 돌리자 그레이먼 씨는 사라진 후였습니다. 이 일은 우주국에 알려야 할 것 같았습니다….

농부 브라운 | 커다란 돈가방 | 농가
치과의사 시셀 선생 | 광선총 | 외진 길
그레이먼 씨 | 찌르는 나이프 | 미스터리 서클

17 "슬레이트 대위가 관제실에서 와인 한 병으로 죽였어요!"

슬레이트 대위는 씩씩거리고 말을 더듬다가, 이 획기적인 여정에 끼어 우주로 나가고 싶어서 다른 우주비행사를 죽였노라고 인정했습니다.

"이제 우주에는 못 가겠네요." 논리탐정 로지코가 이렇게 말하자마자 셔틀의 문이 닫히더니 공식 방송이 또렷하게 들렸습니다. "10, 9…."

미드나이트 3세 | 제트팩 | 발사 패드
모브 부사장 | 소화기 | 스페이스 셔틀
슬레이트 대위 | 와인 한 병 | 관제실

18 "네이비 제독이 조종실에서 묵주로 죽였어요!"

"여기 이렇게 다 갇혀 있는 걸 더는 참을 수가 없었고! 그러면 어떻게든 해야지. 이제 공간이 좀 생겼지 않나! 이걸 좀 보라고."

제독은 사지를 쭉 펴 보였습니다. 하지만 로지코와 나머지 사람들은 전부 다른 곳을 보고 있었습니다. 밖에서 아주 놀라운 광경이 보였기 때문이었습니다.

우주인 블루스키 | 행운의 운석 | 우주 화장실
슬레이트 대위 | 리튬 배터리 | 우주의 진공

341

19 "우주인 블루스키가 내실에서 외계 유물로 죽였어요!"

모두가 내실에서 나오는 지극한 행복의 빛을 바라보고 있었습니다. 로지코만 빼고요. 로지코는 소위 외계 유물을 살펴보느라 바빴습니다.

> 그레이먼 씨 | 우주금 | 외실
> **우주인 블루스키 | 외계 유물 | 내실**
> 아마추어 우주인 마블 | 월석 | 우주 공간

20 "미드나이트 3세가 커다란 탁자에서 외계 유물로 죽였어요!"

논리탐정 로지코가 뉴스 카메라를 보며 설명했습니다. "외계인은 애초에 없었습니다. 미드나이트 3세가 최신 영화를 홍보하려고 UFO 착륙 지점, 우주선 발사, 우주 공간에 떠 있는 외계 비행체까지 전부 꾸몄을 뿐이었습니다!"

청중들이 놀란 숨을 들이켜고, 카메라 기사들이 렌즈 초점을 더욱 또렷하게 맞췄습니다. "처음 의심이 든 건 이 외계 유물이 플라스틱인 것을 알았을 때였습니다(사건 19: 외계 비행체에서 발견된 인간의 시체 참조). 그러자 많은 것이 설명되었습니다. 미드나이트 3세가 도대체 셔틀 발사 현장에 올 이유가 뭐였을까요(사건 17: 우주로 가는 살인 사건 참조)? 가난한 농부 브라운에게 커다란 돈가방을 준 건 누구였을까요(사건 16: 반짝이는 별빛 아래에서도 살인이 참조)? 미드나이트 3세, 바로 당신이 망친 옥수수 값을 지불했던 겁니다!"

미드나이트 3세가 대답했습니다. "전부 그대로 맞았습니다! 다 제가 최신 영화 〈살인 외계인의 습격〉을 홍보하려고 꾸몄습니다. 다들 봐주세요. 전국 극장에서 곧 개봉합니다!"

미스터리 서클 음모의 살인은 그렇게 결말을 맞았습니다!

갑자기 벽이 깜박이고 지지직거리더니 우주국 전체가 사라지고 시체와 돌아다니는 군중만 남았습니다. 다음 순간, 로지코는 어두운 빈 방에 혼자 서 있었습니다. 지금까지 해결한 5부작 사건들은 전부 가짜였습니다. 로지코가 선행 체험 대상으로 초청된, 신기술을 이용한 가상의 이야기들이었습니다.

그림자 속에서 목소리가 들렸습니다. "자, 홀로그램 무대는 어떠셨나요?"

342

로지코는 그 놀라운 느낌을 부정할 수 없었습니다. 소개 문구가 좀 과장스럽고(자료 A 참조) 한 이야기를 마칠 때마다 극적인 마무리를 알리는 틀에 박힌 문구들이 나오기는 했어도, 사건들은 현실감이 넘쳤습니다. 로지코는 이야기를 조금 더 은근하게 푸는 편이 더 좋았습니다.

게다가 디자인 문제 때문에 로지코가 불신을 유예하기 어렵기도 했습니다. 예를 들어 모브 부사장에게 카메오 자리를 준 것(사건 17: 우주로 가는 살인 사건 참조)이나 미스터리 서클 모양에 텍코 퓨처스의 ㅌ과 ㅍ을 넣은 것(사건 16: 반짝이는 별빛 아래에서도 살인이 참조)은 마음에 걸렸습니다. 거기까지는 그렇다고 쳐도, 로지코의 대표적인 사건들에 등장한 요소들을 그대로 가져다가 조합만 새로 하면서 알아볼 수 있는 부분은 남겨 다시 쓴 것이 제일 심했습니다. 이를테면 산속의 고대 유적(사건 5: 눈 덮인 동굴의 비밀 참조)은 첫 권에서 아주 중요한 요소였는데, 여기서는 그냥 훔쳐갈 물건으로만 쓰였습니다.

모브 부사장이 설명했습니다. "창의력이 부족해서 그렇게 된 건 아니랍니다. 팬들이 그 편을 더 좋아해요! 하지만 그건 당장 그렇게 중요한 문제가 아니랍니다. 더 큰 문제는, 이제 진짜 살인이 일어났다는 것이지요."

> 농부 브라운 | 깃발 | 뉴스 카메라
> 그레이먼 씨 | 조명 스탠드 | 옥상 위성 송수신기
> **미드나이트 3세 | 외계 유물 | 커다란 탁자**

21 "에그플랜트 이사가 벽장에서 홀로블록으로 죽였어요!"

에그플랜트가 말했습니다. "아니 그게! 배우가 보수를 올리고 업무 환경을 향상시켜 달라면서 협상을 시도하지 않겠어요. 우리 홀로그램에 나온 그 악당 노조원 민트처럼 말이죠. 저는 우리 영웅 유력자 아이보리처럼 할 일을 했을 뿐입니다. 하지만 진술을 하기 전에, 우리 회사 변호사랑 상의를 좀 해야겠어요." 별로 마음에 들지 않았지만, 로지코는 범인에게 이미 진술은 끝난 것 같다고 말했습니다.

> 모브 부사장 | 《부자가 되는 법》 | 주무대
> 첨단기술 전문가 터쿼이즈 | 기판 | 관제실
> **에그플랜트 이사 | 홀로블록 | 벽장**

22 "보좌역 올리브가 정원에서 돈가방으로 죽였어요!"

"아니 왜 그랬어요?!" 로지코가 물었습니다.

"직원을 죽이지 않은 사람은 존중받는 중역이 될 수 없으니까요."

화이트 대표와 모브 부사장도 동의하듯 뭔가 중얼거렸습니다. 감명을 받은 것 같았습니다. 그리고 모두가 논리탐정 로지코를 돌아봤을 때, 그 눈에는 주가가 떨어지면 안 되니 목격자를 남길 수 없다는 의지가 보였습니다.

> **보좌역 올리브 | 돈가방 | 정원**
> 모브 부사장 | 스노볼 | 주방
> 화이트 대표 | 황금 트로피 | 공중 식탁

23 "그레이스케일 회계사가 불길한 오벨리스크에서 황금 펜으로 죽였어요!"

"죄송하지만 저는 그냥 장부를 정리하는 중이었습니다. 그 사람이 회사에 가져다주는 수익보다 비용이 더 컸기 때문에 어쩔 수 없이 죽여야 했어요. 사적인 원한은 전혀 없었습니다. 불길한 오벨리스크도 수익을 창출하지는 않지만, 그, 영적인 풍부함은 인정할 만하지 않습니까? 덕분에 기분이 좋아지지 않나요?"

불길한 오벨리스크를 본 로지코는 그 말에 전혀 동의할 수 없었습니다.

> 컴퓨터 윤리학자 레몬 | 독이 든 머핀 | 펜트하우스 사무실
> 보좌역 올리브 | 돈봉투 | 옥상정원
> **그레이스케일 회계사 | 황금 펜 | 불길한 오벨리스크**

24 "유력자 아이보리가 다크 웹에서 봇넷으로 죽였어요!"

하지만 유력자 아이보리는 논리탐정 로지코에게 진짜 정체를 들키기 전에 접속을 끊었습니다. 로지코는 헤드셋을 벗고 생각했습니다. 그리고 상황을 복기하며 추리했습니다.

그러자 갑자기 답이 떠올랐습니다. 텍코의 실험실에서 무슨 일이 일어나고 있는지 알 것 같았습니다. 그래서 탐정 클럽에 한 통, 언론사에 한 통 편지를 보내고 집으로 갔습니다. 로지코는 신비탐정 이라티노와 함께 할 일이 있었습니다. 둘은 함께 TV를 보기로 약속되어 있었습니다.

25 "모브 부사장이 뉴스에서 에코백을 들고 해명하는구나!"

홀로그램 기술이 아직 부족하다고 한 논리탐정 로지코의 추측은 옳았습니다. 탐정 플레이어마다 각자 주위에 3차원 세계를 완전히 투영하는 일은 애초에 가능하지 않았습니다. 그래서 부사장은 패배를 인정하고 해고되는 대신 배우와 세트 기술자, 스턴트 연기자를 고용해서 진짜로 연기를 시켰습니다…. 살인까지도요. 그건 홀로그램 쇼가 아니라 사실은 훨씬 끔찍한, 몰입형 연극이었습니다. 현실감 넘치는 시체를 어떻게 구했을까요? 구식으로, 배우를 죽여서요.

그래서 우주국의 나머지 부분이 사라져도 시체는 남아 있었던 것입니다(사건 20: 기자회견장의 살인 사건 참조). 다크 웹에서 몰입형 연극 배우를 구하던 것도 그래서였습니다(사건 24: 메타버스에서 죽으면 어떻게 될까? 참조). 에그플랜트 이사가 높은 보수를 요구하던 배우를 죽인 이유도 그래서였습니다. 전부 홀로그램이었다면 애초에 배우가 왜 있었을까요(사건 21: 홀로그램 무대에서 살해당한 직원 참조)?

뉴스에서 모브 부사장이 한 방송 전체에 걸쳐 자기가 모든 일을 어떻게 꾸몄는지, 어째서 모든 것이 상사가 아닌 자기 책임인지 설명하며 말했습니다. "그러니까, 모든 사람이 텍토피아에서 살게 되면 이런 일은 다시 일어나지 않을 겁니다. 그렇게 되면 저희는 이런 홀로그램 쇼를 진짜로 구현할 수 있습니다."

26 "신비동물학자 클라우드가 출구 없는 정원 미로에서 육중한 책으로 죽었어요!"

신비동물학자 클라우드가 대답했습니다. "어쩔 수 없었어요! 이 사람이 협회를 폐쇄하고 있었으니까. 저는 당당해요. 신비동물학자로 살면서 돈 버는 일자리 잡기가 얼마나 어려운지 알아요?! 여기가 아니면 절 고용해줄 곳은 없다고요!"

이라티노는 이력서에 살인 경력이 있으면 이제 일자리 찾기가 더 어려울 것이라고

345

설명했습니다.

> 수비학자 나이트 | 낡은 체스용 시계 | 웅장한 저택
> **신비동물학자 클라우드 | 육중한 책 | 출구 없는 정원 미로**
> 대연금술사 레이븐 | 인간 두개골 | 거대한 탑

27 "약초학자 오닉스가 당혹스러운 조각품 옆에서 기도용 양초로 죽였어요!"

"약초학자가 이미 있는데 정원사가 왜 필요한가요?! 업무상 보안 때문에 제가 어쩔 수 없이 죽였어요. 선택의 여지가 없었다고요. 저도 먹여 살릴 가족이 있는데, 가족한테 뭘 먹이라고요? 풀떼기요? 될 리가 없잖아요."

그때 이라티노가 출구 없는 미로에서 무한한 도서관으로 이어지는 비밀 통로가 있었던 것을 기억해내고는 길을 안내했습니다.

> **약초학자 오닉스 | 기도용 양초 | 당혹스러운 조각품**
> 수정의 여신 | 수정구 | 신비한 아치
> 미스 사프론 | 굽은 숟가락 | 끝없이 흐르는 샘

28 "편집자 아이보리가 금지 구역에서 만년필로 죽였어요!"

편집자 아이보리가 어깨를 으쓱했습니다. "그 사서가, 내가 낸 책을 받지 않겠다잖아요. 신비하고 음산한 도서관에 잘 어울린다고 특별히 마케팅했던 것들마저 전부요. 뭐 제가 어쩌겠어요?"

로지코와 이라티노가 다른 방법을 제시하려고 하는데, 텍코 퓨처스 제복을 입은 사람 세 명이 문 앞에 나타나 일제히 말했습니다. "따라오시죠." 이라티노는 로지코를 붙들고 다른 비밀 통로로 데려갔습니다.

> 책벌레 러셋 | 석상의 팔 | 연구용 책상
> **편집자 아이보리 | 만년필 | 금지 구역**
> 시너리어스 추기경 | 무거운 양초 | 고서 보관실

29 "에이전트 잉크가 카운터에서 횃불로 죽였어요!"

"나는 고객을 위해서 싸우려고 여기에 왔어요. 그런데 책이 진열도 안 된 걸 보니까

울컥하더라고요. 도대체 《크라임 퍼즐》이 어디로 간 거죠?! 아무 곳에도 없잖아요!"

로지코가 퍼즐과 게임 코너를 보라고 하자, 에이전트 잉크는 크게 당황한 표정을 지었습니다. 그리고 마음을 좀 가라앉히고 이렇게 말했습니다. "그래도 제가 고객들을 위해 매일같이 싸운다는 건 아시겠죠?"

옵시디언 부인 | 후드 티 | 다락
부키상 수상자 게인스 | 200도 알코올 | 할인 코너
에이전트 잉크 | 횃불 | 카운터

---

30 "MX. 탠저린이 암호화폐 교환소 옆에서 소화기로 죽었어요!"

"불이 붙은 줄 알았으니까요!" MX. 탠저린이 설명했습니다.

논리탐정 로지코가 눈썹을 치켜올렸습니다. "그렇다면 어째서 소화기로 머리를 내리친 거죠?"

"몸에 불이 붙은 사람은 일단 멈춰서 엎드려야 하잖아요!"

MX. 탠저린 | 소화기 | 암호화폐 교환소
슬레이트 대위 | 근사한 벨트 | 수하물 수취대
컴퓨터 윤리학자 레몬 | 가짜 보물지도 | 활주로

---

31 "샴페인 동무가 조타실에서 도끼로 죽었어요!"

샴페인 동무가 말했습니다. "이 물건들은 자본주의 엘리트들의 이익을 위해 운송되고 있어요. 이것들은 모든 사람을 위해 쓰이는 것이 옳습니다."

로지코는 정확하게 어떤 물건을 말하는 것인지 물어보았습니다.

"물론 이 배에 실린 고급 와인들이지요. 1%의 부유층이 국가 전체에서 나는 고급 와인의 99%를 먹어 치우게 할 수는 없어요! 이 배를 제 저택으로 돌려요. 거기서라면 제가 이 맛있는 상품들의 분배를 완전히 감독할 수 있으니까요!"

하지만 배를 돌리기에는 너무 늦었습니다. 이미 할리우드에 도착했기 때문입니다.

"어딘가 조용한 곳에 갈 거라고 했잖아요!" 로지코가 말했습니다.

이라티노가 대답했습니다. "여긴 조용한 곳이 맞아요! 아무도 일하지 않으니까요! 파업 중이거든요!"

네이비 제독 | 시미터 | 선외
화이트 대표 | 예비용 닻 | 선장실
샴페인 동무 | 도끼 | 조타실

32 "전설의 대스타 실버튼이 커피 가판대에서 육중한 각본으로 죽었어요!"

"나는 사람들이 좋아할 만한 위대한 작품을 만들고 싶어서 평생을 바쳤어요. 그런데 지금 리무진 수십 대에 저택 수백 채를 가진 임원들이, 나한테 예술의 미래를 가르치겠다고요? 자, 이제는 제 반론을 제대로 알아들었겠지요!"

로지코와 이라티노는 뭐라고 대답하려 했지만, 시위대가 실버튼을 지지하며 구호를 외치자 그냥 근처 탐정 클럽 사무소에 숨기로 했습니다.

전설의 대스타 실버튼 | 육중한 각본 | 커피 판대
핵 블랙스턴 | 카메라 | 피켓 행렬
영화 편집자 펄 | 트로피 | 팝업 콘서트

33 "조그만 토프가 옥상 전망대에서 무거운 암호책으로 죽었어요!"

조그만 토프가 말했습니다. "나는 그저 이걸 강조하고 싶어요. 우리가 전부 살인을 그만두면, 이 많은 탐정들이 도대체 무슨 일을 하겠어요? 사실 살인 사건이 더 많아져야 탐정들의 일거리가 보장되지 않겠어요?"

탐정들이 불만을 털어놓았습니다. 안정적인 직업은 물론 좋지만, 그러기를 바라는 것은 추구하는 가치와 상반되는 것 같았습니다. 로지코와 이라티노는 텍토피아 요원들이 결코 들어가지 못할 유일한 장소인 매직 팰리스로 가서 토론을 계속하기로 했습니다.

철학자 본 | 부비 트랩 페도라 | 백과사전의 방
옵시디언 부인 | 폭발 파이프 | 옥상 전망대
조그만 토프 | 무거운 암호책 | 방탈출 방

34 "아마란스 대통령이 비공개 도서실에서 톱으로 죽었어요!"

아마란스 대통령이 크게 소리쳤습니다. "마술사가 무대에서 똑같이 했을 땐 아무도

348

뭐라고 하지 않는데! 내가 그걸 도서실에서 하면 나쁜 사람이 되는군요."

로지코가 외쳤습니다. "무대에서 하는 건 속임수잖아요!"

"내가 속임수에 넘어가자고 미국까지 외교 임무를 온 줄 압니까! 말도 안 됩니다!"

> 마술사 믹스달 | 가짜 검 | 주 무대
> **아마란스 대통령 | 톱 | 비공개 도서실**
> 미드나이트 삼촌 | 스페이드 에이스 | 공연 테이블

35 "마술사 믹스달이 공중에서 수정구로 죽었어요!"

"유령을 죽이는 게 범죄인가요?" 마술사 믹스달이 대답했습니다.

이라티노가 소리쳤습니다. "죽어서 유령이 된 거잖아요."

그런데 갑자기 정문이 폭발하며 텍토피아 요원 세 명이 뛰어들어왔습니다. 직원이 복장 규정을 걸고 따지는 사이에, 로지코와 이라티노는 밖으로 도망쳤습니다.

> 라피스 수녀 | 위자 보드 | 원탁
> **마술사 믹스달 | 수정구 | 공중**
> 점성학자 아주어 | 살인 타로 카드 | 잠긴 옷장

36 "애쉬 원로가 헌금함에서 햇불로 죽었어요!"

애쉬 원로는 그 말에 고개를 젓더니 엄숙하게 대답했습니다. "나는 진심으로 내가 결백하다고 생각해요. 살인은 아닐지라도, 그로 인한 죄라면."

이라티노가 물었습니다. "아니 그게 도대체 무슨 말인가요?"

"내 나이가 되어 보면 꼭 말이 될 필요가 없다는 걸 알겠지요."

> **애쉬 원로 | 햇불 | 헌금함**
> 고고학자 에크루 | 성배 | 웅장한 입구
> 조그만 토프 | 사나운 거위 | 높은 제단

37 "샴페인 동무가 원두 창고에서 버터나이프로 죽었어요!"

"와인을 하도 마셨더니 몸이 나빠져서 커피로 갈아탔어요. 이제 완전히 커피에 빠져서 커피를 도저히 줄일 수가 없어요. 그래서 어쩔 수 없었다고요! 커피가 날 그렇게

만들었어요!"

커피 장군이 등을 토닥여주며 괜찮다고 위로했습니다. 전에 다 겪어봤는데, 커피를 늘리면 간단하게 해결할 수 있다고요.

커피 장군 | 금속 빨대 | 화장실
라피스 수녀 | 벽돌 | 안뜰
샴페인 동무 | 버터나이프 | 원두 창고

38 "화이트 대표가 회의장에서 살인 타로 해설서로 죽었어요!"

"그래, 물론 내가 했어요! 거짓말은 미안하지만. 하지만 바로 그 텍코 퓨처스에서 두 분 주장에 어깃장을 놓으라고 거액을 주길래, 제가 받았거든요."

로지코와 이라티노는 변호에 나쁜 발언이라고 생각했지만, 다른 사람은 아무도 동의하지 않았습니다. 동의하지 않으면 돈을 받기로 한 모양입니다. 이걸 보면, 서로 싫어하는 사람들이 잔뜩 모인 곳에서 잘 지내게 만들고 싶을 땐 돈만 많이 주면 된다는 것을 알겠습니다.

아마란스 대통령 | 돋보기 | 연단
데미넌스 자작 | 만년필 | 참관석
화이트 대표 | 살인 타로 해설서 | 회의장

39 "점성학자 아주어가 드넓은 침실에서 다이아몬드 목걸이로 죽었어요!"

아주어는 반성의 기미가 없었습니다. "탐구 협회가 폐쇄되자마자 임금 지급을 중단했잖아요! 그래서 여기 회장님을 죽이러 들어왔어요. 그러려면 먼저 보안요원을 죽여야 했지요!"

아주어는 신비탐정 이라티노를 향해 다이아몬드 목걸이를 휘둘렀습니다. 방금 살인에 쓴 무기인데도 그리 위협적으로 보이지 않았습니다. "살인에 보상을 할 수는 없으니까, 지금 임금을 주지는 못하겠어요."

그러자 아주어는 그냥 다이아몬드 목걸이를 가지고 갔습니다.

MX. 탠저린 | 후드 티 | 50칸 차고
시뇨르 에메랄드 | 성배 | 발코니

40 "파인 판사가 중고차 매장에서 와인 한 병으로 죽였어요!"

"내 관할이건 아니건, 내가 있는 곳에 와서 내 허락도 없이 사람을 죽이려고 들다니! 그런 건 오직 나만 할 수 있습니다. 다른 사람이 하면 표절이니까!"

로지코는 죽거나 납치되지 않게 해줘서 고맙기는 하지만, 살인을 독점할 수는 없다고 판사에게 말했습니다.

"국가가 뭐라고 생각하는 건가요?" 판사는 스스로의 명석함에 뿌듯해하며 물었습니다.

> 스키광 시나몬 | 도끼 | 낡은 공장
> **파인 판사 | 와인 한 병 | 중고차 매장**
> 컴퓨터 윤리학자 레몬 | 포크 | 프랜차이즈 식당

41 "오버진 주방장이 물이 새는 방에서 체스 강의서로 죽였어요!"

"기회가 있을 때 널 구웠어야 했는데!" 범인이 로지코에게 소리쳤습니다. 이라티노는 그게 사실은 칭찬에 들어간다고 생각했습니다. "맛있어 보인다는 뜻이니까요!" 하지만 로지코는 식인으로 위협받는 것이 별로 유쾌하지 않았습니다. 해저에 있는 것은 더 싫었습니다. 그래서 뭍으로 돌아가자고 했습니다.

> **오버진 주방장 | 체스 강의서 | 물이 새는 방**
> 신비동물학자 클라우드 | 안전 고글 | 과학실
> 크림슨 원장 | 폭발하는 비커 | 바다

42 "레드 소령이 수풀에서 낡은 체스용 시계로 죽였어요!"

"도망자의 삶을 그런대로 즐기고 있었는데, 잡혀버렸군. 그래, 축하해! 나는 궁지에 몰린 킹이 되었어. 그러니 할 수 있는 유일한 일을 해야지!"

로지코가 물었습니다. "그게 뭔가요?"

레드 소령은 뒤를 돌아 최대한 빨리 달렸습니다.

> 커피 장군 | 진짜 말 | 체스 테이블

43 "라피스 수녀가 안뜰에서 묵주로 죽였어요!"

라피스 수녀가 항변했습니다. "횡령범이라서 죽일 수밖에 없었어요! 지난 한 해 사이에 얼마나 많은 돈을 잃었는지 아시나요?! 신성한 와인을 실은 배 한 척을 통째로 바다에서 빼앗겼는데, 이 사람이 와인값을 전부 냈다고요! 뭔가 조치를 취해야 하지 않나요? 다른 수가 있나요?!"

"용서하고 잊으면요?" 이라티노가 제안했습니다. 라피스 수녀가 신경질적으로 웃었습니다.

망고 신부	성가집	성당
라피스 수녀	**묵주**	**안뜰**
브라운스톤 수사	성찬식 와인	절벽

44 "시너리어스 추기경이 커다란 문 옆에서 피아노 건반으로 죽였어요!"

추기경은 즉각 시인했습니다. "와인을 빼앗기고 나니 수도원의 질서가 전부 무너졌어요. 아무도 바르게 생각할 수가 없었습니다. 바르게 기도할 수도 없었고요. 혼란이 지배하는 세상이었어요! 저는 고대 암호로 적힌 우리 수도원의 표어를 생각했습니다. 텨녀요뎌 죻피피디. 무슨 의미였는지는 생각이 안 나지. 여하튼 다른 무슨 수가 있었을까요?"

버디그리 부제	곰 가죽 깔개	와인 랙
조그만 토프	고전 회화	에어컨
시너리어스 추기경	**피아노 건반**	**커다란 문**

45 "애플그린 교장이 거북이 마당에서 고양이로 죽였어요!"

"행운의 거북이를 이웃 사람이 훔쳐가려고 했으니까요. 어쨌거나 행운은 가버렸고… 어, 내 거북이가 어디 간 거지?!"

거북이는 이라티노가 몰래 훔쳤습니다. 불쌍한 행운의 거북이가 살인자와 살게 두고 싶지 않았기 때문입니다.

> **애플그린 교장 | 고양이 | 거북이 마당**
>
> 철학자 본 | 지팡이 | 공터
>
> MX. 탠저린 | 무거운 핸드백 | 폐가

46 *"조그만 토프가 마상 경기장에서 철 지난 상품들로 죽였어요!"*

토프가 말했습니다. "상품들이 철이 지났으니까 저를 쫓아내겠다고 해서 그만…."

"철이 지난 건 사실이잖아요!" 로지코가 끼어들었습니다.

"하지만 그걸로 때리면서 역사적인 정확성을 잘 드러냈다고 생각하는데요!"

> 오버진 주방장 | 위엄 있는 망토 | 주차장
>
> **조그만 토프 | 철 지난 상품들 | 마상 경기장**
>
> 라즈베리 코치 | 공연용 검 | 음료 가판대

47 *"점술가 애머시스트가 불가사의 진열장에서 살인 타로 덱으로 죽였어요!"*

"나는 감옥에 가둘 수 있겠지만, 운명도 가둘 수 있을까요!" 점술가가 말했습니다.
로지코는 눈을 굴렸지만, 이라티노는 몸을 숙이며 물었습니다. "운명이라고요?" 르네상스 축제 경비원이 쫓아내기 전에, 애머시스트는 카드 세 장을 뒤집었습니다. 평범한 살인 타로 배치였습니다. 첫 장은 사람을, 두 번째 장은 행동을, 세 번째 장은 행동의 결과를 의미했습니다.

"자, 퓨셔 요원은 비밀요원. 모험심이 강하고, 비밀스럽고, 치명적인 측면을 나타내지요.

"안전모. 새 프로젝트를 시작한다는 것을 의미해요. 함께 뭔가를 만든다는 뜻일 수도 있고요.

"그리고 자, 거대한 컴퓨터 터미널. 이건 잘 계획된 삶을 의미하지요. 이 운명을 이루거나… 피하고 싶으면 내 조언을 들어야 할걸요!" 그 말과 함께 테이블 밑의 버튼을 누르자 음산한 안개와 암울한 음악이 천막 안을 채웠습니다.

극적인 연출이 예언에 힘을 실어주기도 했지만, 탈출하기 좋은 연막을 깔아주기도 했습니다.

353

48 "옵시디언 부인이 군중 속에서 독이 묻은 전단지로 죽였어요!"

옵시디언 부인이 외쳤습니다. "그래요! 잘 알아냈어요! 범인을 찾았다고요! 하지만 그건 순전히 우리가 여기 모인 이유를 강조하고 싶어서였어요. 바로 로지코와 이라티노를 지키는 것이죠."

"사람을 죽이는 게 어떻게 그 이유를 강조할 수 있는데요?" 로지코가 물었습니다.

옵시디언 부인이 거만하게 손가락을 들고 까딱거렸습니다. "탐정들에게 둘러싸여 있어도 안전하지 않다는 것을 보여주니까요!"

논리탐정 로지코와 신비탐정 이라티노는 그것이야말로 해결해야 할 문제라는 것을 깨달았습니다.

49 "룰리언 경이 할리우드로 가면서 가짜 보물 지도로 죽였어요!"

"제가 이 보물 지도를 가진 걸 아는 유일한 사람이라서 어쩔 수 없이 죽였어요! 이제 보물은 다 제 것입니다!"

로지코가 대답했습니다. "일단, 그건 가짜 보물 지도입니다. 두 번째로 이제 우리가 다 알아요."

"다른 사람한테 말할 건가요?"

로지코는 말하지 않겠다고 대답하면서 손가락으로 몰래 X자를 만들었습니다.

두 사람만 남았을 때, 신비탐정 이라티노는 논리탐정 로지코에게 그 세 목적지 중에 가고 싶은 곳이 있는지 물었습니다. 논리탐정 로지코는 그렇다고 했습니다. 둘은 동시에 가고 싶은 곳을 말했습니다.

354

50 "크림슨 원장이 수정 상점에서 셀레나이트 마법봉으로 죽었어요!"

크림슨 원장이 소리쳤습니다. "지금 무슨 일이 일어나고 있는지 모르겠어요? 두 사람이 왜 여기에 있는지?!"

하지만 탐정 클럽 회원들이 크림슨 원장을 데려가려고 나타났을 때, 원장은 뛰어난 머리로 따돌렸습니다("어, 저기 봐요!"라고 말한 후 달리기). 로지코와 이라티노는 원장이 사악한 음모에 관한 비밀 정보를 알고 있었는지, 그냥 살인자들이 흔히 하듯이 아무 말이나 늘어놓았는지 알 길이 없었습니다.

두 사람은 다른 할 일이 생각나지 않아 정겨운 아파트로 돌아간 후 편히 앉아 TV를 보려고 했습니다. 그때 갑자기….

51 "악녀 앰버가 대한민국에서 위조 치아로 죽었어요! 여행지에는 변장해서 잠입할 계획이었고요!"

"그래서, 이제 악한 짓은 더 못 한다고? 착하게 살라고?"

로지코가 말했습니다. "악한 짓은 괜찮아요. 그냥 살인만 하지 말아요."

이라티노가 덧붙였습니다. "하지만 악행을 그만두면 더 좋겠어요." SPY 요원들이 범인을 데려가자 퓨서 요원이 축하했습니다. "두 사람이 따로 행동하는 방식이 효과가 좋군요. 계속 그대로 하지요."

SPY는 두 사람을 신 드라코니아로 보내 각기 다른 임무를 맡겼습니다. 이라티노는 호화 카지노로 가고, 로지코는 분쟁 지역으로 갔습니다. 따로 다니는 것이 어려웠지만, 그래도 해야 했습니다.

> **악녀 앰버 | 위조 치아 | 대한민국 | 변장해서 잠입**
> CEO 인디고 | 울트라콤 | 프랑스 | 별다른 계획 없이

52 "수비학자 나이트가 자선 행사장에서 모자 폭탄으로 죽었어요. 좋아하는 도박은 한 번에 1만 달러짜리 슬롯 머신이고요!"

"저질 통계학자들은 슬롯 머신이 확률이 제일 안 좋다고 하지만, 3월 3일에 태어나서 행운의 숫자가 3인 내 강력한 힘을 이해 못 해요. 그러니까, 나는 세 번째 줄 세 번째 머신에서 도박을 하면 세 배로 따게 되어 있다고요. 그런데 내가 이기니까 카지노 관리자가 내쫓으려고 하길래 모자를 쳤을 뿐이거든요!"

이라티노는 행운의 숫자 이야기가 마음에 들어서, 메모해두었다가 직접 써보기로 했습니다(이라티노의 행운 숫자는 12입니다. 이유는 무엇일까요?).

> 룰리언 경 | 살인 타로 덱 | 주차장 | 파이브 카드 드로 포커(에이스, 킹, 잭 와일드)
> 아마란스 대통령 | 거대한 나이트 | 넓은 연못 | 슈퍼울트라 불릿 체스 960
> **수비학자 나이트 | 모자 폭탄 | 자선 행사장 | 한 번에 1만 달러짜리 슬롯 머신**
> 라즈베리 코치 | 포커 칩 더미 | VIP 침실 | 목숨을 건 동전 던지기 한판

53 "미스터 시가 가시철조망에서 무거운 암호책으로 죽었어요! 모든 전쟁은 비극이라고 생각하면서요!"

미스터 시가 대답했습니다. "물론, 이 일은 아무도 알아서는 안 됩니다."

다른 사람들도 즉시 동의했습니다. 모두가 들켜서는 안 될 범죄를 숨기고 있었고, 아무 일도 일어나지 않은 듯이 행동하는 편이 훨씬 나을 것 같았기 때문이었습니다.

하지만 로지코가 말했습니다. "그래도 나는 비밀을 지킬 수 없어요."

그러자 모두가 말했습니다. "그렇겠지요. 하지만 우리가 전부 같은 말을 하는데 혼자서 하는 주장을 누가 믿겠어요?"

> 리드 총관 | 살인 타로 카드 | 보안실 | 붉은 군대가 이겼으면 좋았을 걸
> 첨단기술 전문가 터쿼이즈 | 방사성 암석 | 철문 | 옛 드라코니아를 복원했으면 좋겠다
> 포르퍼스 대주교 | 거대한 결혼반지 | 대형 홀 | 국제회의가 관리해 주어서 다행

미스터 시 | 무거운 암호책 | 가시철조망 | 모든 전쟁은 비극이다

54 "차콜 두목이 거대한 상자 더미 옆에서 핵 여행 가방으로 죽었어요. 여기에는 잉여 제품을 팔려고 왔고요!"

차콜 두목이 호통을 쳤습니다. "도대체 이자랑 어떻게 경쟁을 하란 말인가? 폭탄을 절반 가격에 팔고 있는데! 장기 고객들에게는 할인도 해주고 있었다고. 핵폭탄을 다섯 개 사면 한 개를 무료로 주는 적립 카드까지 있었다고!"

하지만 로지코가 텍토피아에 관해 묻자 입을 다물었습니다. "그쪽은 건드리고 싶지 않아."

로지코는 최대한 빨리 도망치면서, 텍토피아를 찾기 위해서라고 스스로 되새겼습니다.

데미넌스 자작 | 찌르는 나이프 | 스텔스 폭격기 | 할인을 받으려고
미스터 시 | 로봇 개구리 | 도주로 | 그냥 구경하려고
차콜 두목 | 핵 여행 가방 | 거대한 상자 더미 | 잉여 제품을 팔려고
커피 장군 | 훈련된 원숭이 | 무장 리무진 차고 | 최대한 많은 무기를 사려고

55 "에그플랜트 이사가 커피숍에서 맛있는 치즈 휠로 죽었어요. 투표권 없는 텍토피아를 대표하러 왔고요!"

"네덜란드에서 범죄 사건을 해결할 권한이 있요? 혹시 그렇더라도 저를 어떻게 할 사람은 제 상사, 상사의 상사, 상사의 상사의 상사뿐입니다."

이라티노가 말했습니다. "텍토피아에 대해 말해주시면 부드럽게 대해드리죠!"

"제 상사, 상사의 상사, 상사의 상사의 상사를 그렇게 배신할 수야 없지요!"

에그플랜트 이사 | 맛있는 치즈 휠 | 커피숍 | 텍토피아(투표권 없음)
셀러돈 장관 | 얇은 네덜란드판 《크라임 퍼즐》 | 국제회의 본부 | 옛 프랑스 식민지 국가
건달 세이블 | 성난 순록 | 튤립 밭 | 신 드라코니아
네이비 제독 | 체스판 | 풍차 | 분리된 미합중국

56 "셀러돈 장관이 판사석에서 양말폰으로 죽였어요. 엄벌을 주고 싶어 했고요!"

셀러돈 장관이 말했습니다. "누가 봐도 전범이었으니까 내가 직접 치워 준 건데."

"장관님한테도 전범이라고 하는 사람들이 있지 않나요?" 로지코가 물었습니다.

"그러니까 더 맹렬하게 전쟁 범죄를 반대해서 나를 차별화해야지. 전범을 죽인 사람이 전범이라고 누가 생각하겠어?" 하지만 로지코는 알았습니다. 통계적으로 볼 때 전범을 죽이는 사람은 대체로 전범이었다는 것을요.

> CEO 인디고 | 레이저 시계 | 방청석 | 완전히 무죄
> **셀러돈 장관 | 양말폰 | 판사석 | 엄벌 주장**
> 커피 장군 | 난해한 조약서 더미 | 증인석 | 절차상 문제로 무죄
> 아마란스 대통령 | 지구본 | 배심원석 | 기권(주의를 기울이지 않음)

57 "검은 모자가 잠긴 창고에서 돈봉투로 죽였어요. 여기에 비밀 메시지랑은 아무 상관도 없는 이유로 왔고요!"

"왜냐고? 나는 비둘기가 싫은데 그 늙다리가 자꾸 먹이를 줘서 갈수록 점점 늘어났으니까. 우리 집이 이 공원 옆이야. 그런 날개쥐들 따위…."

아름다운 비둘기들을 날개쥐라고 하는 말을 들은 순간, 이라티노는 범인의 턱에 주먹을 날렸습니다. 하지만 결국 텍토피아에 관한 단서는 못 찾았습니다.

> 퓨셔 요원 | 돋보기 | 하수도 | 비밀 메시지를 가로채는 사람을 훔쳐보려고
> 룰리언 경 | 비밀 암호 해독 반지 | 낡은 조각상 | 그 비밀 메시지를 가로채려고
> **검은 모자 | 돈봉투 | 잠긴 창고 | 아무 상관도 없는 이유로**
> 네이비 제독 | 선언문 | 버려진 우편함 | 비밀 메시지를 남기려고

58 "레드 소령이 발코니에서 폭발하는 물고기로 죽였어요. 여기 갇힌 이유는 주차요금 미납 때문이었군요!"

레드 소령이 대답했습니다. "축하하지, 로지코. 사건을 해결했군. 하지만 그래서 어쩔 건가? 날 감옥에라도 가두게? 벌써 주차요금 때문에 여기 와 있는 걸. 한 번은 탈출을 막았지만, 두 번째도 막을 수 없을 텐데. 나는 곧 자유를 되찾고, 우리 나라에도 자유를 되찾아올 거야. 자네는 그냥 텍토피아를 찾고 있을 뿐이지만, 나는 우리 나라를 되찾기만 하면 지구상의 자본주의 도시를 전부 부숴버릴 거라고!"

59 "커피 장군이 유정탑 옆에서 당근으로 죽였어요! 세계에서 가장 큰 승합차를 타고 왔고요!"

커피 장군이 외쳤습니다. "아하, 그래, 이라티노 씨는 한 가지를 까먹었군."

"그게 뭐지요?"

"갈 때도 승합차를 탔다는 거지!" 장군은 정말로 그렇게 했습니다.

수비학자 나이트 | 볼트와 너트 자루 | 고대 유적 | 사랑스러운 오토바이

노조원 민트 | 다우징 막대 | 펌프잭 | 음침하기 짝이 없는 흰색 밴

커피 장군 | 당근 | 유정탑 | 세계에서 가장 큰 승합차

셀러돈 장관 | 선인장 | 사무실 | 강렬한 붉은색의 컨버터블

60 "미스터 시가 눈 덮인 도로에서 돈봉투로 죽였어요. 정치에는 대체로 무관심하지만요!"

"거대 범죄 조직을 운영하다 보면 사람을 죽여야 할 때도 있는 법이지. 여러 면에서 볼 때, 이 정도면 아주 작은 범죄 아닌가?"

로지코가 말했습니다. "계속 그렇게 빠져나가지는 못 할걸요!"

미스터 시는 손을 뻗어 개인 비행선에 연결된 밧줄을 붙잡고 얼어붙은 호수 위를 날아가며 외쳤습니다. "할 것 같은데!"

차콜 두목 | 기념 컵받침 | 얼어붙은 호수 | 현직 지도자 지지

미스터 시 | 돈봉투 | 눈 덮인 도로 | 대체로 정치에 무관심

허니 시장 | 어느 정치가의 전기 | 저질 맥주 양조장 | 기계 파괴

철학자 본 | 살인 펭귄 | 유서 깊은 식당 | 혁명 지지

61 "루비 부인이 깨끗한 해변에서 다이아몬드 목걸이로 죽였어요. 리뷰에는 불만 없이

별점 다섯 개를 남겼고요!"

루비 부인이 말했습니다. "어부가 바다에서 이 다이아몬드 목걸이를 낚았길래 공정하게 훔쳤지요. 그 사람이 다시 훔쳐가려고 해서 처치한 게 제 잘못인가요?"

이라티노가 미처 추궁하기도 전에, 범인은 훔친 배를 타고 가버렸습니다. 텍토피아에 관한 단서도, 보석도 남지 않았습니다.

> 퓨셔 요원 | 구명대 | 호화로운 카바나 | 신나게 자랑하고 다녔지만 별점 두 개
> 미스 사프론 | 훈련된 원숭이 | 활주로 | 환불 요구
> **루비 부인 | 다이아몬드 목걸이 | 깨끗한 해변 | 별점 다섯 개, 불만 없음**
> 전설의 대스타 실버튼 | 커다란 고둥 껍데기 | 직원용 건물 | 반복되는 요청도 무시하고 리뷰 안 함

62 "그랜드마스터 로즈가 관중석에서 체스 강의서로 죽였어요. 좋아하는 메이트 패턴은 스콜라 메이트고요!"

그랜드마스터 로즈는 반성의 기미가 없었습니다. "체스 경기 상태가 하도 안 좋아서 죽일 수밖에 없었어요! 상상할 수 있는 최악의 끔찍하고 재미도 없는 진행이었으니까! 봐요. 26번째 수가 책하고 달라지는 바람에 그 뒤가 엉망이 되었잖아요. 어떻게든 경기를 멈춰야만 했다고요!"

로지코는 얼굴에 주먹을 맞고 난 직후에는 생각이 잘 안 될 수도 있는 법이라고 말했습니다. 그랜드마스터 로즈는 그 말을 듣고 로지코에게 체스 강의서를 휘둘렀습니다. 맞아서 기절한 로지코는 자기 집이 바로 텍토피아인 악몽을 꾸었습니다. 무슨 의미였을까요?

> MX. 탠저린 | 대리석 흉상 | 링 바로 옆 | 르갈 메이트
> **그랜드마스터 로즈 | 체스 강의서 | 관중석 | 스콜라 메이트**
> 체스복싱 선수 블레이즈 | 위엄 있는 망토 | 링 | 스모더드 메이트
> 라즈베리 코치 | 체스판 | 옥상 라운지 | 아나스타샤 메이트

63 "룰리언 경이 선물 가게에서 안료희석제 캔으로 죽였어요. 전문 좀도둑이고요!"

룰리언 경이 소리쳤습니다. "그래서, 그게 뭐요? 설마 내가 아무도 몰래 벽을 타고 가서 여기를 털려는 데 방해가 되니까 경비소장을 죽였다고 생각하는 건가요?"

"네!" 이라티노가 말했습니다.

룰리언 경이 대답했습니다. "뭐, 그러면, 맞았네요!"

> 조그만 토프 | 사나운 거위 | 명화 전시실 | 가게에서 딱 한 번 검을 훔침
> 미드나이트 삼촌 | 미술붓 | 옥상 정원 | 11인조 강도 전문가
> 퓨셔 요원 | 1980년대 휴대폰 | 신예 화가 전시실 | 습관성 소매치기
> **룰리언 경 | 안료희석제 캔 | 선물 가게 | 전문 좀도둑**

64 "조그만 토프가 앞줄에서 피아노로 죽였어요. 열성적인 광팬이었고요!"

조그만 토프는 범죄를 가볍게 시인했습니다. "굉장한 아티스트들을 노예 계약으로 묶어놓고 부리려고 했으니까요! 속박에서 풀어줘야죠. 이제 원하는 대로 자유롭게 살 수 있겠죠."

(토프가 진정으로 원한 것은 그 아티스트들이 영원히 계속 같은 종류의 음악을 만들면서 평생을 보내고, 자기와 절친한 사이가 되는 것이었습니다.)

> 미드나이트 삼촌 | 벗겨진 전선 | 보안용 해자 | 오늘 처음 들어봄
> **조그만 토프 | 피아노 | 앞줄 | 열성적인 광팬**
> 배경의 마렝고 | 어쿠스틱 기타 | 무대 | 모르는 척하지만 모든 앨범을 구매함
> CEO 인디고 | 전기 실로폰 | 뒷줄 | 히트곡을 좋아함

65 "철학자 본이 얼어붙은 황무지에서 너무나 뜨거운 커피로 죽였어요. 제일 좋아하는 동물은 북극곰이고요!"

"여기에서 벌써 몇 달을 보냈는데 북극곰은 한 마리도 못 봤으니까, 따라서 북극곰의 존재 자체가 누군가의 거짓말일 수 있는 것이지요."

이라티노가 외쳤습니다. "뭐라고요?! 북극곰은 북극곰이니까 북극에 있어요!"

"내가 연역법으로 추론해보니까 아니었거든요!"

이라티노는 철학자 본의 태도에 너무나 어이가 없어서 지진 기록을 조사하는 것도 까먹었습니다.

> 리드 총관 | 계산기 | 숙소 | 커다란 친구 바다코끼리
> 글라우 학장 | 독이 든 병 | 탁구실 | 턱시도 신사 펭귄

조그만 토프 | 정동석 | 과학실 | 귀여운 아기 물개
철학자 본 | 너무나 뜨거운 커피 | 얼어붙은 황무지 | 위험천만한 북극곰

66 "시뇨르 에메랄드가 아름다운 조각상 옆에서 고전 회화로 죽였어요. 일단은 일등석 표를 샀고요!"

시뇨르 에메랄드가 단호하게 말했습니다. "너무한 것 아닙니까! 내가 내 나라에서 살인 누명을 써야 한다니."

로지코는 누명이 아니라 제대로 된 살인 혐의라는 점을 지적했습니다.

"그렇다고 해도 너무한데!"

시뇨르 에메랄드 | 고전 회화 | 아름다운 조각상 | 일단은 일등석
브론즈 운전사 | 다이아몬드 목걸이 | 공항 서점 | 날개에 탑승
미스터 시 | 항공권 | 공항 관제탑 | 무산계급과 함께 이코노미석
검은 모자 | 샴페인 잔 | 활주로 | 수하물에 섞여 밀항

67 "레이디 바이올렛이 공원에서 나무 말뚝으로 죽었어요. 평범한 수입 미제 햄버거를 먹고 있었고요!"

이라티노는 정보를 주면 관대하게 처분할 것을 암시하면서, 레이디 바이올렛을 보고 텍토피아에 대해 아는 것이 있는지 물었습니다.

"내가 텍토피아에 대해 뭔가 알 거라고 생각하는군요? 새로운 것들 때문에 온통 혼란스럽기만 한데. 그냥 내가 존경받는 부자로 살면서 그걸 굳이 정당화할 필요도 없었던 옛날로 돌아가면 안 될까요?"

샴페인 동무 | 커다란 붉은 책 | 드라코니아식 식당 | 매운 보르시 곱빼기
레이디 바이올렛 | 나무 말뚝 | 공원 | 평범한 수입 미제 햄버거
핵 블랙스턴 | 골동품 화승총 | 근처 도서관 | 맛있고 지속 가능성 높은 공산주의 감자
조그만 토프 | 드라코니아 돈이 든 서류 가방 | 마을 회관 | 어제 사서 오늘 다시 덥힌 테이크아웃 국수

68 "브론즈 운전사가 접근로에서 예비 타이어로 죽였어요. 최대 충전된 개조 밴을 몰고 있었고요!"

"물론이지요! 게다가 운전 솜씨도 아주 좋았는데! 봐요, 제가 운전하는 차로 지나가면서 죽이고 싶은 사람한테 예비 타이어를 던져서 그 사람이 죽었다고 쳐요. 그게 제 잘못일까요? 애초에 길에 나와 있는 게 잘못이 아닐까요!"

로지코는 범인에게 텍토피아에 대해 아는 것이 있느냐고 물었지만, 범인은 대답을 회피했습니다. "SPY에서 일하나 보군요? 운전사의 첫 번째 철칙이 뭔지 알아요? 뒤에 탄 사람이 누구인지 항상 알아두라는 것이지요. 자, 그럼 대답해 봐요. SPY 창립자가 누구지요?"

> 루비 부인 | 1980년대 휴대폰 | 빠른 차선 | 조그만 스쿠터
> **브론즈 운전사 | 예비 타이어 | 접근로 | 최대 충전된 개조 밴**
> 퓨셔 요원 | 상자 스패너 | 진입 차선 | 평생 본 것 중에서 제일 굉장한 오토바이
> 스키 프로 선플라워 | 지팡이 | 느린 차선 | 1997년 타코벨 배트모빌 대회 우승 차량

69 "샴페인 동무가 고대 유적에서 단두대로 죽였어요. 정치적 목적은 권력을 장악하고 공포를 뿌리는 것이었고요!"

"그래요! 정치적인 혼란을 이용해서 권력을 장악하고 공포를 약간 뿌릴 생각이었어요. 하지만 진정으로 무서운 게 무엇인가요? 미래에 다가올지도 모를 가상의 공포인가요, 아니면 지난 수천 년간 쌓인 공포인가요?"

이라티노가 말했습니다. "그건 미래의 공포가 얼마나 심한지에 따라 달라지는 게 아닐까요? 아마 심각하겠죠!"

나중에 이라티노는 아마란스가 보낸 봉투를 받았습니다. 밖에는 다음 글자 암호로 메시지가 적혀 있었습니다. "용슉 쟐슈더 펄럿슌 트필. 징쿡 님슉 뾩슌 머디."

> **샴페인 동무 | 단두대 | 고대 유적 | 권력을 장악하고 공포를 뿌리기**
> 라피스 수녀 | 돌이 된 사과 | 바스티유 | 하하하 전부 불태워 버리자!
> 조그만 토프 | 선언문 | 바리케이드 | 온건한 개혁
> 철학자 본 | 신문지로 감싼 쇠지레 | 센 강 | 위정자를 죽이되 정부는 유지

70 "라벤더 경이 탐구 협회 런던 본부에서 사나운 거위로 죽였어요. 법적으로 왕위 계승

363

이 금지되어 있고요!"

별안간 신비탐정 이라티노가 뛰어들어왔습니다. "로지코! 여기, 아마란스에게서 받은 메시지가 있어요. 가짜 죽음을 꾸몄고, 해답을 찾으려면 안을 보라고 했어요. 텍토피아가 어디에 있는지 알리면 내면을 살펴봐야 하는 것이 분명할 텐데, 아무리 봐도 아무것도 보이지 않아요."

로지코가 메시지를 읽고 고개를 들어 다시 이라티노를 쳐다보았습니다. 그러고는 봉투를 열고 안에 있던 종이를 꺼냈습니다.

이라티노가 말했습니다. "이런, 그 봉투 안에 답이 있다는 말이었군요."

그 종이는 세계 모든 곳을 관찰할 수 있는 SPY 우주 정거장의 위치가 표시된 프랑스 정부 기밀 문서였습니다. 두 사람에게 좋은 소식이었습니다. 대화가 이어지는 사이 몰래 도망친 라벤더 경에게는 더더욱 좋은 소식이었습니다.

라벤더 경 | 사나운 거위 | 탐구 협회 런던 본부 | 법적으로 왕위 계승이 금지됨
그레이 백작 | 왕홀 | 런던 탑 | 100만 번째 전후
버밀리온 공작부인 | 곰 가죽 깔개 | 빅 벤 | 마지막 순위
수비학자 나이트 | 동전 자루 | 하이드 파크 | 10위 이내(진짜)

71 "에그플랜트 이사가 발사 패드에서 우주인 식량으로 죽었어요. 태음궁은 독립적인 물병자리고요!"

"이 일에 관해서는 텍코 퓨처스가 나를 대변할 겁니다. 그쪽 변호사와 상의하기 전에는 아무 말도 하지 않겠어요."

하지만 로지코와 이라티노는 괜찮았습니다. 우주에 나와 우주 정거장의 강력한 설비로 지구 전체를 수색해서 텍토피아 예정지로 보이는 곳을 찾아냈기 때문입니다. 로지코는 바로 이상한 구조물을 발견했습니다. 위치는 남극이었습니다. 아마 이라티노가 '사건 65: 꼭꼭 껴입지 않으면 죽을 거야!'에서 조사하는 것을 잊었던 지진 기록도 그곳 때문에 발생했겠지요.

그곳이 텍토피아 예정지가 맞았을까요? 확인하려면 일단 지구로 돌아가 남극까지 가야 했습니다.

커피 장군 | 행운의 운석 | 우주 정거장 | 권력에 미친 사자자리
에그플랜트 이사 | 우주인 식량 | 발사 패드 | 독립적인 물병자리

악녀 앰버 | 대형 배터리 | 우주의 진공 | 히피다운 물고기자리
검은 모자 | 광선총 | 스페이스 셔틀 | 모험을 좋아하는 궁수자리

72 "황금 주먹이 우주포에서 투명 밧줄로 죽였어요. SPY를 세상에 확실히 알리려고 했고요!"

황금 주먹이 우주포에서 방송으로 대답했습니다. "그리고 성공했지! 그 이중 첩자의 시체에서 이걸 찾았어!" 황금 주먹이 종이 뭉치를 카메라에 들이대자, 로지코와 이라티노는 몸을 화면 쪽으로 기울이고 보이는 글을 읽었습니다. 그 안에는 SPY의 진짜 역사와 신비한 창립자의 신원이 나와 있었습니다.

SPY는 여러 해 전에 ██████ 라는 어느 여성이 견제 없이 날뛰는 권력으로부터 세계를 구하기 위해 만들었습니다. 그래서 처음의 목표 중에는 당연히 텍코 퓨처스도 있었습니다. 창립자가 텍코 본사에 조사를 하러 갔을 때….

악녀 앰버 | 빨간 버튼 | 방송 위성 | 그냥 곤란할 때 곤란한 곳에 있었을 뿐
황금 주먹 | 투명 밧줄 | 우주포 | SPY를 세상에 확실히 알리기
퓨셔 요원 | 훈련된 펭귄 | 비밀 미사일 사일로 | 무슨 수를 써서라도 기지 폐쇄
첨단기술 전문가 터쿼이즈 | 독이 든 핫초코 | 지하 용광로 | 살인한 후에 붙잡히기

73 "모브 부사장이 화장실에서 로켓 바지로 죽였어요. SPY를 장악하려는 계획으로 말이에요!"

신비탐정 이라티노는 범인이 누구였고 왜 피해자를 죽였는지도 알았지만, 그래도 이해가 안 가는 것이 있었습니다. "모브 부사장이 왜 SPY를 장악하려고 했을까요?"

하지만 일을 해야 생계를 유지할 수 있었던 로지코는 금방 이해했습니다. "자기를 위한 게 아니라, 상사를 위한 일이었어요. CEO 인디고는 언제나처럼 다른 사람이 건설한 것을 빼앗아서 새로운 SPY 창립자가 되었어요. 텍코 퓨처스를 어떻게 창립했는지 생각해봐요!" 그러자 텍코 퓨처스 창립자라는 호칭도 암호화폐로 구입했던 것이 생각났습니다(사건 25: 살인 사건이 방영되는 TV프로그램 소개 참조).

이라티노가 외쳤습니다. "뭐라고요?! 하지만 그렇다면…."

퓨셔 요원이 뒤를 이었습니다. "네. 그냥 아무 의미 없는 일만 뒤쫓고 있었던 거죠."

그렇다면 CEO 인디고가 별다른 계획 없이 여행을 다니던 것도 설명이 됩니다(사건

51: 세계로 널리 뻗어가는 살인 참조). 여행 계획을 짤 때 별다른 계획 없이 아무 곳이나 다니겠다고 생각하는 사람은 없겠지만, 다른 사람을 계획성 없이 아무 곳이나 보낼 수는 있겠지요. CEO 인디고가 했던 것처럼요.

"두 분은 피하고 싶었던 딱 그 일을 해주셨어요. 모브 부사장처럼, 저는 제 일을 했고요." 요원은 그 말과 동시에 도망쳤습니다. 그 순간, 이라티노와 로지코는 텍토피아가 건설될 곳이 어디인지 정확히 알았습니다. 탐정님은 알아내셨나요?

검은 모자 | 바주카 넥타이 | 펜트하우스 사무실 | SPY를 상장기업으로 등록
퓨셔 요원 | 폭발하는 부분 가발 | 불길한 오벨리스크 | 그냥 혼란과 동요
모브 부사장 | 로켓 바지 | 화장실 | SPY를 장악
루비 부인 | 사악한 고양이 | 옥상 정원 | SPY를 영원히 폐쇄

74 "네이비 제독이 객실에서 리튬 배터리로 죽였어요. 비행기 추락에는 전력으로 순수하게 당황했고요!"

"그래! 내가 그랬어! 당황한 것도 사실이고. 우리는 전부 곧 죽을 테니까! 물론 비행기를 착륙시킬 수는 있지만, 그전에 나를 풀어준다는 조건을 걸어야겠어."

"안전하게 착륙하는 대가로 안 죽는 건 어떤가요?!" 신비탐정 이라티노가 소리쳤습니다.

"그래! 그러지!" 네이비가 대답한 후에 텍토피아 건설 현장 바로 옆에 착륙했습니다. 험하게 착륙하긴 했지만 더 죽은 사람은 없으니 성공이라고 할 수 있겠지요. 도착한 곳은 어디였을까요?

슬레이트 대위 | 무거운 토사물 봉투 | 화물칸 | 신에게 용서를 구함
네이비 제독 | 리튬 배터리 | 객실 | 전력으로 순수하게 당황
망고 신부 | 벗겨진 전선 | 날개 | 사랑하는 이들에게 전화
미드나이트 삼촌 | 《크라임 퍼즐 368》 | 조종실 | 낙하산 확보

75 "CEO 인디고가 거대한 서까래들 위에서 철근으로 죽였어요. 평생 단 하루도 일한 적이 없고요!"

"그래! 현장 책임자를 죽인 건 그게 해고보다 쉬웠기 때문이지. 하지만 텍토피아의 원대한 비전이 걸려 있는데 살인 한 건이 대수인가?" 인디고는 팔을 넓게 벌리고 함

박웃음을 지었습니다. "현장 선정은 마음에 드는가?"

로지코와 이라티노가 말했습니다. "아니요. 우리 집 위에다 지었잖아요!"

명탐정들이 사건을 명쾌하게 해결하면서 세계를 돌아다니는 동안, 뉴 이지스가 있던 자리에는 비밀리에 텍토피아가 건설되고 있었습니다. 건설 현장에 수정구가 있는 것도 그 때문이었습니다. 근처의 왠지 익숙한 산은 유명한 이지스 산이었습니다. 물론 다른 단서도 있었습니다. 뉴 이지스 타임스가 파리에 있었던 것도(사건 69: 파리에서 마지막 시위를 참조), 이라티노의 지팡이가 도로 한가운데에 있었던 것도(사건 68: 살인과 도로가 교차하는 곳 참조), 로지코의 돋보기가 공원에 있었던 것도(사건 57: 어두운 공원에서 살해당한 노인 참조) 다 그 때문이었습니다. 마을 전체가 팔리는 바람에 물건들이 중고품 유통망을 타고 뿔뿔이 흩어진 것이었습니다.

CEO 인디고가 말했습니다. "달리 방법이 없었으니까. 텍토피아에 오기를 거절한다면 텍토피아를 가져다주는 수밖에. 뉴 이지스는 이제 영원히 사라졌어. 그 자리에는 이제 나의 미래 도시가 들어서겠지!"

허니 시장 | 안전모 | 깊은 구멍 | 24/7/365/65(과로로 일찍 사망)

카퍼 경관 | 수정구 | 공사용 도로 | 지출을 충당할 만큼만

충돌시험의 애프리콧 | 지구본 | 근처 산 | 1초도 넘기지 않고 오전 9시에서 오후 5시까지

CEO 인디고 | 철근 | 거대한 서까래들 | 평생 단 하루도 일하지 않음

76 "컴퓨터 윤리학자 레몬이 높은 담장에서 레이저 라이플로 죽였어요. 이유는, 대출을 못 받았기 때문이지요!"

레몬이 반발했습니다. "대출 담당자가 사람들한테 말도 안 되게 불리한 이율로 대출을 안기면서 파멸적인 부담을 주잖아요. 그러면서 나한테는 대출을 주지도 않더라고요. 그렇게 비윤리적인 일이 어디 있담! 그래서 담장에 기어올라가서… 음, 변호사 없이 더 말을 하는 건 저한테 비윤리적인 일이겠어요."

하지만 텍토피아에서는 변호사가 엄격하게 금지되어 있었습니다! 텍코 요원들이 컴퓨터 윤리학자 레몬을 끌고 갔습니다.

에그플랜트 이사 | 1980년대 랩톱 | 체크인 카운터 | 텍토피아에 들어가려고

컴퓨터 윤리학자 레몬 | 레이저 라이플 | 높은 담장 | 대출을 받을 수가 없어서

77 "미스 사프론이 이름만 조종실에서 황금 지팡이로 줄였어요. 이유는, 탄소 발자국을 0으로 줄이려고요!"

"이 버스 운전사, 아니, 음, 자기열차 조종사는 대기에 탄소 수천 킬로그램을 추가할 예정이었죠. 그 정도면 수백만 명이 죽을 수 있어요. 그러니까 저는 분명 좋은 일을 한 거죠. 수백만 명의 목숨을 구했으니까요."

"그렇다고 하면, 세상의 버스 운전사를 전부 죽여야 할 텐데요!" 로지코가 지적했습니다.

미스 사프론이 대답했습니다. "아뇨. 제가 몇 명만 죽이면 충분히 메시지가 전달될 거예요."

하지만 메시지를 받은 사람은 미스 사프론이었습니다. 텍코 요원들이 잡아갈 것이라는 메시지였습니다.

파인 판사 | 기판 | 전망대 | 텍코 퓨처스의 주가를 높이려고

보좌역 올리브 | 리튬 배터리 | 일등석 구역 | 주장을 입증하려고

미스 사프론 | 황금 지팡이 | 이름만 조종실 | 탄소 발자국을 0으로 줄이려고

조그만 토프 | 《부자가 되는 법》 | 화장실 | 숙녀의 호감을 사려고

78 "브론즈 운전사가 거대한 아치 밑에서 예비 타이어로 죽였어요. 이유는, 다른 생각이 있었기 때문이지요!"

브론즈 운전사가 대답했습니다. "아시겠지만, 문제는, 제가 도착해보니 버스 운전사가 살해되었다는 것이었습니다. 그러니까, 저한테는 그게 아주 불길해 보여서, 뭐든 해야 했어요. 버스 운전사가 죽었으니까요-."

모브 부사장이 말했습니다. "미안하지만, 자기열차 조종사라고 해주세요."

"그래서 그냥 다시 차를 몰고 돌아가려고 했는데, 경비원이 막았거든요. 그러니까, 저를 막는 것을 막으려고 그랬습니다."

텍코 보안요원들이 브론즈 운전사를 끌고 갔습니다. 분위기가 험악해 보였습니다. 그도 그럴 것이, 동료를 죽인 사람이니까요.

충돌시험의 애프리콧 | 지팡이 | 작고 예쁜 정자 | 텍토피아에서 승급하려고

브론즈 운전사 | 예비 타이어 | 거대한 아치 | 다른 생각이 있어서

슬레이트 대위 | AI로 생성된 터널 그림 | 자기열차 역 | IP를 훔치려고

모브 부사장 | 유용한 안내지 | 거대한 TV 화면 | 텍토피아의 약속을 믿기 때문에

79　"A급 배우 애벌로니가 해가 뜬 화창한 하늘에서 족류탄으로 죽였어요. 이유는, 꼭 해야 할 일이라서 어쩔 수 없어요!"

애벌로니가 캐릭터 입장에서 말했습니다. "우리는 과거를 죽임으로써 미래를 향한 다짐을 확인합니다."

로지코는 몇 명 안 되는 관중들 틈에서 CEO 인디고가 그 대사를 그대로 따라 옳는 것을 보았습니다. 그 대사가 끝나자 인디고가 일어나 크게 말했습니다. "자, 이제 투어를 시작하겠습니다!"

배경의 마렝고 | 곱창 밴드 | 텍코 모리아티 AI | 사이버 광기에 시달리다가

전설의 대스타 실버튼 | 돈가방 | 아름다운 참나무 | 텍토피아에 들어갈 수 없어서

마술사 믹스달 | 황금 트로피 | 나지막한 잔디 언덕 | 텍토피아를 너무 사랑해서

A급 배우 애벌로니 | 족류탄 | 해가 뜬 화창한 하늘 | 꼭 해야 할 일이라서

80　"점술가 애머시스트가 테슬라 코일 아래에서 리튬 배터리로 죽였어요. 이유는, 업무로 돌아가야 했으니까요!"

점술가 애머시스트가 속삭였습니다. "투어가 너무 길어요. 나는 여기서 정말 중요한 일을 해야 하는데."

CEO 인디고가 따뜻한 미소를 지었습니다. "나는 열정적인 사람들을 좋아해요."

CEO 인디고 | 자율주행 자동차 | 기술 지원 타워 | 텍토피아의 약속을 믿기 때문에

첨단기술 전문가 터쿼이즈 | 《부자가 되는 법》 | 이지스 산 | AI가 그러라고 시켜서

점술가 애머시스트 | 리튬 배터리 | 테슬라 코일 | 업무로 돌아가야 했기 때문에

모브 부사장 | 스노볼 | 주차장 | 텍토피아의 비밀을 알기 때문에

81　"전설의 대스타 실버튼이 벽장에서 황금 트로피로 죽였어요. 이유는, 홀로그램 무대

를 영원히 폐쇄하려고요!"

전설의 대스타 실버튼이 단호하게 말했습니다. "이런 건 너무 심해요. 당장 닫아야 합니다!"

이라티노가 물었습니다. "텍코는 기업형으로 약한 파생 작품만 만드니까요? 살아 있는 공연의 심장과 영혼을 빨아서는 잡스러운 빛과 소리로 프리렌더링된 조악한 물건을 보여주면서, 오직 쾌락만을 위한 쾌락에 몰입시키니까?"

전설의 대스타 실버튼이 대답했습니다. "아니, 돈을 충분히 주지 않으니까요!"

옵시디언 부인 | 홀로블록 | 관제실 | 온라인 폭력의 보복으로
마룬 남작 | 기판 | 매표소 | 사이버 마약에 취해서
핵 블랙스턴 | 소품 나이프 | 주무대 | 좋아하는 홀로그램 쇼의 리뉴얼을 기원하며
전설의 대스타 실버튼 | 황금 트로피 | 벽장 | 홀로그램 무대를 영원히 폐쇄하려고

82 "데미넌스 자작이 철의 궁전에서 거대한 그림으로 죽었어요. 이유는, 괴물을 죽이려고요!"

"그랬지요! 이제 저는 영원히 살 겁니다!"

그리고 탐험가에게서 고대의 유물을 빼앗아 사용했습니다. 그러자 값싼 특수 효과와 함께 빛을 내며 떠오르기 시작했습니다. 로지코는 고개를 젓고는 이라티노에게 물었습니다. "다른 프로그램으로 바꾸면 안 될까요? 이건 너무 억지잖아요."

"충분히 현실적인 것 같은데요." 이라티노는 그렇게 대답했지만, 그래도 채널을 바꿨습니다. 그러자 배우진이 퇴장하고 새로 입장했습니다.

데미넌스 자작 | 거대한 그림 | 철의 궁전 | 괴물을 죽이려고
애쉬 원로 | 뱀파이어의 상아 송곳니 | 비명의 숲 | 죽은 사람을 살리려고
수비학자 나이트 | 붉은 바나나 | 인민도시 | 영원히 살고 싶어서
포르퍼스 대주교 | 고대의 검 | 데미넌스 성 | 미신에 넘어가서

83 "세피아 어르신이 열차에서 망자의 손패로 죽었어요. 이유는, 보물 지도를 훔치려고요!"

세피아 어르신은 비웃으며 소리쳤습니다. "이 보물 지도만 있으면 앞으로 위대한 도시 텍토피아가 생길 곳을 알 수 있어! 나는 거기 가서 서부 개척 시대에는 절대 알 수

없던 평화와 행복을 찾을 거야!"

이라티노는 상업주의가 너무 심했다고 생각했습니다. 하지만 로지코는 알기 쉽다는 점이 마음에 들었습니다. 은근한 암시를 파악하는 일은 때로 힘들기 때문입니다.

> 무법자 스카이 | 독을 넣은 양초 | 신흥 광산촌 | 소떼를 훔치는 작전의 일부로서
>
> 샌디 보안관 | 돌진하는 소 | 유령 마을 | 서부를 장악하려고
>
> 선인장 블랙 | 팔뼈 | 신비로운 산 | 역마차 강도 사건을 은폐하려고
>
> **세피아 어르신 | 망자의 손패 | 열차 | 보물 지도를 훔치려고**

84 "스키광 시나몬이 스키 리프트에서 날카로운 고드름으로 죽였어요. 이유는, 산에 콘도가 건설되는 것을 막으려고요!"

스키광 시나몬이 말했습니다. "오, 맞았어요! 내가 죽였어요. 여하튼 거기 콘도가 생기지는 않겠죠."

홀로그램 로지코가 말했습니다. "그래요! 콘도미니엄은 건설되지 않아요. 세계를 뒤덮을 텍토피아 후속 신도시 중에서도 바로 다음 차례로 예정된 뉴텍토피아가 건설될 예정이랍니다. 오늘 신청해서 여러분의 도시를 텍토피아로 만드세요!"

진짜 로지코는 시큰둥했습니다. "변호사를 알아봐야겠어요."

> 스키 프로 선플라워 | 평범한 눈덩이 | 산장 | 경쟁자를 제거해서 스키 경주에서 이기려고
>
> **스키광 시나몬 | 날카로운 고드름 | 스키 리프트 | 산에 콘도가 건설되는 것을 막으려고**
>
> 탐광자 골드 | 독이 든 보온병 | 슬로프 | 산속의 동굴에 묻힌 비밀을 숨기려고
>
> 네이비 제독 | 홍보용 흔들 인형 | 산 정상 | 스키 리조트를 홍보하려고

85 "그레이 백작이 건설 중인 시계탑에서 다우징 막대로 죽였어요. 이유는, 한 세기 동안 계속될 음모를 시작하려고요!"

그레이 백작이 뜬금없이 범죄를 시인하며 말했습니다. "그렇지! 나는 탐구 협회와 함께 이 시계탑에 암호를 넣어서 세계의 모든 나라를 억압할 비밀 음모를 시작할 거야. 우리 계획을 망칠 수 있는 건 앞으로 세상에 나타나서 탐구 협회를 사들인 다음 영원히 폐쇄할 용감한 CEO뿐이지."

이라티노가 말했습니다. "이런 말도 안 되는 억지가 어디 있어요? 사실과 완전히 모순되는데." 로지코는 신비탐정 이라티노가 사실에 신경을 쓰는 것이 신선해서 좋았습니다.

> 룰리언 경 | 납으로 만든 잔 | 아마도 유령 저택? | 지금까지 줄곧 위생이 안 좋았기 때문에
>
> 카퍼 경관 | 희귀한 꽃병 | 탐구 협회 | 사악한 주문을 걸려고
>
> **그레이 백작 | 다우징 막대 | 건설 중인 시계탑 | 한 세기 동안 계속될 음모를 시작하려고**
>
> 버밀리온 공작부인 | 독이 든 병 | 묘지 | 피해자가 유령이라고 생각했기 때문에

86 "논리탐정 로지코가 급수탑 바 앤 그릴에서 촛대로 죽였어요. 이유는, 주제를 강조하려고요!"

진짜 논리탐정 로지코는 모함을 당한 것 같아 매우 화가 났습니다. "이 가짜 기술 유토피아에 써먹겠다고 나를 이용해서 사람들을 끌어온 건 그렇다고 쳐요. 하지만 내가 진짜 살인자인 것처럼 말하는 건 완전히 다른 문제죠! 게다가 쉬워도 너무 쉬웠다고요. 그렇죠, 이라티노?!"

하지만 불이 들어왔을 때 이라티노는 자리에 없었습니다.

"제 파트너가 어디 갔죠?" 로지코가 물었습니다.

안내원이 말했습니다. "무슨 말씀이시지요? 여기는 혼자 오셨는데요."

> 그레이 백작 | 권투 장갑 | 바이올렛 경의 석상 | 할리우드를 장악하려고
>
> **논리탐정 로지코 | 촛대 | 급수탑 바 앤 그릴 | 주제를 강조하려고**
>
> 스키광 시나몬 | 《크라임 퍼즐 683》 | 바스티유 | 보름달 때문에
>
> MX. 탠저린 | 수정구 | 방치된 갱도 | 당나귀를 훔치려고

87 "블랙스톤 변호사가 기술 지원 타워에서 살인 타로 카드로 죽였어요. 이유는, 법적인 문제를 해결하려고요!"

블랙스톤 변호사가 선언했습니다. "여기는 언제 어디에서 법적인 문제가 튀어나와도 하나도 이상하지 않을 곳입니다. 뭔가 다른 것이 증명되기 전에 조사를 막아야 했어요."

로지코가 차분하게 말했습니다. "살인도 법적으로 아주 큰 문제인데요. 죽은 사람이 뭘 알고 있었는지 말해주시면 처벌을 가볍게 해달라고 부탁해볼게요."

"첫째, 나는 그 사람이 뭘 알고 있었는지 모릅니다. 둘째, 혹시 알았더라도 변호사와 의뢰인 사이의 기밀 유지 의무 때문에 말할 수 없었겠지요. 셋째, 이 도시에서 치안은 텍코 보안요원들이 담당하고 있으니까 로지코 탐정님보다는 제 말이 더 잘 통할걸요." 로지코는 거만한 장광설을 듣느라고 친구를 못 찾으면 안 되기 때문에 셋째 이유까지 다 들을 생각이 없었습니다.

백만장자 모스	전기 스쿠터	거대한 벽	행성 전체를 해킹하려고
블랙스톤 변호사	**살인 타로 카드**	**기술 지원 타워**	**법적인 문제를 해결하려고**
그레이스케일 회계사	부비 트랩 페도라	환영 행사장	정보고속도로를 더 잘 이용하려고
첨단기술 전문가 터쿼이즈	디버깅 매뉴얼	서버 동굴	영원히 접속을 끊으려고

88 "충돌시험의 애프리콧이 모리아티실에서 불개미로 죽였어요. 이유는, 사이버 마약에 취해서였고요!"

"우와아아하하!!!" 애프리콧이 소리를 질렀습니다. 로지코는 그게 사이버 마약 때문인지 평소에 원래 그런 사람이기 때문인지 알 수가 없었습니다.

그러다 모리아티실에 들어갔을 때, 로지코는 머리를 세게 얻어맞은 것 같았습니다 (진짜로 얻어맞은 것이 아니라 아주 큰 충격에 빠졌습니다).

모브 부사장	소화기	배전실	텍토피아에서 나오려고
백만장자 모스	거대한 결혼반지	청소 도구함	AI를 멈추려고
첨단기술 전문가 터쿼이즈	VR 고글	서버 행 B698	AI가 그러라고 시켜서
충돌시험의 애프리콧	**불개미**	**모리아티실**	**사이버 마약에 취해서**

89 "첨단기술 전문가 터쿼이즈가 전선 뭉치 A 옆에서 여왕불개미로 죽였어요. 이유는, AI가 그러라고 시켜서요!"

로지코는 어이가 없었습니다. "AI가 시켜서 사람을 죽였다고요?"

"당연하죠! 모리아티는 지금껏 세계에서 창조된 컴퓨터 중에서 제일 똑똑하고 비싼 최고급 모델이니까요. 무한한 지혜로 사회의 아주 사소하고 은근한 파문까지 전부

보거든요. 몇 년째 함께 일한 조수를 죽이라고 한다면, 당연히 죽여야죠! 왜 죽여야 하는지는 이해할 수 없지만, 그건 그래도 괜찮아요. AI는 이해할 테니까 그걸로 충분해요."

하지만 로지코에게는 그걸로 충분하지 않았습니다. 전선들은 도대체 어디로 연결되어 있었을까요? 모리아티의 배후에 있는 사람이 누구인지만 알아내면 모든 것이 이해가 갈 것 같았습니다.

그래서 환기구를 찾아 들어간 후 서버 동굴의 배기관을 기어다니며 전선이 이어진 곳을 알아내려고 했습니다. 하지만 얼마 가기도 전에 배기관이 무너졌고… 로지코는 곧장 텍토피아의 하수도에 떨어졌습니다.

수비학자 나이트	무술가의 손	전선용 구멍	AI를 멈추려고
영화광 스모키	1980년대 랩톱	전선 뭉치 B	온라인 폭력의 보복으로
첨단기술 전문가 터쿼이즈	**여왕불개미**	**전선 뭉치 A**	**AI가 그러라고 시켜서**
핵 블랙스턴	3D 프린터	경비문	행성 전체를 해킹하려고

90 "신비동물학자 클라우드가 상수도관에서 로켓 바지로 죽었어요. 이유는, 유명해지려고요!"

"텍토피아 아래 하수도에서 신비동물을 발견한다면 분명 유명해질 걸 알고 있었어요. 유명해지기만 하면 돈도 많이 벌 수 있을 테고요. 돈을 많이 벌면 텍코인 빚을 갚고, 드디어 텍토피아를 떠날 수 있겠죠!"

설인이 그렁거리며 말했습니다. "잠깐, 우리 유명해질 수 있어?"

로지코는 그 둘이 협상을 하게 내버려 두고 전선이 이어지는 곳은 어디인지, 모리아티의 배후는 누구인지, 이라티노는 어디로 갔는지를 찾으러 계속 발걸음을 옮겼습니다.

앳된 블루 씨	▆▆▆▆	빗물 터널	텍토피아에서 나오려고
검은 모자	미니 카	하수도 터널	온라인 폭력의 보복으로
신비동물학자 클라우드	**로켓 바지**	**상수도관**	**유명해지려고**
설인	폭발하는 물고기	하수 처리 시설	발각되었기 때문에

91 "우주인 블루스키가 안전 구역에서 UFO로 죽었어요. 이유는, 텍토피아에서 탈출하

려고요!"

로지코가 사람들을 발사 패드에 모아서 범인을 지목하기 시작하자, 블루스키가 바로 자백했습니다. "우주선을 징발해서 이 자본주의 마굴을 벗어날 수 있을 줄 알았는데, 이제 탈출은 못 하겠군요."

사실 모인 사람 중 아무도 탈출은 못 할 것 같았습니다. 갑자기 로켓이 자동 발사 단계에 들어가서 카운트다운 소리가 울렸기 때문입니다. 3… 2….

모두가 자기 몸을 감싸고, 로지코는 이라티노를 붙들었습니다. 1…. 로켓이 털털거리는 소리를 내더니 조용해졌습니다. 불발이었습니다.

"텍코 공학 기술이 그렇지." 블루스키가 중얼거렸습니다.

로지코는 이라티노의 몸을 내려다보고 진실을 알았습니다. 거기 있는 것은 이라티노의 몸이 아니었습니다. 이라티노처럼 생긴 인형이었습니다. 하지만 그 인형의 옷 주머니에 쪽지가 들어 있었습니다. 그 쪽지에 적힌 내용은: 테라일/슬코.

> CEO 인디고 | 천뢰 | 발사패드 | 화면 이용 시간을 줄이려고 했기 때문에
> 네이비 제독 | 우주인 식량 | 텍코 우주선 | AI가 그러라고 시켜서
> 슬레이트 대위 | 제트팩 | 발사대 | 암호화폐 빚을 청산하려고
> **우주인 블루스키 | UFO | 안전 구역 | 텍토피아에서 탈출하려고**

92 "크림슨 원장이 거대한 구체 위에서 낡은 썰매로 죽였어요. 이유는, 코일을 *끄고* 싶어서요!"

"모르겠어요? 이 도시 전체가 전기 신호에 의존해서 돌아가요. 전기가 없으면 모두의 암호화폐가 지워져서 전부 다 자유를 얻게 될 거라고요!"

로지코가 말했습니다. "무슨 소리를 하는 거죠? 잠깐 전기가 끊긴다고 해서 기록이 전부 사라지는 시스템 같은 걸 만들었을 리가 없잖아요."

"로지코, 저 사람들을 너무 믿는군요. 사업가들은 백업을 만드는 게 곧 실패할 계획을 세우는 거라고 생각해요. 언젠가 누군가는 전기를 끊을 테고, 그렇게 되면 우리는 자유를 얻겠죠!"

하지만 아직 그런 일은 생기지 않았습니다. 텍코 보안요원들이 크림슨 원장을 끌고 갔습니다. 보좌역 올리브가 친절하게 설명해주었습니다. 수도 역시 완전히 자동화되어 있으니까 전기가 끊어지면 텍토피아 사람 전원이 물 부족으로 죽는 게 먼저일 것이라고요. "그러니까 이상한 짓은 생각도 말아요."

93 "모브 부사장이 옥상에서 사내 잡지로 죽였어요. 이유는, 텍토피아에서 승급하려고요!"

"그리고 승급은 될 겁니다! 여기 생산성을 1,000% 증가시켰으니까요."

로지코가 외쳤습니다. "사람들을 책상 앞에 묶어서 말이죠! 기술 지원 담당자들이 여기에서 일하는 이유가 바로 감금된 죄수이기 때문이니까! 이 불쌍한 사람을 봐요. 발목에 족쇄를 달았어요!"

모브 부사장이 침착하게 대답했습니다. "이 사람들은 전부 살인자라서 텍코 보안요원들이 잡아왔지요(사건 76~78 참조). 기술 지원 업무를 하면서 죄를 씻게 하는 게 그렇게 큰 잘못이라는 생각은 안 드는군요. 진짜 큰 잘못은 살인이에요!"

별안간, 로지코의 눈에 오직 기술 지원 타워에서만 볼 수 있는 광경이 보였습니다. 감옥에서의 강제 노역보다도 심란한 광경이었습니다.

94 "카퍼 경관이 탐조등 옆에서 유용한 안내서로 죽였어요. 이유는, 텍토피아에서 받는 임금을 인상하려고요!"

카퍼 경관은 신비탐정 이라티노를 죽여서 입을 막으려고 했지만, 마지막에 웃는 것은 신비탐정 이라티노였습니다. 이렇게요. "하 하!"

이라티노가 일어나자 카퍼 경관이 물었습니다. "어떻게 한 거야!"

로지코가 눈을 굴리며 이라티노에게 말했습니다. "이런 것 좀 그만해요. 사람들이 나한테 이성을 잃었다고 했다고요!"

이라티노가 대답했습니다. "뭐, 가끔은 이성을 잃는 것도 좋아요."

"신경이 너무 곤두선다고요. 여기서만 볼 수 있다는 게 뭔데요? 무슨 말을 하려고 했던 건데요?"

이라티노가 대답했습니다. "이지스 산이오. 밤마다 트럭들이 거기로 가요. 아침이 되면 돌아오고요. 그런데 자, 봐요!"

그러면서 텍토피아와 이지스 산 사이의 흙길을 가리켰습니다. 길 오른편에 난 바큇자국이 왼편에 난 것보다 깊었습니다. 로지코는 바로 그 의미를 추론해냈습니다. "산으로 뭔가를 실어가서 빈 차로 돌아오는군요. 저기에 뭔가를 짓고 있어요. 모리아티가 거기에 있는 걸까요?"

이라티노가 대답했습니다. "모리아티… 그리고 그보다 더 큰 것이…"

검은 모자	요요	경비탑	텍토피아에 들어가려고
철학자 본	조명탄	흉벽	텍토피아에서 나오려고
카퍼 경관	**유용한 안내서**	**탐조등**	**텍토피아에서 받는 임금을 인상하려고**
CEO 인디고	시안화물이 든 치아	전망용 망원경	AI가 그러라고 시켜서

95 "충돌시험의 애프리콧이 구불구불한 길에서 암살용 뱀으로 죽였어요. 이유라면, 그냥 우연한 사고로요!"

"흐와아아아아오!" 애프리콧이 괴성을 지르며 속도를 높여 사막을 위태롭게 달리다가 바위와 충돌했습니다. 그리고 2초 후에 차가 폭발했습니다.

누가 봐도 죽었을 것 같았지만, 2초가 더 지나자 탐정들의 뒤쪽에 착지하며 소리를 질렀습니다. "아우!"

기껏해야 큰 관심사에서 잠깐 주의를 돌리는 효과밖에는 없었습니다.

충돌시험의 애프리콧	**암살용 뱀**	**구불구불한 길**	**우연한 사고로**
종교주 코발트	선인장	황량한 사막	주의를 분산시키려고
건메탈 하사	삽	으스스한 오두막	돈 때문에
라즈베리 코치	위험 표지판	이지스 산	텍토피아의 비밀을 은폐하려고

96 "셀러돈 장관이 잠긴 철문 옆에서 스노볼로 죽였어요. 이유는, 산에 들어갈 방법을 찾으려고요!"

"뭐, 그래! 내가 죽였어! 그런데 그냥 우연한 사고로 그런 거야. 게다가 대의를 위해서였다니까."

"어떤 사고였는데요?" 로지코가 추궁했습니다.

"음, 고문을 해서 정보를 캐내려고 했지. 그런데…."

"사람을 고문해서 죽여놓고 그걸 사고라고 우기는 사람이 어디 있어요?"

"음, 그게 진짜 죽일 생각은 없었어! 산에 들어가는 방법을 알고 싶었을 뿐이야! 사람을 죽이는 게 거기에 무슨 도움이 되냐고? 뭐, 이제는 알 길이 없지."

하지만 논리탐정 로지코는 이미 알아냈습니다. 탐정님은 어떤가요?

세피아 어르신	플라스틱 포크	돌무지	짜증이 나서
커피 장군	커다란 모래 자루	이상한 나무	AI를 멈추려고
총교주 코발트	낡은 컴퓨터 마우스	버려진 트럭	일확천금을 노리고
셀러돈 장관	**스노볼**	**잠긴 철문**	**산에 들어갈 방법을 찾으려고**

97 "CEO 인디고가 상어 구덩이에서 바주카 넥타이로 죽였어요. 이유는, 자기 요새를 방어하려고요!"

로지코는 이 말을 속으로만 삼켰습니다! 억만장자 CEO의 거대한 악당 요새 안을 몰래 돌아다니고 있는 동안에는 말소리를 조심해야 했기 때문입니다.

하지만 비밀 요새 안에서 CEO 인디고의 뒤를 착실히 따라다니다가 결국은 모리아티실까지 들어갔습니다. 그리고 어둠 속에서 마침내 모리아티의 비밀을 알아냈습니다. 이 인공지능의 배후가 누구였는지 알아내셨나요?

단서는 이제 모두 모였습니다. 종합해서 답만 내면 됩니다.

퓨셔 요원	사악한 고양이	무기고	SPY 기밀 임무를 완수하려고
셀러돈 장관	레이저 시계	거대한 회의실	평화를 지키려고
검은 모자	빨간 버튼	모리아티실	멋지게 보이려고
CEO 인디고	**바주카 넥타이**	**상어 구덩이**	**요새를 방어하려고**

98 "점술가 애머시스트가 거대 모니터 밑에서 돋보기로 죽였어요. 이유는, 점술 카드 결과가 그렇게 나와서요!"

논리탐정 로지코는 범인을 지목하자마자 불을 켰습니다. 그러자 돋보기를 들고 CEO 인디고의 시체를 내려다보는 애머시스트가 보였습니다.

"어쩔 수 없었어요! 모리아티의 비밀을 밝히고 나를 막으려고 했으니까."

"모리아티의 비밀이 뭔데요?" 이라티노가 아무것도 모르는 표정으로 물었습니다. 고백을 끌어낼 생각이기도 했고, 정말로 모르기 때문이기도 했습니다.

"모리아티가 받는 모든 질문에 나는 최대한 간단하고, 쉽고, 정확하게 대답했는데!" 애머시스트가 살인 타로 덱을 집어들더니 카드 한 장을 꺼냈습니다. 수정구 카드였습니다.

"자, 사람들이 카드에서 나온 대답은 아무리 옳아도 믿지 않더니, 음침하고 무서운 거대 컴퓨터에서 나오는 답은 아주 쉽게 믿었어요. 그래서 직접 음침하고 무서운 거대 컴퓨터를 만들었지요. 그러고 나니까 사람들은 카드에서 나온 결과를 믿게 되고, 우리는 사람들을 행복으로 이끌 수 있게 되었어요!"

로지코는 그제야 모든 것이 맞아들어간다고 생각했습니다. 애머시스트가 업무로 돌아가야 했기 때문에 투어 가이드를 죽였을 때 모리아티가 대답하지 않은 이유도 그 때문이었습니다(사건 80: 투어 때마다 꼭 이런 일이 생기지 참조). 모리아티가 만든 홀로그램 쇼가 그렇게 엉망인 이유도 그 때문이었습니다. 카드를 무작위로 뽑아서 만든 결과였기 때문입니다(사건 86: 기계가 연출한 살인극 참조). 모리아티가 점술가 애머시스트와 묘하게 말버릇이 겹친 것도 그 때문이었습니다(힌트 몇 개와 불가능에 도전 단계의 소개 참조). 애머시스트가 언제나 요란하고 극적인 연출을 좋아했다는 점을 생각하면 로지코는 일찍부터 눈치를 챘어야 합니다(사건 47: 살인 타로점 천막에서의 살인 참조).

그 모든 점을 생각하자, 로지코의 이성이 폭주했습니다.

로지코가 말했습니다. "이런 건 행복이 아닙니다! 모두가 갇혀 있고, 모두가 여길 정말 싫어해요!"

"카드에는 그렇게 나오지 않았는데!" 애머시스트가 외쳤습니다.

별안간 한 명이 박수를 치는 소리가 들려서 대화가 중단되었습니다. CEO 인디고가 회의장에서 뒤통수를 문지르며 일어났습니다. "좋은 쇼였어요, 애머시스트. 나마저도 믿고 말 정도로."

"뭐야, 살아 있었어?" 애머시스트가 울부짖었습니다.

"그래요, 화는 나지 않았어요. 사실 나는 당신이 천재라고 생각해요. 모리아티도 잘 돌아가는 것 같고. 카드로 여기까지 올 수 있었다면 카드로 더 멀리 갈 수도 있겠지요. 하지만 딱 한 가지 문제가 있군요. 뭔지 알겠어요?"

"그게 뭐죠?" 점술가 애머시스트가 말했습니다.

인디고가 두 탐정을 가리켰습니다. "저 두 사람이 아무한테도 말을 하면 안 된다는 거지요." 텍코 보안요원들이 주위를 둘러쌌습니다. 두 탐정 앞에 요원 22명이 섰습니다. 추리력과 체스복싱 기술, 직감을 아무리 동원해도 이 난관을 뚫고 갈 묘안은 떠오르지 않았습니다.

"이제 두 사람을 꼭대기로 데려갑시다." CEO 인디고가 말하자 보안요원들은 그 말대로 했습니다. 텍코인으로 월급을 주는 사람의 말이었기 때문입니다. 논리탐정 로지코와 신비탐정 이라티노는 악당 소굴의 꼭대기로 끌려가며 다투기 시작했습니다.

이라티노가 말했습니다. "그냥 살인 타로 결과를 따랐으면 이렇게 되지 않았을 텐데."

로지코가 대답했습니다. "그 카드로 점을 쳐준 사람이 살인자였잖아요! 아예 아무 말도 듣지를 말았어야 하는 건데."

"점 치는 사람은 중요하지 않아요. 카드가 중요하지. 우리가 그대로 돌아가서 들은 말을 잘 생각했다면 아마도…"

"아, 그래요. 계속 아무 말이나 만들어 내면서 신비학이 어쩌고 하는 것도 이제 질렸어요."

"내 믿음을 우습게 여기는 것도 질렸고요."

"이상한 걸 믿고 다니니까요!"

"적어도 뭔가 믿기는 하잖아요!"

그러더니, 로지코와 이라티노는 갑자기 서로 달려들어 산 정상에서 주먹다짐을 시작했습니다.

모브 부사장	살인 타로 카드	질문 플랫폼	텍코를 장악하려고
허니 시장	현금이 꽉 찬 서류 가방	서버의 마천루	마을을 돌려받으려고
첨단기술 전문가 터쿼이즈	톱니바퀴	두 번째 테슬라 코일	기술의 위대함을 증명하려고
점술가 애머시스트	돋보기	거대 모니터	점술 카드 결과가 그렇게 나와서

99 "CEO 인디고가 위성 안테나 옆에서 하이킹용 지팡이를 가지고 떨어졌어요. 마지막으로 남긴 말은…"

"어째서, 내가, 왜?!" 인디고는 소리치며 산 아래로 굴러떨어져서 다시는 보이지 않았습니다.

텍코 보안요원들이 논리탐정 로지코와 신비탐정 이라티노가 있는 쪽으로 달려왔지만, 그저 아래쪽을 내려다보기 위해서였습니다. 그리고 CEO 인디고가 사라진 것을 확인하자 안심하면서 두 탐정에게 전혀 관심을 두지 않았습니다.

"뻔한 가짜 싸움 전략이 먹혔다니, 놀랍네요." 논리탐정 로지코가 말했습니다.

"가짜 싸움 전략이라고요?" 이라티노가 되물었습니다.

로지코가 다시 대답했습니다. "그냥, 다시는 가짜로 사라지지 않겠다고만 약속해줘요."

불행히도, 이라티노가 미처 대답을 하기 전에 다른 문제가 생겼습니다. CEO 인디고가 죽는 바로 그 순간, 산이 갑자기 살아나기라도 한 것처럼 격렬하게 흔들리기 시작했기 때문입니다. "어, 이게 뭐죠?!" 로지코가 소리쳤습니다.

"세상이 끝나고 있어요!" 이라티노가 말했습니다.

로지코가 말했습니다. "아니, 이건 화산이겠죠!"

전직 텍코 보안요원 하나가 말했습니다. "틀렸어요! 이렇게나 뻔한데! 모르겠어요?" 그리고 곧 설명했습니다. "인디고는 자기가 죽으면 이 산이 폭발하게 만들었어요."

> 신비탐정 이라티노 | 돌 | 산 정상 | "안녕, 로지코!"
>
> **CEO 인디고 | 하이킹용 지팡이 | 위성 안테나 | "어째서, 내가, 왜?!"**
>
> 논리탐정 로지코 | 성난 순록 | 발코니 | "어, 이런!"
>
> 점술가 애머시스트 | 광선총 | 바닥문 | "사람은 누구나 죽는 법!"

100 "검은 모자가 산 정상에서 《불타는 크라임 퍼즐 3》으로 죽였어요. 이유는, 주장을 입증하려고요!"

"아하! 재난 속에서 사람을 죽인다! 그보다 사악한 일이 있을까! 드디어 주장을 입증했어! 나는 악당이다!"

로지코는 그사이에 뉴 이지스 사람들을 대피시키는 데 성공했습니다. 사람들은 전화기 전원을 끄고 사막으로 쏟아져 나왔고, 도시가 용암에 뒤덮이자 피곤에 찌들어 완전히 힘이 빠진 서로의 얼굴을 조용히 바라보았습니다.

앞으로 어떤 일이 기다리고 있을까요? 서로를 공격하게 될까요? 물을 차지하려고 싸울까요? 절박하게 정상을 향해 기어오르며 서로의 팔다리를 뜯게 될까요? 아무도 알 수 없었습니다.

하지만 갑자기 누군가가 노래하기 시작했습니다. 다른 사람들도 합류했습니다. 그리고 곧 춤이 시작되었습니다. 텍토피아가 죽었고 이제 각자의 미래가 생겼기 때문이었습니다.

로지코와 이라티노도 사람들과 함께 춤추며 축하했습니다. 춤추는 사람들 위로 산에서 날려 온 재가 눈처럼 내렸습니다. 도시도 흰색으로 덮여 새롭고 깨끗해 보였습니다. 그리고 눈처럼 내리는 뉴 이지스의 재 속에서, 이라티노는 로지코에게 두 사람의 일생을 영원히 바꿀 질문을 했습니다. 어떤 질문이었을까요? 답은 공식 발표를 기다려 주세요.

카퍼 경관 | 정의의 여신의 저울 | 산 옆면 | 사이버 마약에 취해서
검은 모자 | 《불타는 크라임 퍼즐 3》 | 산 정상 | 주장을 입증하려고
점술가 애머시스트 | 커다란 용암 덩어리 | 공중 | 속죄하려고
충돌시험의 애프리콧 | 체스판 | 산 밑의 뉴 이지스 | 스릴에 취해서

문장 속에 숨겨진 범인을 찾는 두뇌 게임 100

크라임 퍼즐 시즌3

초판1쇄 2024년 12월 25일

지은이 | G. T. Karber
옮긴이 | 박나림

발행인 | 박장희
대표이사·제작총괄 | 신용호
본부장 | 이정아
편집장 | 조한별
기획 | 최민경
책임편집 | 장여진

기획위원 | 박정호

마케팅 | 김주희 이현지 한륜아

디자인 | design co*kkiri

발행처 | 중앙일보에스(주)
주소 | (03909) 서울시 마포구 상암산로 48-6
등록 | 2008년 1월 25일 제2014-000178호
문의 | jbooks@joongang.co.kr
홈페이지 | jbooks.joins.com
네이버 포스트 | post.naver.com/joongangbooks
인스타그램 | @j_books

ⓒ G. T. Karber, 2024

ISBN 978-89-278-8071-4 (03170)